O Futuro dos Empregos

O Futuro dos Empregos

Thomas W. Malone

M.BOOKS DO BRASIL EDITORA LTDA.

Av. Brigadeiro Faria Lima, 1993 – 5° andar – Cj. 51
01452-001 – São Paulo – SP – Telefones: (11) 3168-8242 / (11) 3168-9420
Fax: (11) 3079-3147 – e-mail: vendas@mbooks.com.br

Dados de Catalogação na Publicação

Malone, Thomas W.
O futuro dos empregos / Thomas W. Malone.
2006 — São Paulo — M. Books do Brasil Editora Ltda.
1. Administração 2. Recursos Humanos 3. Economia

ISBN: 85-89384-84-5

Para Robert, Laura e especialmente Joan.

Do original: The future of work: how the new order of business will shape
your organization, your management style, and your life.

© 2004 Thomas W. Malone.
© 2006 M. Books do Brasil Editora Ltda.
Todos os direitos reservados.

EDITOR
MILTON MIRA DE ASSUMPÇÃO FILHO

Produção Editorial
Salete Del Guerra

Tradução
Maria Lúcia Rosa

Revisão
Cláudia Mello Belhassof
Mauro de Barros

Capa
Design: ERJ (sobre projeto original de Mike Fender)
Foto: Edison Raymundi Júnior

Coordenação Gráfica
Silas Camargo

Editoração
All Print

2006
1ª edição
Proibida a reprodução total ou parcial.
Os infratores serão punidos na forma da lei.
Direitos exclusivos cedidos à
M. Books do Brasil Editora Ltda.

Agradecimentos

NEM VOU TENTAR agradecer aqui a todas as pessoas que contribuíram para o pensamento e o trabalho resumidos neste livro sobre os últimos vinte anos de minha pesquisa e ensino. Em vez disso, simplesmente citarei algumas das pessoas que mais me influenciaram na criação do livro em si.

Primeiro, sou grato a muitas pessoas que fizeram comentários ou sugestões úteis sobre o livro. Lembro-me, especialmente, dos seguintes: Deborah Ancona, Antonio Argandoña, Jordi Canals (de quem aprendi a importância da frase "colocar as pessoas no centro dos negócios"), Michael Fischer, Patrick Flynn, Samuel Gratton, Jonathan Grudin, Robert Halperin, Rob Laubacher (cuja longa colaboração e comentários sempre elucidativos influenciaram muitas partes do livro), Don Lessard, Michael Mascia, Nancy e Jim McLaren, Murray Metcalfe, Ron Milestone, Craig Murphy (que me poupou semanas de trabalho ao me dar uma referência excelente), Mary Murphy-Hoye, Margi Olson, Wanda Orlikowski, Vivek Puri, Fred Reichheld, José María Rodríguez, John Roney (meu primeiro amigo, que se tornou antropólogo e me ajudou a aprender sobre nossos primeiros ancestrais humanos), Peter Schwartz, Peter Senge, Sandra Sieber, Brian Subirana, Jeroen de Waal, Pete Weill, JoAnne Yates e Veronica Yeung.

As seguintes pessoas me ajudaram especialmente no desenvolvimento de exemplos de casos em suas organizações: Dennis Bakke, Iñaki Dorronsoro, os irmãos Elfanbaum (Bob, David e Steve), Rob Oyung, Fabio Rosati, Beerud Sheth e Jimmy Wales.

A seguir, gostaria de agradecer ao corpo docente e ao *staff* do MIT Sloan School of Management por me proporcionar um lar profissional receptivo, estimulante e repleto de satisfação nas duas últimas décadas. Também gostaria de agradecer ao corpo docente e ao staff da IESE Business School, em Barcelona, Espanha, por terem sido excelentes anfitriões durante meu maravilhoso ano de licença (2001-2002), quando muito deste livro foi escrito.

Também gostaria de fazer um agradecimento especial aos alunos de duas de minhas turmas, uma na IESE Business School, na primavera de 2002, e outra na MIT Sloan School of Management, no inverno de 2003. Ambas as turmas leram os primeiros rascunhos deste livro e fizeram inúmeros comentários oralmente e por escrito sobre cada capítulo. É uma experiência rara e extremamente valiosa, para um autor, receber não apenas quatro ou cinco comentários para cada capítulo, mas quarenta ou cinqüenta! Sou eternamente grato a todos os alunos dessas aulas por sua generosidade em me ajudarem dessa forma.

O Futuro dos Empregos

Embora dezenas de empresas e agências governamentais tenham, ao longo dos anos, financiado as pesquisas resumidas neste livro, os patrocinadores a seguir apoiaram a redação deste livro e as pesquisas mais intimamente relacionadas ao seu conteúdo: IESE-PwC e-Business Center, U.S. National Science Foundation, Intel Corporation, Fuji Xerox e os patrocinadores corporativos da iniciativa do MIT "Inventing the Organizations of the 21st Century" (AMP, Inc.; British Telecommunications; EDS/A.T. Kearney; Eli Lilly and Co.; LG Electronics, Inc.; McKinsey & Company; National Westminster Bank; Norwegian Business Consortium [Norsk Hydro ASA, Norwegian Confederation of Business and Industry, Telenor, Norwegian School of Management]; Siemens Private Communication Systems; Siemens-Nixdorf; e Union Bank of Switzerland).

Meus agradecimentos não seriam completos se não incluíssem os três assistentes administrativos que, de maneira competente, me ajudaram durante a preparação deste livro: Yubettys Baez, Peggy Nagel e Mónica Trujillo-Bencomo.

Também gostaria de agradecer a Charles Handy, cujo trabalho influenciou meu pensamento neste livro mais do que está refletido nas citações a suas publicações. Em inúmeros livros, artigos e um almoço memorável, ele me motivou a falar publicamente não apenas sobre novas formas organizacionais, mas também sobre os valores humanos que lhes dão razão para existir antes de mais nada.

Devo um agradecimento especial à minha agente, Laureen Rowland. Sem ela, este livro poderia nunca ter sido escrito. Ela tentou me convencer a escrever um livro para ela quando era editora, e finalmente conseguiu depois que se tornou agente. Seu conselho, apoio e incentivo provavelmente foram mais valiosos para mim do que ela imagina, enquanto eu — autor do primeiro livro — dava cada passo ao escrever esta obra.

Também sou grato a Jacque Murphy e a Hollis Heimbouch, meus editores na Harvard Business School Press, e aos revisores técnicos que eles contrataram. Juntos, eles me ajudaram a selecionar e a concentrar uma enorme quantidade de material em um único livro. E Nicholas Carr usou seus talentos notáveis para aprimorar substancialmente a leitura e a clareza deste livro na última fase da edição.

Finalmente, quero agradecer à minha esposa, Joan, e a meus filhos, Robert e Laura, por sua paciência com todas as incontáveis horas que passei escrevendo este livro em vez de estar com eles. Serei sempre grato pelos sacrifícios que fizeram.

Sumário

Prefácio ix

Parte I: A Revolução Está Aí

1. Tempo de Escolher 3
2. Um Padrão Surpreendente 13
3. O Padrão Surpreendente nos Negócios 23

Parte II: Quantas Pessoas Cabem no Centro de uma Organização?

4. Flexibilizando a Hierarquia 35
5. Aproveitando a Democracia 49
6. Liberando Mercados 65
7. Trazendo os Mercados para Dentro 81
8. Quando Devemos Descentralizar? 99

Parte III: De Comandar e Controlar para Coordenar e Cultivar

9. Coordenando Atividades 117
10. Cultivando Pessoas 139
11. Colocando Valores Humanos no Centro dos Negócios 153

Epílogo 165

Apêndice: Como os Custos de Comunicação Afetam a
Centralização? Um Modelo Simples 167

Notas 173

Índice remisssivo 193

Sobre o Autor 201

Prefácio

LEMBRO-ME, no inverno de 1970, de estar sentado sozinho em meu quarto, na fazenda de minha família no Novo México, datilografando ensaios para entrar na faculdade em uma máquina Remington portátil. Até guardei um daqueles ensaios. Inspirado pelo idealismo da época e com a grandiosa autoconfiança de um garoto de dezessete anos, escrevi que não queria "me confinar a um mero emprego, mas deveria atacar algum problema mundial que desafiaria todas as minhas habilidades. Fico intrigado principalmente com o problema da tecnologia que supera a capacidade da sociedade de se adaptar a ela".

Para muitos, as aspirações da juventude desaparecem na idade adulta. Mas tenho tido sorte. O desejo que expressei naquele ensaio há mais de três décadas — ajudar a resolver problemas na interseção entre a tecnologia e a sociedade — determinou minha vida profissional desde então. E constitui a essência deste livro.

Embora soubesse, desde meu primeiro ano de faculdade, que os computadores eram a tecnologia que mais me fascinava, levei muito mais tempo para descobrir o problema da sociedade que "desafiaria todas as minhas habilidades". Por um momento, achei que seria a educação, mas na pós-graduação, em Stanford, fiquei cada vez mais interessado nas complexidades de organizar grandes grupos de pessoas — nos negócios, em outras organizações e nas sociedades.

Na época, tinha um amigo que estava envolvido no movimento antinuclear. Um dia, eu o acompanhei a uma reunião de planejamento para uma demonstração que aconteceria na usina nuclear Diablo Canyon, perto de Monterey, Califórnia. Havia cerca de quarenta ou cinqüenta pessoas sentadas em cadeiras dobráveis, formando um círculo, em uma sala grande e vazia perto da usina. O grupo tinha decidido que todas as decisões deveriam ser tomadas por consenso, uma idéia igualitária que achei bastante atraente.

Mas, enquanto via o que acontecia naquela sala, fiquei espantado ao perceber como era difícil um grande grupo chegar a um acordo sobre qualquer coisa. Todo mundo tinha o direito de falar. Depois, quem tivesse qualquer objeção ao que outra pessoa havia dito, teria a chance de expressá-la. Em seguida, as pessoas faziam objeções às objeções. Só depois de um longo debate começou a haver uma tentativa de consenso. Mas, assim que o consenso foi colocado em palavras, novas preocupações foram levantadas, levando a outra rodada de objeções e contra-objeções. E assim por diante. Não consigo me lembrar, francamente, se tomamos qualquer decisão.

Aqui, então, havia um processo bem-intencionado, erigido sobre valores positivos e antiautoritários, mas que funcionava extremamente mal. Simplesmente não havia tempo suficiente para todos ouvirem e serem ouvidos naquele grupo grande. Enquanto refle-

O Futuro dos Empregos

tia sobre a experiência, comecei a pensar que deveria ser possível dizer coisas muito precisas sobre a maneira como os grupos operam em tais circunstâncias. Deveria ser possível existir algo como uma física da organização, que incluiria princípios sobre, por exemplo, situações em que tomar decisões por consenso é difícil. Poderia até ser possível expressar algumas leis básicas de equações matemáticas, como "o tempo para atingir o consenso é proporcional ao quadrado do número de pessoas envolvidas".

Tais pensamentos fundiram-se lentamente com meu interesse por computação, e um campo de estudo foi enfocado: como grupos de pessoas poderiam usar novas tecnologias de informação para organizar seu trabalho de novas maneiras. Para prosseguir nesta linha de pesquisa, tornei-me professor na Sloan School of Management, do Massachusetts Institute of Technology (MIT). Juntamente com alguns colegas que pensavam como eu, comecei a construir a base de uma teoria sobre a física da organização — ou o que acabamos chamando de teoria da coordenação.

Este era um território novo, um campo que poderia tanto ganhar terreno quanto contribuir para muitas das tradicionais disciplinas acadêmicas, como economia, teoria da organização e ciência da computação. E poderia, por sua vez, ajudar as pessoas a entender e a conceber muitos tipos de sistemas complexos, e não apenas organizações humanas, mas também mercados e redes de computador. Eu estava interessado especificamente em usar a teoria da coordenação para entender como mudanças dramáticas em alguns fatores básicos que modelam as organizações comerciais — como custos de comunicação — estavam tornando possíveis novos tipos de organização.

Acabei criando um centro de pesquisa formal no MIT, o Center for Coordination Science. No final da década de 90, co-dirigi uma iniciativa de pesquisa de cinco anos — Inventing the Organizations of the 21st Century —, que envolveu mais de vinte membros do corpo docente e pesquisadores e foi patrocinada por algumas das melhores corporações internacionais.[1]

Embora ainda estivéssemos longe de perceber o pleno potencial da teoria da coordenação, acho justo dizer que meus colegas e eu fizemos um progresso importante na compreensão dos fatores que moldam as organizações.[2] Ainda me orgulho, por exemplo, de ter publicado um artigo em 1987 — muito antes de a maioria das pessoas terem ouvido falar da Internet — que usou parte do início de nossa pesquisa para prever com exatidão muitos dos desenvolvimentos em *e-business* nos quinze anos seguintes: compra e venda on-line, mercados eletrônicos para muitos tipos de produto, mais terceirização de funções de negócio e o uso comercial de agentes de software inteligentes.[3]

Uma década depois, em 1997, publiquei outro artigo: *"Is 'Empowerment' Just a Fad?"*.[4] Escrevê-lo me convenceu de um dos princípios fundamentais deste livro: que, ao reduzir inexoravelmente os custos de comunicação, as novas tecnologias de infor-

Prefácio

mação estão nos levando para além de um limiar, para um local onde maneiras acentuadamente mais descentralizadas de organizar o trabalho se tornam imediatamente possíveis e desejáveis.

Apesar de hoje em dia ouvirmos muita conversa sobre organizações descentralizadas e transferência de poder aos funcionários, meu trabalho com estudantes de administração e gerentes em centenas de empresas, tanto grandes quanto pequenas, tem me convencido de que as implicações para os negócios são muito mais profundas e têm um alcance muito maior do que a maioria das pessoas percebeu até agora. Parece que estamos à beira de um novo mundo do trabalho, em que muitas organizações não terão mais um centro — ou, mais especificamente, em que teremos quase tantos "centros" quanto pessoas. Explicar exatamente o que isso significa é um dos principais estímulos deste livro.

Minha intenção não é apenas prever o futuro, mas sim ajudá-lo a moldar o futuro. Como percebi ao escrever meus ensaios para admissão na universidade, a tecnologia cria escolhas, e as decisões que tomamos determinarão exatamente que tipo de mundo construiremos nos próximos anos. Fazer escolhas sensatas, e não apenas economicamente eficientes, significa fazer escolhas consistentes com nossos valores mais profundos. E este é outro significado de colocar as pessoas no centro dos negócios — colocar os valores humanos no centro de nosso pensamento sobre negócios.

Este livro, portanto, é o produto do desejo de um jovem de dezessete anos, mantido através de anos de estudo e partilhado, durante esse período, com muitos colegas talentosos. Ele tomou forma não apenas com as lições intelectuais que aprendi em meu trabalho, mas também com as pessoais. Depois de gerenciar dois importantes projetos de pesquisa no MIT, prestar consultoria para dezenas de empresas e passar quase dois anos afastado, como CEO de uma nova empresa de software, tive *insights* profundos sobre as dificuldades da administração e sobre meus próprios pontos fortes e fracos. De certa forma, sinto que sei muito *menos* agora do que há dez anos! E talvez esta ignorância conquistada com dificuldade seja tão importante para o que tenho a dizer aqui quanto qualquer outra coisa.

Uma outra experiência pessoal também moldou minha visão sobre as organizações. Minha esposa e eu temos dois filhos adoráveis. E agora consigo entender, como nunca, que as escolhas que todos nós faremos nos próximos anos não só nos afetarão, mas também àqueles que nos acompanham. Não posso deixar de acreditar que temos a obrigação de fazer essas escolhas da forma mais sábia possível — não apenas para nós mesmos, mas também para nossos filhos, e para os filhos deles.

I

A Revolução Está Aí

CAPÍTULO 1

Tempo de Escolher

IMAGINE QUE SEJA 1795, e que você seja um comerciante em algum lugar na Espanha. Você não acredita mais, como os antigos egípcios acreditavam, que seu rei seja literalmente um deus que vive na terra. Mas ainda acredita que ele tem o direito divino de governar. Você não pode nem imaginar um país bem governado sem um rei responsável pela proteção e controle de seus súditos.

Você ouviu falar da estranha rebelião na América do Norte, em que os colonizadores ingleses disseram que podiam se governar sem rei. Também ouviu falar do recente massacre na França, que acabou quando um grupo dos supostos revolucionários matou seu rei, substituiu o governo e destruiu, quase da noite para o dia, tantas coisas boas. Esses acontecimentos lhe parecem erros profundos, experiências imprudentes fadadas ao fracasso.

Não faz sentido dizer — como o fazem os revolucionários democratas — que as pessoas são capazes de se governar. É uma contradição, é como dizer que as crianças poderiam crescer sozinhas ou que os animais poderiam dirigir uma fazenda. As pessoas podem tentar, você pensa, mas isso certamente não funcionaria tão bem quanto se tivessem um rei sábio e justo.

Bem, é claro que hoje sabemos do resultado dessas estranhas experiências democráticas. Elas funcionaram. Muito bem. Nos últimos duzentos anos, as idéias democráticas triunfaram na Europa, na América e em muitas outras partes do mundo. Embora os governos democratas não tenham sido estabelecidos em toda parte, seu sucesso econômico, político e militar superou de longe o que praticamente qualquer um poderia ter previsto no final do século XVIII. E, talvez o mais importante, nosso modo de pensar sobre a sociedade — o papel do governo, os direitos das pessoas, a importância da opinião pública — mudou profundamente, mesmo em países que não têm governos democráticos.

Atualmente, estamos nos primeiros estágios de uma outra revolução — uma revolução nos negócios — que pode, em última instância, ser tão profunda quanto a revolução democrática no governo. A nova revolução promete levar a uma outra transformação em nossa maneira de pensar o controle: de onde vem o poder? Quem deveria exercê-lo? Quem é responsável? Mais uma vez, o resultado será um mundo em que as pessoas terão mais liberdade. Um mundo em que o poder e o controle nos negócios estarão mais disseminados do que nossos antecessores da era industrial teriam imaginado ser possível. Um mundo em que um número cada vez maior de pessoas está no centro de suas próprias organizações.

Novas tecnologias de informação tornam essa revolução possível. Dispersos fisicamente, mas ligados pela tecnologia, os trabalhadores agora são capazes, em uma escala não imaginável antes, de tomar suas próprias decisões usando informações reunidas de muitas outras pessoas e lugares. O verdadeiro ímpeto para a transformação nos negócios não virá, no entanto, das novas tecnologias. Virá de nossos próprios desejos inatos — da eficiência e flexibilidade econômicas, certamente, mas também de metas não econômicas como liberdade, satisfação e realização pessoal.

E isso leva a uma das principais mensagens deste livro: pela primeira vez na história, a tecnologia nos permite conquistar os benefícios econômicos das grandes organizações, como economias de escala e conhecimento, sem abrir mão dos benefícios humanos das pequenas, como liberdade, criatividade, motivação e flexibilidade.

Esta revolução já começou. Vimos seu prenúncio nas décadas finais do século XX, quando se falava de transferir poder aos trabalhadores, terceirizar quase tudo e criar *networks* (trabalho em redes) ou corporações virtuais. Vimos isso no entusiasmo prematuro — mas não totalmente injustificado — pelas novas formas de fazer negócio na bolha das pontocom e no *slogan* "A Internet muda tudo". Vemos isso à nossa volta hoje, no aumento das escolhas que as pessoas têm em relação a como e onde trabalham.

Mas, como os súditos leais do Rei Carlos IV da Espanha, em 1795, quase todos nós ainda não entendemos o alcance que essas mudanças podem ter. Ainda acreditamos, sem pensar realmente nisso, que alguém precisa ser responsável e se responsabilizar pelos negócios. Acreditamos que os gerentes de empresas bem dirigidas devam estar sempre no controle do que está acontecendo. Acreditamos que o poder deve vir sempre do alto de uma organização e ser delegado aos escalões inferiores.

Este livro trata das forças tecnológicas e econômicas subjacentes que estão tornando tais crenças menos úteis e válidas. Diz respeito às novas maneiras de organizar o trabalho que estão se tornando possíveis: como elas serão, onde acontecerão, onde não acontecerão. É sobre ampliar sua visão da administração, estender os limites daquilo que você pensa ser possível. E é sobre as escolhas que essas mudanças dão a você — e a todos nós — para moldar um novo mundo.

Tempo de Escolher

Como Serão Essas Novas Maneiras de Organizar o Trabalho?

Há muitas palavras para descrever os tipos de organização que esta revolução tornará mais comum. *Auto-organizável, autogerenciada, empowered, emergente, democrática, participativa, centrada em pessoas, colméia* e *nivelada* são apenas alguns desses termos.[1] A palavra que usaremos com mais freqüência neste livro para abranger todos esses termos diferentes é simples e atemporal: *descentralizada*.

Se você é como muitas pessoas nos negócios atualmente, quando ouve a palavra *descentralizada*, supõe que significa delegar mais poder aos administradores de nível inferior dentro das organizações tradicionais — deixar, por exemplo, que vice-presidentes de divisões tomem decisões sobre estratégias de produtos, que costumavam ser tomadas pelo CEO. Mas esse tipo limitado de descentralização ainda está bem longe do que é possível. Vamos definir descentralização como a *participação das pessoas na tomada de decisões que são importantes para elas*. Neste sentido, descentralização significa, grosso modo, o mesmo que liberdade. Desse ponto de vista, a descentralização oferece uma gama muito mais ampla de possibilidades (Figura 1-1).

FIGURA 1-1

O *Continuum* da Descentralização

As organizações podem ser dispostas em um continuum *baseado no quanto as pessoas participam na tomada de decisões que lhes dizem respeito.*

	Centralizado			Descentralizado
Tipo de Sistema de Tomada de Decisão	**Hierarquias centralizadas**	**Hierarquias flexíveis**	**Democracias**	**Mercados**
Exemplos	Organizações militares tradicionais	Empresas de consultoria, universidades de pesquisa	Democracias políticas, reuniões corporativas de acionistas	Mercados livres, Internet, mercados internos dentro de empresas

Na extremidade esquerda do *continuum* estão as organizações altamente centralizadas — aquelas em que todas as decisões importantes são tomadas por poucos indivíduos no alto escalão (por exemplo, organizações militares tradicionais). À medida que progredimos ao longo do *continuum*, de hierarquias flexíveis a democracias e a mercados, a quantidade de liberdade que as pessoas têm para tomar decisões aumenta.

O Futuro dos Empregos

Como veremos no capítulo 4, algumas empresas hoje já têm *hierarquias flexíveis*, em que se delega autoridade considerável a níveis organizacionais muito baixos para tomarem decisões. Muitas empresas de consultoria administrativa, por exemplo, permitem que sócios e consultores encarregados de um projeto tomem quase todas as decisões operacionais relacionadas a ele. A AES Corporation, uma das maiores geradoras de energia elétrica do mundo, permite que seus funcionários de níveis baixos tomem decisões críticas e que envolvem vários milhões de dólares sobre assuntos como adquirir novas subsidiárias. Em um exemplo ainda mais extremo, um dos sistemas operacionais de computador mais importantes no mundo de hoje — o Linux — foi escrito por uma hierarquia coordenada com flexibilidade, composta de milhares de programadores voluntários no mundo todo.

Quando a maioria das pessoas pensa em descentralização, pára nas hierarquias flexíveis. Ou seja, pensam em descentralização como a delegação de muitas decisões a níveis inferiores nas hierarquias. E se o poder não fosse delegado a níveis mais baixos? E se, em vez disso, ele se originasse neles? Quanta energia e criatividade poderiam ser reveladas se todos os membros de uma organização se sentissem no controle?

A metade direita do *continuum* mostra esse tipo mais extremo de liberdade nos negócios. Como veremos no capítulo 5, algumas empresas já agem como *democracias* em miniatura, em que as decisões são tomadas por voto. Atualmente, por exemplo, muitos bons gerentes fazem pesquisas de opinião informais com seus funcionários sobre decisões essenciais, e algumas empresas têm feito da pesquisa de opinião formal com os trabalhadores parte de sua rotina administrativa. Em alguns casos, como o da Mondragon Cooperative Corporation, na Espanha, os trabalhadores são donos da empresa e, portanto, podem eleger o equivalente a um conselho de diretores e votar em outras questões importantes.

E se as empresas começassem a levar essa noção de tomada de decisão democrática ainda mais adiante? E se parcerias profissionais e outras empresas de propriedade dos trabalhadores permitissem que estes elegessem (e despedissem) seus próprios gerentes em todos os níveis, e não apenas no topo? E se esses funcionários-proprietários pudessem votar em qualquer outra questão importante sobre a qual quisessem expressar sua opinião?

O tipo mais extremo de liberdade nos negócios ocorre nos *mercados* porque, nesta forma de organização, ninguém se prende por uma decisão da qual discorda. Em um mercado puro, por exemplo, ninguém "no comando" delega aos diferentes participantes as decisões sobre o que comprar e vender. Em vez disso, todos os compradores e vendedores fazem seus próprios acordos mútuos, sujeitos apenas a suas próprias restrições financeiras, a suas capacidades e às regras gerais do mercado.

Como veremos no capítulo 6, muitas empresas já usam esta forma de organização ao terceirizar atividades que costumavam desempenhar internamente — da fabricação às vendas e à gestão de recursos humanos. Levada ao limite, a terceirização pode tornar obsoletas as grandes empresas. Redes flexíveis de pequenas empresas ou até combinações temporárias de *freelancers* conectados eletronicamente — *e-lancers*, como os chamo — às vezes podem fazer as mesmas coisas que as grandes empresas fazem, mas de maneira mais eficaz. Tais redes já são comuns na indústria cinematográfica, por exemplo, em que um produtor, um diretor, atores e outros se unem com a finalidade de fazer um filme e depois se dispersam e se reagrupam em combinações diferentes para fazer outros.

Em outros casos, como veremos no capítulo 7, podemos gozar de muitos dos benefícios dos mercados *dentro* dos limites de grandes empresas. Por exemplo, algumas empresas estão fazendo experiências com mercados internos, em que os funcionários "compram" e "vendem" produtos e serviços entre si; a negociação interna se torna uma outra forma de alocar recursos para a empresa como um todo. Um fabricante de semicondutores está pensando em deixar vendedores e gerentes de fábrica negociarem produtos uns com os outros em um mercado eletrônico interno. Essa liberdade dá às fábricas *feedback* imediato e dinâmico sobre quais os produtos que devem fabricar a cada dia e ajuda os vendedores a ajustarem os preços que oferecem aos seus clientes. A Hewlett-Packard está pensando em criar um mercado de mão-de-obra interno para determinar quais especialistas de sua equipe trabalharão em quais projetos.

Para entender por que tais abordagens administrativas descentralizadas provavelmente acontecerão com mais freqüência no futuro, você precisa, primeiro, entender o que leva à centralização e à descentralização.

Por Que Isso Está Acontecendo?

Muitos fatores afetam como e onde as decisões são tomadas em uma empresa ou, nesse aspecto, em qualquer organização. Os fatores mais comuns são: quem já tem as informações necessárias para tomar boas decisões? Quem já tem poder para tomar decisões e em quem essas pessoas confiam para tomar decisões em nome delas? Quem são os tomadores de decisões potenciais e quais são suas habilidades e motivações? Dentro da empresa e do país, quais são as convenções culturais sobre o tipo de pessoa que deveria tomar decisões? As respostas a essas perguntas variam amplamente de uma situação para outra, e mudam por várias razões diferentes. Em geral, no entanto, elas não mudam radicalmente em qualquer direção.

Há, no entanto, outro fator crucial que afeta onde as decisões são tomadas nas empresas, e este fator está mudando radicalmente em quase todo lugar. De fato, este mesmo fator tem estado historicamente envolvido, diversas vezes, em algumas das mudanças mais importantes sobre onde as decisões são tomadas — não apenas nas empresas, mas em sociedades inteiras.

Qual é este fator?

É o custo da comunicação.

Nos tempos em que a única forma de comunicação era a conversa direta, nossos distantes ancestrais, que apenas caçavam e colhiam alimentos, se organizavam em pequenos grupos igualitários e descentralizados, chamados bandos. Após vários milênios, quando a caça e a colheita deram lugar à agricultura e quando nossos ancestrais aprenderam a se comunicar de maneira mais eficaz por longas distâncias — por escrito —, foram capazes de formar sociedades cada vez maiores, governadas por reis, imperadores e outros governantes centralizadores. Essas novas sociedades tinham muitas vantagens econômicas e militares em relação aos bandos de caçadores e colheiteiros, mas seus membros tiveram de abrir mão de uma parte de sua liberdade — às vezes de grande parte dela — para obter esses benefícios.

Então, apenas alguns séculos atrás, nossos ancestrais inventaram uma nova tecnologia de comunicação, a imprensa, que reduziu ainda mais os custos de se comunicar com grande número de pessoas. Essa invenção permitiu que as pessoas revertessem sua marcha milenar em direção à maior centralização. Pouco depois de a imprensa se tornar amplamente usada, começou a revolução democrática. Pessoas comuns — agora muito mais bem informadas sobre questões políticas — passaram a ter mais voz em seu próprio governo do que tiveram desde os dias da caça e da colheita.

O custo declinante da comunicação foi o único fator que provocou todas essas mudanças na sociedade? É claro que não. Cada mudança surgiu de combinações complexas de forças. Por exemplo, nossos desejos humanos de liberdade individual — e da motivação e da flexibilidade que freqüentemente a acompanham — foram críticos. Mas, como veremos no capítulo 2, os custos declinantes da comunicação, possíveis com as novas tecnologias de informação, como a escrita e a impressão, desempenharam um papel fundamental para possibilitar cada uma dessas mudanças. Notavelmente, o mesmo fator subjacente proporcionou tanto o surgimento dos reinos quanto o das democracias.

De maneira ainda mais notável, esse mesmo padrão de mudanças parece estar se repetindo agora — a um ritmo muito mais rápido — na história das organizações empresariais. O capítulo 3 explica que, na maior parte da história, até o século XIX, a maioria das empresas se organizava em negócios pequenos, locais e freqüentemente familiares, semelhantes, em muitas formas, àqueles primeiros bandos de caçadores e colheiteiros. Mas, no século XX, novas tecnologias de comunicação, como o telégrafo, o telefone, a máquina de escrever e o papel carbono, finalmente produziram capacidade de comunicação suficiente para permitir que as empresas crescessem e se centralizassem em grande

Tempo de Escolher

escala, como os governos começaram a fazer muitos milênios antes.[2] Ao obterem vantagem das economias de escala e do conhecimento, esses grandes "reinos" de negócio atingiram um nível sem precedentes de prosperidade material.

Como resultado desse movimento intenso — e bem-sucedido — em direção às organizações empresariais centralizadas no século XX, muitos de nós ainda associam, de maneira inconsciente, o sucesso nos negócios à grandeza e à centralização. Mas, para atingir os benefícios econômicos da grandeza, muitos dos trabalhadores de grandes empresas tiveram de abrir mão de parte da liberdade e da flexibilidade de que gozavam nas fazendas e pequenas empresas na era anterior.

As novas tecnologias de informação podem ser usadas para levar adiante a tendência do século passado — a criação de reinos comerciais cada vez maiores e mais centralizados. E algumas mudanças importantes nos negócios sem dúvida seguirão esse caminho no futuro, à medida que grupos cada vez maiores de pessoas se unirem para tirar vantagem das economias de escala ou do conhecimento.

Mas há uma forte força contrária. Assim como as novas tecnologias ajudaram a estimular o surgimento das democracias, revertendo a longa tendência em direção à centralização nas sociedades, os avanços tecnológicos de hoje estão começando a estimular uma inversão similar nos negócios. Com as novas tecnologias de comunicação, como o *e-mail*, as mensagens instantâneas e a Internet, agora está se tornando economicamente viável — pela primeira vez na história — dar a números imensos de trabalhadores as informações de que precisam para fazerem mais escolhas por si mesmos. Hoje, muito mais pessoas nos negócios podem ter o tipo de liberdade que era comum apenas em pequenas organizações. E esta pode ser uma notícia muito boa para a produtividade e para a qualidade de vida. Quando as pessoas tomam suas próprias decisões, por exemplo, em vez de apenas seguir ordens, normalmente trabalham mais e demonstram mais dedicação e mais criatividade.

Mesmo incentivando mais liberdade, entretanto, esses novos negócios descentralizados podem escapar das limitações que assolavam os pequenos e isolados negócios no passado. Uma vez que as organizações têm acesso às melhores informações disponíveis em qualquer parte do mundo, elas mantêm muitas das vantagens das grandes organizações. Se há economias de escala em partes de seus negócios, por exemplo, elas podem encontrar os melhores fornecedores do mundo para atender a suas necessidades daquelas matérias-primas e componentes. E também podem encontrar clientes em todo o mundo usando sistemas de reputação eletrônica para estabelecer credibilidade com eles. E se alguém do outro lado do globo descobriu como realizar uma determinada atividade ou processo de um modo melhor, as empresas também podem aproveitar a experiência daquela pessoa.

Este tipo de descentralização não funciona bem em toda parte. No Capítulo 8 serão abordados alguns fatores que podem ajudá-lo a decidir se uma situação específica está pronta para a descentralização. Por exemplo, se você tem uma grande necessidade de economia de escala ou de tomada de decisões rápidas, pode não querer abandonar sua estrutura centralizada. Mas em todos os lugares onde qualidades como motivação, flexibilidade e criatividade são importantes para uma empresa — e são *muitos* lugares —, a descentralização se tornará cada vez mais desejável nas próximas décadas. O gerenciamento centralizado não desaparecerá, mas é provável que sua participação de mercado diminua.

Mesmo onde a descentralização é desejável, entretanto, as mudanças não acontecerão todas da noite para o dia. Assim como a transformação democrática das sociedades evoluiu de forma descontínua durante várias décadas, as mudanças nas empresas levarão anos para acontecer. E toda vez que houver um retrocesso em algum lugar, ou que não se conseguir avançar, algumas pessoas dirão que nada mudará. Quando os administradores investiram exageradamente no *e-business*, e a bolha especulativa da nova economia estourou, muitos acreditaram que a velha economia havia vencido e que voltaríamos para os mesmos negócios de antes.

Mas as quedas incessantes no custo da comunicação significam que haverá cada vez mais oportunidades para a descentralização. As mudanças fundamentais na economia da comunicação e da tomada de decisão continuarão a superar os obstáculos administrativos, empresa a empresa, setor a setor, durante muitos anos.

O Que Isso Significa para Você?

Se a descentralização se tornar cada vez mais desejável nas empresas, precisaremos mudar nossos modelos administrativos. Mas quase todos nós ainda temos — no fundo — modelos de administração baseados no conceito clássico e centralizado de comando e controle. Para termos sucesso no mundo em que estamos entrando, precisaremos de um novo conjunto de modelos mentais. Embora esses novos modelos não devam excluir a possibilidade de comandar e controlar, eles precisam abranger uma gama bem mais ampla de possibilidades — tanto centralizadas quanto descentralizadas.

Uma maneira de resumir esta nova perspectiva seria: precisamos mudar nossa forma de pensar, deixando de comandar e controlar para coordenar e cultivar. Como explica o capítulo 9, quando você *coordena*, organiza o trabalho de modo que coisas boas aconteçam, esteja você no controle ou não. Alguns tipos de coordenação são centralizados; outros são descentralizados. Mas, em qualquer caso, a coordenação enfoca as atividades que precisam ser realizadas e as relações entre elas. Veremos, por exemplo, como a análise da "estrutura profunda" das atividades empresariais pode nos ajudar a pensar em ma-

Tempo de Escolher

neiras novas e inovadoras para coordená-las. Também veremos como padrões rígidos em uma parte de um sistema empresarial às vezes podem — paradoxalmente — permitir muito mais flexibilidade e liberdade em outras partes do mesmo sistema.

O capítulo 10 descreve como o *cultivo* pode ajudá-lo a adaptar a abordagem gerencial à situação que tem em mãos. Às vezes, você precisa dar comandos diretos às pessoas; outras vezes, só precisa ajudá-las a desenvolver suas próprias forças naturais. Saber cultivar envolve encontrar o equilíbrio certo entre a administração centralizada e a descentralizada, entre controlar e ceder. Por exemplo, desenvolver sua capacidade de imaginar, de entender, de se relacionar e de inventar pode ajudá-lo a exercer uma liderança efetiva de onde quer que você esteja em uma organização — no comando, na base, ou em qualquer nível intermediário. Também veremos como — outra vez, paradoxalmente — a melhor forma de conquistar poder é abrir mão dele algumas vezes.

Coordenar e cultivar não é o contrário de comandar e controlar; são os conjuntos que contêm subconjuntos. Ou seja, incluem toda a gama de possibilidades de administração, desde a totalmente centralizada até a totalmente descentralizada.

E aqui está outra mensagem fundamental deste livro: para ser um gerente eficaz no mundo em que estamos entrando, você não pode se prender a uma mentalidade centralizada.[3] Precisa ser capaz de se mover com flexibilidade no *continuum* da descentralização. Uma vez que a maioria de nós já entende a centralização, o que precisamos entender melhor é a descentralização. E este será o principal foco das páginas a seguir.

Um outro tema perpassa o livro todo: valores humanos. Se mais pessoas tiverem mais liberdade nos negócios, naturalmente buscarão as coisas que valorizam — e pessoas diferentes valorizam coisas diferentes. Precisaremos, portanto, ampliar nosso modo de pensar sobre os negócios. Precisaremos ir além de nosso objetivo limitado de maximizar os interesses econômicos de investidores para acrescentar coisas que interessam aos investidores como pessoas. E também precisaremos pensar nos diversos valores de trabalhadores, clientes, fornecedores e outros. Surpreendentemente, uma das melhores formas de conciliar todos esses diferentes desejos humanos pode ser o uso do mecanismo de decisão mais descentralizado de todos — um mercado de valores. Explicar o que isso significa para as empresas e para você será o foco do capítulo 11.

As Escolhas

Como a revolução democrática que a precedeu, a atual revolução nos negócios trará mudanças radicais nas economias, nas organizações e nas convenções culturais de nossa sociedade. E, como em qualquer momento de mudança acentuada, pequenas escolhas

O Futuro dos Empregos

freqüentemente terão grandes efeitos. Quer você participe de acontecimentos tão significativos quanto redigir a Declaração de Independência dos Estados Unidos, quer só tome decisões diárias sobre que trabalho fazer e como fazê-lo, estará definindo o mundo em que nós e nossos descendentes viveremos neste século.

Se você fizer essa escolha, poderá usar as possibilidades abertas pela tecnologia de informação para ajudar a criar um mundo que seja tanto mais eficiente em termos econômicos quanto mais flexível do que jamais foi possível. Mas este não é o fim das possibilidades que essas novas tecnologias oferecem. Uma vez que você terá mais escolhas, será capaz de levar mais de seus próprios valores para os negócios. E isso significa que você pode colocar uma gama mais ampla de seus valores, não apenas os econômicos, no centro de seu pensamento empresarial.

Em outras palavras, você pode — se escolher — usar seu trabalho para ajudar a criar um mundo que não seja apenas mais rico, mas que seja melhor.

CAPÍTULO 2

Um Padrão Surpreendente

HÁ MAIS DE SETENTA ANOS, meu avô começou a cultivar um pedaço de terra no Novo México. Meu pai também trabalhou na terra, vivendo e trabalhando na mesma fazenda durante quase a vida toda. Como proprietário de um pequeno negócio, meu pai tinha muitas escolhas sobre o que fazer e quando fazer, mas trabalhava longas horas quase todos os dias da semana. Embora muitas vezes fizesse atividades físicas, como dirigir tratores e alimentar o gado, também conversava freqüentemente com os poucos trabalhadores contratados que trabalhavam na fazenda e para seu pai e irmão, que eram seus sócios. De tempos em tempos, também conversava com fornecedores (sobre necessidades como fertilizantes e equipamentos para a fazenda), compradores (sobre as safras e o gado que produzia) e com outros produtores, mas essas conversas consumiam apenas uma pequena parte de seu dia. Quando cresci, trabalhei algumas vezes na fazenda, irrigando o algodão e a alfafa, ajudando a alimentar os carneiros e o gado, criando cordeiros em nosso quintal durante alguns anos. Até quando eu tinha cerca de treze anos, tínhamos um telefone antigo, daqueles com manivela. Não vi um computador até os quatorze anos. Acho que posso dizer que conheço bem a vida agrária.

Mas, como inúmeros outros nas gerações anteriores à minha, escolhi abandonar essa forma de vida e me mudar para a cidade. Muitos de meus predecessores se mudaram de uma fazenda para uma fábrica, mas eu pulei essa etapa. Em vez disso, tornei-me professor em uma universidade. Embora os professores, de alguma forma, existam há muito tempo, meu trabalho como professor universitário — pesquisador, professor e consultor — incorpora muitas das características de um emprego pós-industrial: tenho enorme liberdade para decidir que trabalho fazer, quando e onde devo fazê-lo. O conhecimento, a criatividade e a motivação são essenciais para meu sucesso. Trabalho com redes de pessoas de todo o mundo, que estão sempre mudando, e passo grande parte de minha vida me comunicando com os outros, seja em reuniões, por telefone ou por e-mail.

De certa forma, minha própria vida mudou do passado agrícola para o futuro pós-industrial. Portanto, ela incorpora a trajetória que as organizações comerciais seguiram nos

O Futuro dos Empregos

últimos duzentos anos, aproximadamente. Mas essa trajetória em si reflete um padrão muito mais amplo. De maneira admirável, a recente evolução das organizações comerciais segue o padrão de evolução da organização das sociedades. E, para entender esse padrão, precisamos começar há muito, muito tempo atrás — nos primórdios da humanidade.

O Padrão nas Sociedades Humanas

Dois milhões de anos atrás, alguns dos primeiros proto-humanos viveram nas planícies da África.[1] Como muitos de seus ancestrais animais, eles se sustentavam caçando animais selvagens e colhendo plantas silvestres. Gradualmente, esses primeiros humanos se espalharam pelo globo, evoluíram e, cerca de cem mil anos atrás, se transformaram nos humanos biologicamente modernos.[2] A Figura 2-1 mostra — de forma muito simplificada — a seqüência das mudanças que ocorreram na organização das sociedades desde a alvorada da humanidade. Da vida em bandos isolados e descentralizados de caçadores-colheiteiros, nossos ancestrais lentamente formaram reinos cada vez maiores e mais centralizados. Então, em muitos casos, acabaram estabelecendo democracias mais descentralizadas.

FIGURA 2-1

As principais maneiras como as sociedades humanas se organizaram em toda a história revelam um padrão notavelmente simples que prefigura como as empresas estão mudando agora.

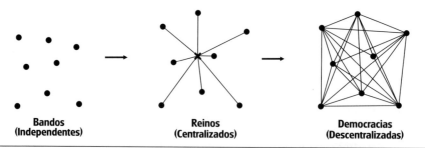

O que poderia explicar este padrão? Por que reinos grandes e centralizados praticamente sempre seguem a expansão da agricultura? Por que não houve democracias em larga escala durante milhares de anos, e então, dentro de apenas duzentos anos, a grande maioria dos países no mundo desenvolvido se tornou democracias?

Um Padrão Surpreendente

Evidentemente, muitos fatores influenciaram essas mudanças. Mas, em um grau que poucos apreciam, um único fator — os custos declinantes de comunicação — tornou possíveis as mudanças. E a cada etapa ao longo do caminho, os valores de nossos ancestrais desempenharam um papel fundamental nas escolhas organizacionais que fizeram.

Para vermos como os custos de comunicação e os valores humanos podem explicar tanta coisa, vamos considerar cada uma das duas principais transições: de bandos a reinos e de reinos a democracias.

De Bandos a Reinos:
Agricultura, Chefes e o Surgimento da Centralização

Durante quase toda a história da humanidade — até cerca de 12.000 anos atrás —, as pessoas sobreviviam caçando e colhendo.[3] Os caçadores-colheiteiros geralmente viviam em pequenos grupos de quinze a cinqüenta pessoas, que os antropólogos chamam de *bandos*. Como mostra a Figura 2-1, os bandos eram bem independentes, desconectados uns dos outros. Mas dentro de cada bando havia fortes conexões, com muita comunicação entre os membros. Não havia grandes diferenças em poder e status entre os membros, e a maioria das pessoas participava diretamente na tomada de decisão igualitária do bando.[4]

O antropólogo Richard Lee descreve o povo africano de !Kung San*, uma sociedade colheiteira-caçadora que permaneceu isolada da civilização até meados da década de 60 e então foi amplamente estudada: "Em sociedades igualitárias como a dos !kungs, as atividades em grupo se desenvolvem, fazem-se planos e tomam-se decisões — tudo aparentemente sem um foco claro de autoridade ou influência. (...) Nas discussões em grupo, [algumas] pessoas podem falar mais que outras, as outras podem se submeter a elas e tem-se a impressão de que suas opiniões têm um pouco mais de peso que as dos outros participantes. Quaisquer que sejam suas habilidades, os líderes !kungs não têm autoridade formal. Eles só podem persuadir, mas nunca impor sua vontade aos outros".[5]

Quando Lee perguntou a um ancião dos !kungs sobre os líderes locais, ou "o cabeça", este respondeu: "É claro que temos chefes! (...) De fato, todos somos chefes. (...) Cada um de nós é chefe de si mesmo!"[6] Na verdade, se qualquer membro do grupo sen-

---

* O ponto de exclamação em !Kung é o símbolo que os lingüistas usam para representar um som de clique na língua desse povo. O som não tem correspondência natural com qualquer letra no alfabeto romano.

O Futuro dos Empregos

tisse que sua autonomia havia sido indevidamente reduzida, tinha liberdade para sair e juntar-se a outro bando.[7]

Durante dezenas de milhares de anos, todos os povos viviam alguma versão desse estilo de vida caçador-colheiteiro.[8] Mas, aos poucos, as coisas começaram a mudar. De forma gradual, provavelmente a começar em cerca de 10.000 a.C, as pessoas no Crescente Fértil, a rica terra agrícola no Oriente Médio, começaram a cultivar sistematicamente plantas e a criar animais para seu alimento, em vez de contar apenas com a caça e a colheita.[9]

À medida que a agricultura se espalhou e as densidades populacionais aumentaram, inevitavelmente formas de organização maiores, mais centralizadas e mais hierárquicas seguiram-se. Os governantes assumiram o poder — reis, chefes ou imperadores —, e eles e seus representantes tomavam muitas decisões importantes. Sistemas de comunicação hierárquicos foram estabelecidos para apoiar a tomada de decisão centralizada.

Por exemplo, os sumérios, uma sociedade que prosperou na região do Iraque dos dias de hoje durante o terceiro e o quarto milênios a.C, foram um dos primeiros a inventar a agricultura. Não por coincidência, provavelmente foram os primeiros a usar uma palavra (*lu-gal* ou "grande homem") para definir "rei". No reino sumério, como em muitas monarquias em toda a história, os reis tinham imenso poder sobre a vida de seus súditos e freqüentemente eram considerados deuses. Mesmo em sociedades monárquicas em que os reis não eram considerados literalmente deuses, as pessoas costumavam acreditar — como se refletia na doutrina européia do direito divino dos reis — que a autoridade do rei vinha de Deus e que o rei era a fonte e o centro de todo poder político.[10]

Evidentemente, a crescente centralização das sociedades não ocorreu sem transtornos. Os reis e os reinos vinham e iam, e todos os grandes impérios — romano, egípcio, chinês, árabe, asteca, inca — acabaram se desfazendo. Mas, a cada vez, novos reis ou imperadores surgiam e tomavam o poder, muitas vezes formando reinos maiores e mais centralizados que antes. Com apenas algumas exceções isoladas (principalmente as democracias gregas em torno de 400 a.C.), a tendência de centralização crescente continuou por milhares de anos, chegando ao fim somente alguns séculos atrás.

Vale a pena fazer uma pausa para resumir o que acabamos de ver: à medida que os humanos avançaram do estágio de caçadores-colheiteiros para a agricultura, seus grupos organizados inevitavelmente se tornaram maiores e mais centralizados.[11] Em geral, consideramos este fato normal hoje em dia; no entanto, é um dos achados mais consistentes e — em certo sentido — mais surpreendentes que surgiu do estudo da história organizacional. Por que isso aconteceu? Os seres humanos mudaram a maneira de se organizar porque a queda dos custos das comunicações tornou as mudanças *possíveis*, e os valores das pessoas tornaram as mudanças *desejáveis*.

Um Padrão Surpreendente

A Queda dos Custos de Comunicação Tornou Possíveis Organizações Maiores

A única maneira como nossos ancestrais caçadores-colheiteiros podiam se comunicar uns com os outros era face a face. E, como os suprimentos de alimentos encontrados na natureza eram limitados, seus bandos em geral tinham de viver relativamente separados para terem o suficiente para comer. Portanto, eles freqüentemente tinham de viajar longas distâncias para poderem trocar até mesmo as informações mais simples com membros de outros bandos. A agricultura permitiu às pessoas viverem mais próximas; portanto, com o tempo, os custos de comunicação caíram. O custo mais baixo de comunicação, por sua vez, permitiu o primeiro estágio do desenvolvimento de organizações maiores. Mas ainda havia limites significativos sobre quantas pessoas poderiam viver próximas o suficiente para se comunicarem de maneira eficaz.

Esses limites diminuíram de forma significativa por volta de 3.000 a.C., quando surgiu outra invenção extremamente importante: a tecnologia da escrita. Pela primeira vez, as pessoas podiam se comunicar umas com as outras por longas distâncias, sem se encontrarem pessoalmente.

Muitas pessoas consideram a escrita como a distinção fundamental entre civilização e todas as outras formas de sociedade humana.[12] Em termos mais técnicos, define-se civilização, muitas vezes, como algo que envolve *sociedades de nível estatal*, ou seja, sociedades que desenvolveram organizações amplas, complexas, de vários níveis. Embora não haja consenso entre os antropólogos sobre todos os fatores que fazem os estados emergirem, a escrita é quase sempre um ingrediente essencial.[13] Sem a escrita, é praticamente impossível administrar um estado amplo e complexo.

Organizações Maiores Deram às Pessoas Coisas Que Elas Queriam

A queda dos custos de comunicação tornou possíveis as organizações maiores, mas não as tornou necessárias. Em princípio, os primeiros agricultores podiam ter seguido o modelo organizacional de seus predecessores caçadores-colheiteiros e continuado a trabalhar em pequenos bandos, independentes, de cerca de 25 pessoas — dividindo o trabalho, trocando informações sobre a agricultura, dividindo alimentos em momentos difíceis e, às vezes, lutando juntos contra outros bandos. Cada bando poderia ter permanecido autônomo e igualitário, evitando qualquer líder central forte.

Mas isso não aconteceu. Os grupos maiores deviam oferecer vantagens claras sobre os pequenos. Em retrospectiva, podemos ver duas vantagens óbvias: os grupos maiores eram melhores na produção de alimentos e outros bens "econômicos", e eram melhores na luta.

O Futuro dos Empregos

Vantagens Econômicas de Grandes Organizações — Grupos maiores oferecem maiores oportunidades de economia de escala e especialização do trabalho. Por exemplo, podemos ver os benefícios da especialização quando examinamos as primeiras sociedades do Noroeste Pacífico (onde agora estão Washington, Oregon e Colúmbia Britânica). Essa área era extraordinariamente rica em pesca e caça — um explorador disse que a população de salmão nos rios era tão densa que "você podia andar sobre eles".[14] Os fartos recursos permitiram aos caçadores e colheiteiros fixarem-se na costa com uma densidade muito maior do que era comum em outras partes. Esses povoados maiores fornecem um exemplo valioso de uma estrutura econômica de transição. Nessas sociedades, todas as famílias tinham de caçar e colher. Muitas famílias também tinham suas especialidades, como fazer anzóis ou armadilhas para ursos.[15] Os nootkas, por exemplo, tinham uma grande variedade de anzóis, que variavam de anzóis de abeto, tratados a fogo, para linguado, até anzóis de osso para bacalhau. Os barcos dos nootkas variavam de canoas individuais a barcos cargueiros de vinte metros. Além disso, os caçadores usavam diferentes tipos de armadilha para ursos, veados, alces e salmão.

É claro que, com toda essa especialização, alguma forma de redistribuição dos produtos resultantes era necessária. Os fabricantes de anzóis às vezes precisavam de barcos, e os fabricantes de barcos às vezes precisavam de anzóis. Um líder político, ou "Grande Homem", em cada vila realizava essa função de redistribuição. O Grande Homem assegurava que houvesse pessoas suficientes com especialização em cada ofício. Ele coordenava a divisão de produtos especializados e até estabelecia o comércio com outras vilas. Em compensação, tomava até metade da caça de um caçador ou da pesca de um pescador. Parte disso ele retornava diretamente às pessoas através de festas públicas, mas parte — e isso não é uma surpresa — ele guardava para si.[16]

Vantagens Militares de Grandes Organizações — Nem é preciso dizer que, para a maioria das formas de guerra tradicionais, o tamanho é uma vantagem significativa. Como Jared Diamond diz: "Dez agricultores malnutridos ainda podem ganhar de um caçador saudável".[17] Mas por que dez ou cem agricultores se uniriam para combater grupos menores de vizinhos? Porque eles podem, dessa forma, se apoderar da terra de seus vizinhos e ter mais alimento para si mesmos. Se escolherem matar os vizinhos, também poderão se casar com as mulheres dos vizinhos. Ou, se deixarem os vizinhos vivos, poderão transformá-los em escravos para fazer algumas das tarefas domésticas que proliferaram nas complexas sociedades agricultoras.[18]

De fato, embora a superioridade econômica de grandes grupos ajude a explicar sua persistência, o fator imediato que levou à sua criação foi quase sempre a força militar.[19] Os primeiros agricultores não diziam simplesmente: "Ei, vamos nos juntar para termos uma divisão mais eficiente do trabalho e melhores projetos de obras públicas!" Ou eles se uniam quando estavam sob a ameaça de aniquilação militar, ou eram conquistados e absorvidos por outro poder militar. A história está repleta de exemplos de guerras de conquista que criaram grupos organizados cada vez maiores: o Império Romano, o império de Alexandre, o Grande, os zulus na África, os astecas e os incas na América, e assim por diante.[20]

Por Que as Grandes Organizações Eram Centralizadas?

Permanece um enigma: por que essas organizações maiores eram centralizadas? Por que, por exemplo, as grandes comunidades agrícolas não continuaram a usar uma estrutura descentralizada, igualitária? Por que simplesmente não se organizaram em bandos de cem agricultores, ou mesmo de dez mil agricultores, difundindo amplamente entre os membros o poder e a autoridade para tomar decisões? Por que decidiram ter chefes e mandantes e, depois, reis e imperadores?

A resposta breve a essa pergunta, mais uma vez, é o custo de comunicação. Simplesmente era caro demais tomar decisões altamente descentralizadas em grupos tão grandes. Quando o único meio de comunicação é a conversa pessoal, a tomada de decisão igualitária entre um grande número de pessoas geralmente leva tempo demais. Se as decisões são tomadas por consenso, o processo se torna rapidamente mais difícil à medida que o tamanho de um grupo aumenta e fica com mais de uma ou duas dezenas de pessoas (como vimos com os manifestantes antinucleares, no prefácio). E, em contraste com os bandos nômades de caçadores-colheiteiros, em que os que discordavam de uma decisão do grupo mudavam com facilidade para outro grupo, era muito difícil, para os dissidentes, abandonar suas terras cultivadas e tentar encontrar outras terras em outros lugares.

Mesmo que os primeiros agricultores tivessem pensado no processo de votação democrática (o que pode muito bem não ter ocorrido), ainda teriam de passar muito tempo aprendendo sobre todos os fatores necessários para tomarem boas decisões. Quer nossos ancestrais gostassem ou não, suas sociedades eram muito mais eficientes quando alguém estava no comando e podia juntar as informações, tomar as decisões e dizer a todos o que fazer.

Essa opção de usar estruturas centralizadas e hierárquicas não foi, no entanto, isenta de custos. Os líderes geralmente ficavam com uma parte — às vezes grande — do valor econômico criado pelo grupo. Alguns chefes de tribo no Havaí, por exemplo, tinham mantos feitos com dezenas de milhares de penas em cores vivas. Esses mantos eram o resultado do trabalho de muitas gerações de artesãos.[21] Seria difícil alegar que essas vestimentas incrivelmente ostentosas para o chefe — ou, no mesmo sentido, as enormes pirâmides erigidas pelos egípcios para seus faraós — fornecessem qualquer valor público significativo para os outros membros da tribo. Mas chefes e reis conseguiam se safar com desvios semelhantes de recursos públicos para seu uso próprio. O biólogo evolucionista Jared Diamond chega a chamar todos os governos centralizados de "cleptocracias".[22]

Outro custo — mais intangível — de organizações centralizadas foi a perda da autonomia individual. A mudança de bandos caçadores e colheiteiros para sociedades agricultoras hierárquicas exigiu que todas as pessoas, exceto talvez os líderes, sacrificassem uma parte de sua liberdade — em alguns casos, quase toda.[23]

A Escolha

Esta foi, então, a profunda escolha organizacional que nossos ancestrais fizeram: abrir mão da liberdade de que gozavam como caçadores e colheiteiros para obter todos os benefícios econômicos e militares oferecidos pelas grandes hierarquias centralizadas. É quase certo que eles não tenham pensado conscientemente na escolha nos termos explícitos que podemos usar hoje. Para muitos, de fato, a escolha nem mesmo era voluntária. Eram simplesmente derrotados na batalha e forçados a viver sob as regras de alguém. Mas, com o passar do tempo, e em um lugar após o outro, nossos ancestrais fizeram a escolha coletiva de se mudar para uma organização maior, centralizada, em vez de manter sua liberdade e permanecer isolados. Nossos ancestrais fizeram essa escolha pela primeira vez quando abandonaram a caça e se tornaram agricultores. Mas continuaram fazendo a mesma escolha repetidamente, através dos milhares de anos da história.

De Reinos a Democracias:
Impressão, Cidadãos e um Retorno à Descentralização

Por volta de 500 a.C., os gregos desenvolveram uma idéia radical: que as pessoas em um país não eram súditos de um rei de quem o poder descendia, mas eram cidadãos da república, de quem o poder ascendia.[24] Nos dias de hoje, chamamos esta idéia de *democracia*. Como é mostrado na Figura 2-1, todo cidadão em uma democracia pode (pelo menos potencialmente) participar das tomadas de decisões fundamentais e se comunicar com todos os demais. A democracia foi possível na antiga Atenas, mesmo com seu sistema de comunicações rudimentar, porque quase todos os cidadãos atenienses eram alfabetizados (bom!), mas também porque 60% a 80% da população não eram cidadãos, mas escravos (ruim!). O trabalho dos escravos permitia aos cidadãos tempo livre suficiente para participar do governo.[25]

Um Padrão Surpreendente

Somente no final do século XVIII, entretanto, essa idéia radical começou a se fixar de forma disseminada. Com a revolução americana e, depois, a francesa, o mundo mudou de forma súbita e fundamental à medida que as pessoas embarcaram em uma nova direção na organização social. No decorrer de algumas décadas, as noções democráticas de Atenas foram combinadas com um conjunto de outras novas invenções: limitações do poder governamental, assembléias representativas, constituições escritas, separação de poderes, federalismo, leis aprovadas pelo povo, tratamento igual perante a lei, liberdade de expressão e liberdade de imprensa, só para citar algumas.[26] Hoje, somente cerca de duzentos anos depois, governos em todo o mundo adotaram essas idéias. Embora nem todos os países tenham se tornado democracias, os princípios democráticos agora definem a idéia de muitas pessoas sobre um estado moderno.[27]

Apenas nos dois últimos séculos, portanto, a grande onda histórica de centralização foi revertida. Nossos ancestrais escolheram exigir parte da liberdade que vinham abandonando sistematicamente desde que começaram a mudar para o cultivo do solo, quase 12 mil anos atrás.

Por que uma tendência histórica tão prolongada de repente mudou de curso? As novas nações não estavam se tornando significativamente menores, então as pessoas não tinham de abrir mão de benefícios econômicos ou militares que recebiam das organizações maiores. Mas, por alguma razão, as pessoas acreditavam que agora podiam receber esses benefícios sem abrir mão de tanta liberdade. O que poderia ter causado essa mudança nesse momento específico?

Como é comum em questões humanas, muitos fatores foram responsáveis por isso. Mas um deles se destaca como mais importante: nosso velho amigo, o custo de comunicação. Por volta de 1450, Gutenberg desenvolveu a primeira imprensa de tipo móvel. Essa nova tecnologia, associada à rápida expansão que provocou na alfabetização, reduziu acentuadamente os custos de comunicação em grupos grandes. Pela primeira vez na história, era economicamente viável para enorme número de pessoas, dispersas por vastas distâncias, receber essencialmente a mesma mensagem em um tempo relativamente curto.

Essa comunicação muito mais intensa — não apenas de cima para baixo, mas também de baixo para cima e lateral — foi necessária para que as democracias em grande escala funcionassem. O ideal democrático de governo "do povo, pelo povo e para o povo" tem pouca esperança de sucesso a não ser que "o povo" esteja bem informado o suficiente para participar do processo político de maneira consciente. E, se o povo não puder manifestar seus desejos, terá pouca esperança de influenciar os resultados políticos.

É claro que as recentemente viáveis democracias também deram ao povo mais de algo que a maioria dos seres humanos deseja: liberdade. Mais pessoas podiam fazer mais escolhas sobre como queriam viver. Mas as democracias também tinham outra vantagem: eram, em geral, mais flexíveis que os reinos que substituíam. Nas democracias, muitas pessoas podem experimentar muitas coisas diferentes. Podem expressar muitos pontos de vista sobre problemas e soluções. Além disso, qualquer grupo pequeno teria dificuldade de evitar mudanças que a maioria das pessoas acha que são boas. Como Philip Slater e Warren Bennis atestaram em um artigo profético de 1964, "Democracia É Inevitável", as democracias simplesmente sobrevivem de forma mais eficiente em condições de mudança crônica.[28]

Na verdade, de uma perspectiva histórica, a fase democrática do desenvolvimento político humano provavelmente nem começou a deslanchar. Mesmo em países em que os cidadãos elegem representantes por meios democráticos para tomar suas decisões políticas, grande parte do governo moderno ainda é relativamente centralizada. Um sinal do que pode nos aguardar no futuro é a crescente dependência dos políticos ocidentais de pesquisas de opinião cada vez mais sofisticadas para influenciar "pequenas" decisões entre as eleições. Quer você pense que este é um bom desenvolvimento ou não, certamente está acontecendo com mais freqüência. E é um exemplo claro da descentralização cada vez maior da tomada de decisões, deixando-a nas mãos dos cidadãos de uma democracia.

A Escolha

Então, quando nos perguntamos por que nossos antepassados de repente puderam mudar o curso e escolher a descentralização, a resposta é esta: novas tecnologias como a imprensa reduziram os custos de comunicação o suficiente para que as pessoas pudessem ter duas coisas que queriam sem ter de escolher entre elas. Elas puderam manter os benefícios econômicos e militares das grandes organizações enquanto também recobravam parte da liberdade e da flexibilidade às quais tinham renunciado há muito tempo. Como veremos, agora a mesma possibilidade está se abrindo para nós nos negócios.

CAPÍTULO 3

O Padrão Surpreendente nos Negócios

A NIKE, fabricante de artigos esportivos, terceiriza toda a sua manufatura para outras empresas. A Hewlett-Packard faz pesquisa com seus próprios funcionários para saber se eles acham que a empresa deve fazer uma fusão com a Compaq. A British Petroleum divide-se em noventa unidades de negócios, cada uma com uma média de menos de seiscentos funcionários. Um dos melhores sistemas operacionais de computador do mundo é desenvolvido não por uma empresa, mas por uma rede flexível de milhares de voluntários.[1]

O que está acontecendo?

Nota-se que o mesmo padrão de mudança organizacional que ocorreu na sociedade também está se desenvolvendo — embora muito mais rapidamente — nos negócios. Como a Figura 3-1 indica, o primeiro e o segundo estágios do padrão já estão completos, na medida em que as grandes hierarquias corporativas centralizadas substituíram os pequenos negócios organizados de maneira mais informal nos últimos duzentos anos. Mas o último estágio — de hierarquias corporativas a redes de negócios mais descentralizadas — está apenas começando.

FIGURA 3-1

As principais mudanças em como os negócios eram organizados em toda a história ecoam as mudanças em como as sociedades eram organizadas

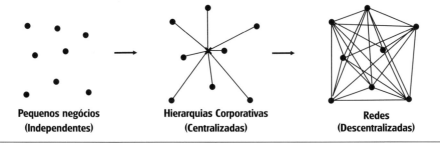

Pequenos negócios (Independentes) → Hierarquias Corporativas (Centralizadas) → Redes (Descentralizadas)

O Futuro dos Empregos

De Pequenas Empresas a Hierarquias Corporativas

Até aproximadamente 1800, a maioria dos negócios no mundo era de pequenos comércios familiares. Em 1790, por exemplo, 90% da força de trabalho norte-americana vivia e trabalhava em fazendas. A família não só produzia colheitas para vender no mercado, mas também cultivava muito de seu próprio alimento e fazia seus próprios móveis, sabão, velas e roupas.[2] A maior parte da manufatura comercial nos Estados Unidos era feita por artesãos — tecelões, curtidores, ferreiros, fabricantes de carroças — que viviam em cima ou perto de suas oficinas.[3]

Mesmo nas cidades, os negócios de família e as pequenas parcerias dominavam o comércio. Alfred Chandler descreve como funcionava o escritório de um pequeno comerciante em Nova York no início do século XIX: "Dentro da *counting house* — o termo usado pela primeira vez pelos italianos para se referirem a um escritório comercial —, os negócios eram feitos da mesma maneira que no século XIV em Veneza ou Florença. A equipe incluía apenas alguns funcionários do sexo masculino. Havia dois ou três escriturários, um guarda-livros, um caixa e um funcionário de confiança que dirigia a empresa quando os sócios não estavam. A organização e a coordenação do trabalho nesses escritórios podiam ser facilmente feitas através de uma conversa pessoal diária".[4]

Embora esses primeiros negócios diferissem em vários aspectos das tribos de caçadores-colheiteiros, suas estruturas organizacionais apresentavam semelhanças interessantes. Ambos eram pequenos grupos locais cujos membros se comunicavam através de conversas diretas, tinham grande liberdade pessoal e raramente interagiam com os membros de outros grupos. Embora a agricultura fosse associada com uma centralização maior na evolução da sociedade, do ponto de vista comercial, os agricultores continuavam a ter muita liberdade. Como a comunicação a longa distância ainda era muito cara, os agricultores e outras pessoas que dirigiam pequenos negócios não tinham escolha senão tomar suas próprias decisões com base, em grande parte, nas informações que reuniam localmente.

Os Primórdios das Hierarquias Corporativas

Nos séculos anteriores a 1800, algumas organizações não governamentais desenvolveram grandes hierarquias centralizadas com vários níveis. Os comerciantes fenícios do século VIII a.C., a Igreja Católica e a Hudson Bay Company são três exemplos.[5] Mas somente no século XIX essa forma hierárquica de organização começou a se tornar comum nos negócios.

O Padrão Surpreendente nos Negócios

O setor ferroviário foi um dos primeiros a adotar a centralização. Por volta de 1870, explica Chandler, as grandes ferrovias na Europa e nos Estados Unidos tinham hierarquias gerenciais que seriam bem familiares à maioria dos empresários modernos: "Os gerentes dos níveis superior e médio supervisionavam, coordenavam e avaliavam o trabalho dos gerentes dos níveis inferiores, que eram diretamente responsáveis pelas operações diárias. (...) O nível mais alto incluía o presidente, (...) o tesoureiro (...) e um gerente geral que supervisionava o trabalho de dois ou três superintendentes gerais. O nível médio incluía os superintendentes gerais, seus assistentes e chefes de maquinaria, (...) manutenção, (...) frete, passageiros e compras".[6]

Essa notável nova forma de organização corporativa expandiu-se rapidamente, vindo a dominar os negócios em todo o mundo no século XX. De fato, a capacidade de estabelecer esse tipo de organização logo passou a ser vista como um dos marcos do sucesso do negócio. Mesmo hoje, muitas organizações pequenas e descentralizadas esperam um dia se tornar grandes e centralizadas. E por uma boa razão: as grandes empresas têm proporcionado benefícios materiais surpreendentes e determinaram, em grande parte, o mundo em que vivemos e trabalhamos hoje.

O Que Causou o Surgimento das Hierarquias Corporativas?

Como sempre, muitos fatores contribuíram para o surgimento das grandes organizações centralizadas. Os dois mais importantes, no entanto, são os mesmos que levaram à mudança para governos centralizados: a queda dos custos de comunicação e os benefícios de ser grande.

Os benefícios de ser grande, neste caso, freqüentemente vinham das economias de escala possibilitadas pelas novas tecnologias de produção em massa. Como Chandler afirma: "Um único conjunto de trabalhadores usando um único conjunto de instalações [podia] lidar com um número muito maior de transações dentro de um período específico que o mesmo número de trabalhadores seria capaz se estivesse espalhado em várias pequenas instalações".[7] O epítome da nova forma de organizar o trabalho foi a linha de montagem móvel. Dois anos depois de Henry Ford e seus colegas introduzirem a linha de montagem automotiva em 1913, o tempo que os trabalhadores levavam para fabricar um modelo T caiu de 12 horas e 8 minutos para 1 hora e 33 minutos.[8]

Os benefícios econômicos de ser grande não teriam sido possíveis, entretanto, sem uma diminuição dos custos de comunicação. Para vender seus produtos fabricados em massa, empresas como a de Ford precisavam de mercados bem maiores, o que, por sua vez, exigia uma coordenação bem mais rigorosa das atividades comerciais. Essa coorde-

O Futuro dos Empregos

nação não teria sido possível sem as novas tecnologias de comunicação e de transporte: as ferrovias, o telégrafo e, por fim, o telefone.

Essas novas tecnologias permitiram que as empresas trouxessem grandes quantidades de informação de regiões distantes para uma sede central. Lá, a direção de uma empresa podia ter uma perspectiva mais ampla — nacional ou mesmo global — e tomar decisões melhores que os comerciantes independentes e locais. Ao reduzir os custos e o tempo no envio de mensagens (e transporte de produtos) por longas distâncias, essas novas tecnologias aumentaram o tamanho dos mercados e permitiram uma comunicação muito mais rica, necessária para coordenar operações de grande escala. Em geral, as empresas que descobriram como fazer as coisas dessas novas maneiras eliminaram os concorrentes ou os forçaram a mudar também.

A Escolha

Assim como nossos antepassados escolheram abrir mão de parte de sua liberdade para ter os benefícios de ser grande em suas vidas políticas, muitos de nossos próprios avós fizeram uma escolha similar em suas vidas comerciais. Com o tempo, abriram mão da liberdade e da informalidade da agricultura familiar e de outros pequenos negócios pela prosperidade sem precedentes — e pelo controle crescente — da linha de montagem e do escritório corporativo. As novas tecnologias de comunicação dos séculos XIX e XX tornaram essa escolha possível para eles, e agora é difícil imaginar que pudessem ter feito qualquer outra escolha.

De Hierarquias Corporativas a Redes

A principal história sobre a organização dos negócios no século XX foi a centralização, e uma olhada nas manchetes de hoje sobre as imensas aquisições e megafusões revela que essa história ainda continua em algumas partes da economia. A AOL compra a Time Warner. O Citybank e a Travelers fundem-se, formando o Citigroup. A Price Waterhouse funde-se com a Coopers & Lybrand e torna-se a PricewaterhouseCoopers (PwC), e depois a IBM compra o braço de consultoria da PwC. Uma única empresa, a Wal-Mart, tem mais de 30% de participação no mercado geral de varejo.

Mas abaixo das manchetes encontramos uma história mais complexa. Alguns sinais atormentadores de uma tendência nova e muito diferente estão aparecendo. Em um estudo que meus colegas e eu publicamos em meados da década de 90, encontramos evi-

O Padrão Surpreendente nos Negócios

dências de que o tamanho médio das empresas em muitos setores norte-americanos estava, na verdade, diminuindo.[9] Uma forma de as empresas encolherem é através da crescente terceirização. Quando grandes empresas repassam trabalho a contratados, podem acabar controlando fluxos de caixa cada vez maiores, mas exercem cada vez menos controle direto sobre a real atividade da empresa. Compram mais dos itens de que precisam de outras empresas, em vez de os fabricarem. Algumas empresas, como a Nike e a Cisco Systems, têm subcontratado quase toda a produção. Mesmo as tarefas de rotina tem sido freqüentemente executadas não pelos funcionários, mas por trabalhadores temporários. De fato, o maior empregador privado nos Estados Unidos hoje não é a General Motors, a IBM ou a Wal-Mart. É a agência de empregos temporários Manpower Incorporated, que em 2002 "empregou" 2 milhões de pessoas.[10]

Poderíamos dizer que as grandes empresas estão se tornando vazias.

Outra tendência relacionada: alianças informais, em constante mudança, entre pessoas e empresas — chamadas de corporações virtuais, organizações em rede, redes de negócio e *keiretsu* corporativas — estão realizando uma parte cada vez maior do trabalho que costumava ser feito dentro das grandes organizações.[11] Na indústria de computadores pessoais, por exemplo, a Intel e a Microsoft formam o núcleo de uma ecologia complexa de fabricantes de hardware, desenvolvedores de software e empresas de serviços profissionais. Apenas trinta anos atrás, as funções desempenhadas por essa complexa rede de empresas seriam inteiramente executadas dentro das paredes da IBM.

Mesmo dentro de grandes corporações, a administração altamente centralizada de comando e controle está se tornando menos comum. As decisões estão sendo empurradas para os níveis mais baixos.[12] Em um estudo detalhado de trezentas grandes empresas norte-americanas, Raghuram Rajan e Julie Wulf encontraram evidências substanciais de que as hierarquias estavam se achatando e que os gerentes dos níveis inferiores estavam sendo tratados como proprietários.[13] Entre 1984 e 1999, o número de posições que se reportavam diretamente ao CEO nessas empresas subiu de maneira significativa, o número de níveis entre os chefes de divisão e o CEO diminuiu, e um número cada vez maior de funcionários recebeu incentivos de remuneração de longo prazo, como ações e opções de compra de ações.

Em muitos casos, os trabalhadores estão sendo recompensados não por executar eficientemente as ordens, mas por decidir o que precisa ser feito e fazê-lo. Algumas grandes empresas industriais, como a Asea Brown Boveri e a British Petroleum, até se dividiram em várias unidades independentes que conduzem os negócios quase como se fossem empresas separadas.

O *Futuro dos Empregos*

Tais iniciativas de descentralização parecem ser compensadoras. Em uma pesquisa intrigante, meus colegas do MIT Erik Brynjolfsson e Lorin Hitt constataram que as empresas que possuíam um processo de decisão descentralizado — por exemplo, estabelecendo equipes autogerenciadas ou permitindo aos indivíduos maior liberdade de decisão para fazerem o trabalho — tinham uma probabilidade significativamente maior de ter avaliações de mercado mais altas que empresas comparáveis que tomavam decisões de formas mais tradicionais.[14]

O que há por trás dessa nova tendência? Ninguém sabe. Certamente, muitos fatores contribuem para isso: a crescente globalização, a crescente educação e afluência, e muitos outros. De fato, para muitos, os sinais de descentralização são apenas exceções isoladas em um mundo de centralização sempre crescente.

Mas, antes de você se acomodar confortavelmente nessa fácil suposição, vale a pena pensar de novo em como a diminuição dos custos de comunicação levou à ruptura de formas altamente centralizadas de governo. Uma força similar parece estar agindo nos negócios hoje.

A Diminuição dos Custos de Comunicação Torna a Descentralização Possível

Já vimos como a imprensa escrita ajudou a desencadear a grande agitação democrática no final do século XVIII. Mas, embora os livros e jornais transformassem a comunicação política, raramente eram usados para a comunicação de negócios. À exceção da propaganda, a maioria da comunicação comercial no século XIX e no início do século XX ainda ocorria através de mídias um-para-um: conversas diretas, cartas, memorandos, telegramas e chamadas telefônicas.[15] É justificável que as empresas não tenham verdadeiramente começado a fazer uso significativo dos veículos de comunicação um-para-muitos até depois de a máquina Xerox se tornar popular na década de 60.

Os anos 90 viram uma explosão das mídias um-para-muitos e muitos-para-muitos na comunicação comercial: o *e-mail*, as conferências telefônicas, a Web e assim por diante. Hoje, qualquer um que tenha acesso à Internet pode encontrar — quase imediatamente e muitas vezes sem custo — uma riqueza maior de informações sobre muitos assuntos do que aquelas disponíveis à maioria dos executivos na direção de organizações enormes como a IBM, a General Motors e o governo norte-americano apenas algumas décadas atrás.

O Padrão Surpreendente nos Negócios

Considere o custo de enviar uma página de texto para cem pessoas espalhadas pelos Estados Unidos. Como mostra a Tabela 3-1, em 1840 (antes das ferrovias), enviar essa correspondência custava cerca de $ 100 e levava cerca de onze dias para chegar aos destinatários. Com as ferrovias, o custo caiu para $ 85 e o tempo, para cerca de dois dias e meio. Com o telégrafo, o custo aumentou para cerca de $ 750, mas o tempo diminuiu para algumas horas. Com os modernos sistemas de *e-mail*, o custo de enviar uma mensagem para cem pessoas é essencialmente $ 0 e a entrega é quase instantânea.[16]

TABELA 3-1

Tempo e Custo para Transmitir uma Página de Texto por Meios Diferentes

Meio	TEMPO EM HORAS		CUSTO	
	Um destinatário	Cem destinatários	Um destinatário	Cem destinatários
Correio antes da ferrovia, 1840	252	260,3	$ 0,25	$ 107,17
Transporte ferroviário, 1850	48	56,3	$ 0,03	$ 85,17
Telégrafo, 1850	0,083	8,3	$ 7,50	$ 750,00
E-mail, 2000	~0	~0	~0	~0

Agora, por que isto deveria importar? Em uma hierarquia centralizada, relativamente pouca comunicação é exigida, porque, em geral, a informação só precisa ser transmitida uma vez para um único lugar — o alto da hierarquia. Em um sistema descentralizado, entretanto, muitas outras pessoas tomam decisões, e todas precisam de informação. As novas tecnologias de comunicação de hoje tornam possível, pela primeira vez, um sistema eficiente e descentralizado. De repente, é barato e fácil para muitas pessoas em uma organização terem muitas informações rapidamente e sem distorção.

O mesmo raciocínio básico se aplica à terceirização do trabalho.[17] Para transferir uma atividade para outra empresa, é preciso fazer diversas coisas: encontrar fornecedores potenciais, compará-los e fazer seleções, fechar pedidos, fazer pagamentos, coordenar entregas e fazer ajustes para qualquer mudança no decorrer do processo. Quando você possui apenas os meios tradicionais, como reuniões e cartas, todas essas tarefas levam muito tempo e dinheiro para serem executadas. Muitas vezes, é mais fácil usar um fornecedor interno. Mas quando toda a comunicação necessária se torna barata e conveniente, a terceirização se torna mais comum. Nossa pesquisa apóia este ponto. Descobrimos que, quando um setor utiliza muito a tecnologia de informação, o tamanho médio das empresas naquele setor tende a diminuir após um intervalo de cerca de dois anos.[18]

Outros Fatores Tornam a Descentralização Desejável

A tecnologia torna muitas mudanças possíveis, mas somente aquelas que preenchem as necessidades e desejos das pessoas realmente acontecem. As organizações descentralizadas são atraentes porque dão mais liberdade a um número maior de pessoas. O resultado são benefícios econômicos e não econômicos.

Benefícios Econômicos: Motivação, Criatividade e Flexibilidade — Quando as pessoas tomam suas próprias decisões sobre como fazer seu trabalho e dividir seu tempo, com freqüência empregam mais energia, esforço e criatividade no trabalho.[19] Estudos de projetos de P&D, por exemplo, constataram que, quando membros de equipes de projeto sentem mais liberdade e controle sobre seu trabalho, tornam-se mais inovadores.[20] Essa noção de autonomia provavelmente faz parte da motivação empreendedora: não só você mantém as recompensas econômicas de seu próprio trabalho, como também pode tomar suas próprias decisões e sentir-se dono.

Quando as pessoas se sentem fortemente controladas, por outro lado, com freqüência ficam menos motivadas e menos criativas. Albert Einstein expressou bem isso quando se lembrou da escola militar que freqüentara quando criança: "Essa coerção teve um efeito tão desencorajador em mim que, depois de ter passado nas provas finais, não quis pensar em qualquer problema científico durante um ano inteiro".[21]

Além de fortalecer a motivação, os sistemas descentralizados podem ser muito mais flexíveis. Muitas mentes podem pensar sobre o mesmo problema de uma só vez. Muitos podem tentar várias abordagens, e aquelas que funcionarem melhor podem ser adotadas em toda parte. E as decisões, em vez de serem recebidas das sedes, a certa distância, podem ser ajustadas às condições locais imediatas. As decisões tomadas localmente tinham vantagens no passado: o dono de uma loja em uma cidade pequena, por exemplo, poderia dar crédito e recomendar produtos baseado no conhecimento profundo de cada um de seus clientes. E as decisões locais podem compensar ainda hoje: um vendedor autônomo pode tomar decisões de preço no ato da venda, com base no olhar do consumidor — junto, talvez, com informações recebidas eletronicamente sobre os custos de fabricação.

Benefícios Não Econômicos: Liberdade e Individualização — A descentralização oferece satisfação pessoal, além da econômica. Muitas pessoas simplesmente gostam de ter liberdade para fazer suas próprias escolhas.[22] Quando têm mais liberdade, seu trabalho se torna mais interessante e agradável, e elas se tornam mais capazes de lidar com as várias demandas que a vida lhes impõe. Se, por exemplo, elas têm controle sobre quando e como trabalham, podem gerenciar com maior facilidade outros compromissos importantes, como cuidar de seus filhos ou passar tempo com seus pais idosos.

O Padrão Surpreendente

Este, então, é o padrão básico de três estágios que vimos tanto nas sociedades quanto nas organizações comerciais: no estágio um, as pessoas funcionam em grupos pequenos e desconectados. No estágio dois, grupos muito maiores são formados e a decisão se torna centralizada. No terceiro estágio, os grandes grupos permanecem, mas a decisão se torna mais descentralizada.

Esse padrão é um exemplo excelente do tipo de fenômeno que a teoria da coordenação analisa. Por meio de um estudo detalhado desse padrão específico, meus colegas e eu adquirimos um entendimento muito mais preciso de quando e como as formas organizacionais mudam (ver o apêndice para um resumo de nossa pesquisa). Um de nossos achados apóia uma conclusão tirada por muitos outros pesquisadores: que o maior uso da tecnologia de informação pode levar à centralização ou à descentralização, dependendo da situação.[23] Nosso modelo mostra, por exemplo, como a tecnologia de informação pode proporcionar mais centralização quando as economias de escala são importantes e mais descentralização quando a motivação e a flexibilidade são importantes.

Mas nosso modelo vai além da maioria dos trabalhos anteriores. Revela que os benefícios da centralização são, na maioria das vezes, os benefícios de ser grande, e não da centralização em si. E, em muitos casos, quando a comunicação fica barata o suficiente, é possível descentralizar de um modo que lhe dê tanto os benefícios de ser grande, como as economias de escala, quanto os benefícios de ser pequeno, como a motivação e a flexibilidade.[24]

Quando os benefícios de ser pequeno são importantes (mas não tão importantes quanto os benefícios de ser grande), nosso modelo prevê que um processo de duas etapas deve ocorrer. Primeiro, os custos decrescentes de comunicação devem levar a uma centralização crescente, até que os benefícios de ser grande tenham sido alcançados. Depois, como conseqüência, novas reduções nos custos de comunicação devem levar a uma descentralização crescente.[25] Esse padrão de aumento inicial e subseqüente diminuição na centralização é exatamente o que parece estar acontecendo em muitas partes dos negócios. A centralização aumentou até bem recentemente, mas agora está começando a diminuir em vários lugares. Podemos esperar uma descentralização maior sempre que

O Futuro dos Empregos

(a) os custos de comunicação estiverem caindo e (b) a motivação, a criatividade, a flexibilidade e os outros benefícios de ser pequeno produzirem ganhos nos negócios.

Como podemos verificar, esses dois critérios se mantêm válidos com os enormes cortes da economia de hoje. A tecnologia de informação está fazendo os custos de comunicação decrescerem incansavelmente, permitindo que as empresas se descentralizem sem sacrificar as economias de escala. E o aumento da importância do trabalho intelectual torna a motivação, a criatividade e a flexibilidade mais importantes que nunca.

Isso significa que tudo se tornará descentralizado? É claro que não. As estruturas centralizadas continuarão a fazer sentido onde os benefícios de ser pequeno são insignificantes em relação aos benefícios de ser grande, ou onde simplesmente não há como se ter benefícios suficientes de ser grande em um sistema descentralizado.

Provamos, sem sombra de dúvida, que o padrão surpreendente está realmente acontecendo nos negócios? Não. Como acontece com qualquer teoria científica, poderia haver algumas outras explanações para todos os fenômenos que exploramos neste capítulo.[26] Mas a lógica de nosso modelo, combinada com a existência do padrão em toda a história, certamente fornece evidências contundentes de que estamos em meio a uma mudança fundamental e previsível — que pode ser tão importante para um negócio quanto a mudança para a democracia tem sido para o governo. E mesmo que essa mudança só afete uma parte relativamente pequena da economia, ainda assim será importante você saber se está nela. E se estiver, precisa saber como obterá vantagem das mudanças.

A Escolha

As organizações comerciais descentralizadas representam um novo mundo do trabalho, com novas regras e demandas. Assim como as suposições políticas democráticas, que consideramos normais hoje, teriam parecido quase incompreensíveis para os súditos leais do Rei Carlos IV da Espanha, as suposições básicas do mundo descentralizado parecem estranhas para quase todos nós atualmente. Ao fazermos as escolhas que definirão este mundo, precisaremos de novos exemplos, novos princípios e novas práticas. Precisaremos saber como criar novas possibilidades, como combinar com habilidade os benefícios da centralização com os da descentralização, e como pensar a administração de modo diferente.

Como enfrentar esses desafios é o foco do resto deste livro.

II

Quantas Pessoas Cabem no Centro de uma Organização?

CAPÍTULO 4

Flexibilizando a Hierarquia

QUANDO A GOOGLE, uma empresa de busca na Web, começa um projeto importante, não cria uma nova organização enorme com vários níveis gerenciais. Em vez disso, estabelece algumas pequenas equipes autônomas de engenharia — muitas vezes com apenas três integrantes — e as deixa à vontade, dando-lhes plena liberdade para fazerem seu trabalho.[1]

Quando as equipes necessitam trocar informações, nem sempre precisam envolver gerentes. Em vez disso, comunicam-se diretamente, seja face a face ou por meio eletrônico. No início de 2003, a Google começou a usar um sistema para ajudar as equipes a manter *Web logs*, ou *blogs*, que registram suas atividades, descobertas e problemas diários. Em semanas, o uso desses diários on-line explodiu. Ao ler os *blogs*, as diferentes equipes podiam acompanhar o trabalho umas das outras e identificar questões que precisavam de mais discussão — com menos necessidade de controle de cima para baixo por parte de gerentes centrais.

Esse exemplo simples ilustra uma forma importante de grandes organizações poderem descentralizar as decisões: hierarquias flexíveis. Este capítulo descreverá as hierarquias flexíveis em detalhes. Os capítulos 5, 6 e 7, então, considerarão as duas outras formas principais de descentralizar decisões: democracias e mercados.

Uma Hierarquia Flexível para o Desenvolvimento de Software

Um dos exemplos mais conhecidos de hierarquia flexível é o grupo de pessoas que desenvolveu o sistema operacional Linux para computadores pessoais. O grupo originou-se em 1991, quando Linus Torvalds, então com 21 anos, disponibilizou na Internet um esboço rudimentar de um sistema operacional que tinha escrito. Encorajou outras pessoas a usarem e modificarem o Linux gratuitamente, e logo milhares de programadores voluntários do mundo todo estavam corrigindo erros, acrescentando recursos e documentando o sistema. Hoje, o Linux tornou-se um dos melhores sistemas operacionais disponíveis, e muitas pessoas consideram-no o único a desafiar seriamente o Microsoft Windows pelo domínio no mundo dos sistemas operacionais.

A história do Linux é um exemplo conhecido do chamado software de código aberto — software disponível gratuitamente a qualquer um que queira usá-lo ou modificá-lo. Um aspecto menos conhecido da história do Linux é sua maneira nova e altamente descentralizada de organizar o trabalho intelectual.

Hierarquias flexíveis como a do Linux compartilham três características notáveis. A primeira é que têm uma comunicação intensa. Não importa o quanto estejam distantes, os membros precisam estar em contato próximo uns com os outros. Um projeto enorme como o do Linux simplesmente não poderia existir sem a comunicação barata e universal proporcionada pela Internet.

A segunda característica é que o grupo Linux tem uma relativa falta de controle centralizado. Embora os milhares de pessoas que trabalham no Linux tenham feito um produto muito bom e muito complexo, não fizeram nada da maneira centralizada e hierárquica como a Microsoft ou a IBM desenvolve complexos produtos de software. O grupo Linux tem uma hierarquia, mas a maioria das decisões é delegada a um nível muito baixo na organização. Na verdade, somente dois tipos de decisão são centralizados: (1) o próprio Torvalds estabeleceu a meta geral, ou seja, implementar uma versão do sistema operacional UNIX para PCs; e (2) Torvalds e alguns de seus seguidores decidem quais das várias modificações sugeridas pelas pessoas serão incluídas nos novos lançamentos do sistema. Todas as demais decisões são delegadas aos programadores voluntários; cada um escolhe as tarefas a realizar, quando, como e com quem trabalha (se trabalhar com alguém).

Em terceiro lugar, os membros de hierarquias flexíveis têm liberdade para participar. Eles podem se unir ou abandonar a iniciativa sempre que quiserem. Para uma hierarquia flexível funcionar, portanto, um projeto deve ter um apelo aos valores — quaisquer que sejam — das pessoas necessárias para completá-lo. É possível, como veremos no capítulo 6, usar incentivos econômicos tradicionais para motivar as pessoas em hierarquias flexíveis. Mas a maioria das pessoas que contribuem com o Linux são voluntárias. Não fazem isso por dinheiro; fazem para satisfazer seus outros valores humanos.

Muitos programadores gostam, por exemplo, do reconhecimento e do status de ter suas contribuições incluídas no sistema Linux. Existe até uma palavra nessa comunidade técnica: *egoboo*. Uma abreviação de *ego boost*, *egoboo* é a satisfação que se tem de ser elogiado por um trabalho bem-feito.[2] É claro que a "satisfação do ego" sempre motivou as pessoas a trabalhar, mas muitas hierarquias centralizadas subestimam demais o seu poder.

Ao delegar decisões e apelar para os valores das pessoas, as hierarquias flexíveis podem tirar vantagem de uma quantidade muito maior de criatividade e energia de um

Flexibilizando a Hierarquia

grupo bem maior de pessoas do que seria possível na maioria das empresas tradicionais. E, como veremos a seguir, essa abordagem descentralizada não se limita ao software. Pode ser usada para muitos outros tipos de produtos intelectuais.

Uma Hierarquia Ainda Mais Flexível para Criar uma Enciclopédia

Em janeiro de 2001, Larry Sanger e Jimmy Wales decidiram desenvolver uma nova enciclopédia na Web.[3] Mas não contrataram vários níveis de redatores e assistentes de redação para as diversas áreas de assunto. Nem contrataram especialistas para escrever, ilustrar e revisar todos os artigos. Também não planejaram revisar e aprimorar cada verbete antes de publicá-lo.

Em vez disso, inspirados pelo software de código aberto, criaram a enciclopédia de "conteúdo aberto". Primeiro, montaram um *site* básico para a enciclopédia e chamaram-no de Wikipedia (www.wikipedia.org). *Wiki*, o termo havaiano para "rápido", refere-se à facilidade com que as pessoas podem acrescentar e editar verbetes usando o software de colaboração especial que o *site* empregou.[4] Então, Sanger e Wales e alguns outros amigos começaram a escrever e a divulgar artigos, disponibilizando-os gratuitamente a qualquer um na Web. E aqui está algo realmente incomum: o grupo deixava qualquer um, a qualquer momento, revisar os artigos existentes e acrescentar novos artigos por conta própria.

Nenhum controle de qualidade centralizado. Nenhuma avaliação técnica sistemática. Nenhuma aprovação editorial. Tirando Sanger, que era pago pela empresa de portal da Internet de Wales como um organizador-chefe informal durante os dois primeiros anos do projeto, todos os outros eram voluntários.

A resposta foi fenomenal. No primeiro mês, a Wikipedia tinha mil artigos. Depois do primeiro ano, vinte mil; depois do segundo, cem mil. Em meados de 2003, mais de setecentas pessoas se alistaram como contribuintes, mais de dez mil se registraram como usuárias e um número desconhecido de outras contribuíram no anonimato.

"O.K.", você pode estar pensando, "posso acreditar que algumas pessoas poderiam fazer isso por diversão, mas os artigos são bons?" A resposta é: excelentes. Embora ainda não seja rival, digamos, da *Enciclopédia Britânica* em quantidade ou qualidade, a Wikipedia já tem uma quantidade substancial de conteúdo bem-escrito e preciso. O *site* lista, como exemplos de verbetes especialmente bem-escritos, artigos sobre alquimia, DNA, ciclo menstrual, o dilema de prisioneiros, a I Guerra Mundial, pôquer e Humphrey Bogart.

Diversos fatores parecem contribuir para a qualidade relativamente alta. Primeiro, escritores habilidosos e altamente instruídos têm sido atraídos pela idéia de criar coleti-

O Futuro dos Empregos

vamente uma enciclopédia global que seja gratuita para todos. Como um colunista de jornal em Nashua, New Hampshire, escreveu: "Encontrei a Wikipedia, e agora estou viciado nela. Eu me tornei um viciado em informação gratuita, e lhe direi mais assim que terminar de atualizar o verbete sobre o Holman Stadium [campo de beisebol de Nashua] na Wikipedia".[5]

Em segundo lugar, os contribuintes freqüentes fazem questão de realizar a revisão completa de páginas novas e atualizadas, desde erros de grafia até erros factuais. Em alguns casos, corrigem os erros imediatamente. Em outros, acrescentam o verbete a uma lista on-line intitulada: "Pages needing attention" (páginas que precisam de atenção). Muitos usuários da Wikipedia aceitam a crença fundamental que sustenta o software de código aberto: se houver olhos suficientes, todos os erros aparecerão.

Terceiro, uma das políticas do *site* é que todos os artigos devem ser escritos de um ponto de vista neutro. Para tópicos controversos, os colaboradores tentam descrever com imparcialidade as visões alternativas, em vez de defender uma delas. Essa política só é imposta pelas ações voluntárias das pessoas que escrevem e editam as páginas, mas parece ser amplamente seguida e contribuir para o sentimento de uma empresa construtiva e colaboradora.

Finalmente, em raras ocasiões, vândalos têm feito mudanças maliciosas nas páginas. Nesses casos, um administrador voluntário restringe o acesso do infrator ao *site*.

Qual é o papel dos administradores deste sistema? Veja como um artigo na Wikipedia, intitulado "Wikipedia", responde a essa questão:

> *Não há editor responsável. Os dois fundadores da Wikipedia, Jimmy Wales (CEO da Bomis, Inc., pequena empresa na Internet) e Larry Sanger [que recentemente se tornou Ph.D. em filosofia] gostam de pensar que são participantes encarregados de garantir que o projeto não se desvie do caminho que já está sendo seguido.*
>
> *Nos primeiros anos (e alguns meses) de existência da Wikipedia, Larry era um funcionário pago. Sua função era supervisionar a Wikipedia (e a Nupedia); com o conselho de todos, tinha a responsabilidade de tomar as decisões finais e justas sobre questões em que o consenso da comunidade não era atingido. Não houve recursos para mantê-lo em seu cargo, o que o levou a pedir demissão, mas ele ainda contribui de vez em quando.*
>
> *Jimmy e os wikipedianos como um todo assumiram algumas das responsabilidades anteriores de Larry.*[6]

A Wikipedia é uma forma tão extrema de hierarquia flexível quanto se pode imaginar. Wales e Sanger tiveram influência no estabelecimento de uma direção original e algumas políticas norteadoras. Mas, daí em diante, seus papéis administrativos diminuíram. Agora, com as bases do projeto estabelecidas, a comunidade funciona de maneira eficaz, com pouca intervenção administrativa.

Flexibilizando a Hierarquia

É cedo demais para dizer se esse projeto terá sucesso em sua meta de criar a "maior enciclopédia na história".[7] Mas seu sucesso até então mostra que hierarquias surpreendentemente flexíveis podem criar resultados gigantescos e complexos.

O sucesso da Wikipedia também mostra que motivações não econômicas — nas circunstâncias certas — podem levar as pessoas a fazerem coisas que aparentemente exigiriam grandes investimentos financeiros. De modo surpreendente, ao contrário do Linux, o desejo de reconhecimento pessoal não parece ser um motivador básico para a maioria dos contribuintes da Wikipedia. Uma vez que os artigos não são assinados e a maioria é editada por inúmeras pessoas, os autores individuais não recebem crédito público. Para a maioria das pessoas, a principal atração provavelmente é o prazer intelectual da tarefa em si, a notável liberdade que todos têm de aprimorar o produto e a satisfação de trabalhar juntos para atingir uma visão grandiosa.

Hierarquias Flexíveis em Empresas de Consultoria e Universidades de Pesquisa

O Linux e a Wikipedia são hierarquias tão abertas que muitas pessoas poderiam nem chamá-las de organizações. Mas a extensa delegação também ocorre em organizações muito mais convencionais. Em muitas grandes empresas de consultoria administrativa, por exemplo, a maior parte das decisões operacionais é delegada aos parceiros e aos consultores que gerenciam projetos. Na maior parte, os parceiros e consultores seniores decidem por si próprios que tipo de projeto farão, que clientes devem procurar e como executar suas atribuições. Os altos gerentes dessas empresas não se concentram na gerência do trabalho de consultoria, mas na avaliação e na recompensa das pessoas que o desempenham. Muitas empresas dedicam extensos recursos a esse processo. A McKinsey, por exemplo, dá enorme atenção às decisões de promoção e recrutamento, muitas vezes solicitando opiniões sobre os candidatos a promoção para dezenas de pessoas na empresa.

Ao delegar tanto controle aos consultores "de linha", as empresas de consultoria obtêm muitos dos benefícios das organizações descentralizadas. Os consultores têm muita autonomia e, como resultado, freqüentemente são muito motivados e criativos. Além disso, uma vez que tantos consultores estão sempre tentando vender projetos a clientes, toda a organização é extremamente sensível a mudanças no que os clientes querem. Em geral, a empresa pode, dessa forma, se adaptar rapidamente a mudanças de mercado.

De modo similar, a maioria das universidades de pesquisa dá muita liberdade aos professores. Por exemplo, uma das coisas de que mais gostei no MIT, quando cheguei lá pela primeira vez, foi ver que realmente não tinha chefe. É claro que havia um chefe de grupo, um chefe de área e um reitor, os quais estavam, de alguma forma, acima de mim na estrutura gerencial, mas nenhum deles agia realmente como chefe. Os membros seniores do corpo docente desempenhavam um grande papel em me orientar e decidiam se eu era promovido e efetivado, mas ninguém me dizia o que fazer, na forma típica de um chefe. Como os outros membros do corpo docente em meu departamento, eu era como um empreendedor independente, que decidia o que fazer e como. Em certo sentido, cada um de nós estava no centro de nossa própria organização, fazendo nossas próprias coisas.

Muitas pessoas, evidentemente, acham que as universidades são organizações desleixadas, mal gerenciadas. Mas, apesar de sua estrutura hierárquica flexível, o MIT ainda é extremamente eficiente na realização de pesquisas de ponta e na educação de qualidade que oferece. Talvez o MIT tenha tanto sucesso neste tipo de trabalho intelectual *exatamente* por ter uma estrutura hierárquica flexível. Se fosse administrado de uma forma mais rígida e hierárquica, poderia nunca atrair o tipo de pessoas criativas de que precisa para ter sucesso. E, se os administradores do MIT tentassem controlar mais a pesquisa e o ensino de seus membros do corpo docente, talvez a qualidade do trabalho caísse, em vez de subir.

Boas universidades de pesquisa se adaptam bem a mudanças nas direções de pesquisa em vários campos. Isso não acontece porque os reitores e chefes de departamento têm necessariamente um bom senso em relação ao tipo de pesquisa que deveria ser feita em determinado momento. É porque a organização permite que os professores farejem os melhores problemas e recompensa as pessoas que têm sucesso.

Delegação Extrema na AES

"Bem", agora você pode estar pensando, "posso ver como esse tipo de coisa funcionaria em organizações estranhas como universidades, empresas de consultoria e grupos de desenvolvimento de software, mas nunca funcionaria em uma empresa de verdade". Se você pensa assim, está errado. Embora essas hierarquias flexíveis estejam longe de serem comuns em grandes empresas industriais, algumas empresas adotaram essas estruturas — e estão funcionando.

Talvez o exemplo mais extremo seja a AES Corporation. Fundada em 1981 por seu *chairman* Roger Sant e pelo CEO Dennis Bakke, agora aposentado, a empresa se tornou uma das maiores fornecedoras de energia elétrica do mundo. Em 2002, tinha receita de $ 8,6 bilhões e cerca de 36 mil funcionários em 28 países.[8]

O mais incomum na AES é sua filosofia gerencial. Os dois fundadores enfatizam os quatro princípios norteadores que desejam que a AES represente: justiça, integridade,

Flexibilizando a Hierarquia

responsabilidade social e diversão. Atualmente, muitas empresas *falam* de valores não econômicos como esses, mas a AES parece ter ido muito mais longe que a maioria na construção de seu negócio em torno deles.

Em específico, ela coloca grande ênfase no último princípio — diversão. De acordo com Bakke: "Nunca nos dispusemos a ser a empresa mais eficiente, mais poderosa ou mais rica do mundo — apenas a mais divertida".[9] Os fundadores acreditam que uma das melhores formas de as pessoas se divertirem é ter responsabilidade por coisas que realmente importam no mundo. Quando você é responsável por alguma coisa, geralmente coloca seu coração, sua mente e sua alma nela de uma forma que nunca o faria se estivesse apenas seguindo ordens.

Em conseqüência, a AES tem se fundamentado na idéia de que todo funcionário deveria ser uma pessoa de negócios — um generalista experiente, um mini-CEO — responsável por decisões importantes na empresa. A maior decisão econômica que a empresa já tomou foi comprar a Drax, uma usina elétrica na Inglaterra, no final de 1999. Porém, diz Bakke, essa decisão "não foi tomada por mim nem pelo conselho. Não foi tomada pelos catorze gerentes de grupo. Foi tomada por uma pessoa que estava com essa empresa nem bem há dois anos e eu nem mesmo a conhecia".[10] O jovem que tomou a decisão recebeu orientação — basicamente por *e-mail* — de todo o tipo de pessoa em toda a empresa. Mas a decisão final sobre fazer ou não a compra e quanto oferecer foi dele.

Em outro exemplo, um grupo de trabalhadores de manutenção em uma fábrica em Connecticut foi encarregado de investir $12 milhões em reserva de caixa no mercado de capitais de curto prazo. Eles contrataram um professor de finanças e começaram a conversar com corretores de Wall Street. No terceiro mês, o grupo tinha superado os retornos das pessoas que estavam investindo dinheiro para a tesouraria da empresa no escritório central. Diz Bakke: "Deixar a equipe de manutenção investir aquele dinheiro fez uma enorme diferença em nosso resultado financeiro, para melhor ou para pior? Provavelmente não. Mas aquelas pessoas jamais serão as mesmas. Elas se tornaram melhores pessoas de negócio. E não há outra maneira de fazer isso do que fazendo".[11] A AES tem dezenas de histórias como esta: pessoas muito jovens ou inexperientes que adquirem fábricas ou tomam outras decisões que envolvem muitos milhões de dólares, com muito aconselhamento, mas sem necessidade de aprovação de ninguém.

A filosofia da AES é tratar todos como adultos responsáveis, que se responsabilizam pelos seus atos, e não como crianças que têm de ser constantemente supervisionadas e instruídas. Ao fazer isso, a AES está explicitamente desfazendo algumas das suposições sobre pessoas que se tornaram comuns na revolução industrial. Naquela época, de acordo com Bakke e Bob Waterman, membro do conselho da AES, as organizações eram concebidas como se as pessoas saídas da lavoura para trabalhar em fábricas não merecessem confiança, não soubessem muito bem tomar decisões, tivessem de ser treinadas e não trabalhassem se você não lhes dissesse o que fazer.[12] Certamente, é discutível se essas suposições eram verdadeiras, mas muitas das corporações de hoje ainda são concebidas como se fossem. A AES, por outro lado, acredita que as pessoas são adultas únicas — mesmo que falíveis — que querem e podem assumir responsabilidade e que são sensatas, criativas e dignas de confiança.

Para colocar essa filosofia em prática, a AES usa uma combinação de métodos. Primeiro, a empresa é muito cuidadosa na contratação. Muitos candidatos a emprego são indicados por funcionários atuais, e antes de alguém ser contratado, passa por um extenso processo de qualificação, com entrevistas em grupo, várias reuniões e intensa avaliação de colegas. Os entrevistadores prestam muita atenção a perguntas de cunho cultural, raramente enfocando a capacidade técnica até que o processo já esteja bem avançado. Quando adquire outras empresas, o que o faz regularmente, a AES dedica muito esforço a ensinar seus valores aos funcionários das empresas adquiridas. Os funcionários que não se adaptam bem ao sistema de valores geralmente preferem sair — em alguns casos, fazendo empréstimo da AES para ajudá-los a iniciar novos negócios.[13]

A filosofia da AES não funcionaria sem uma extensa comunicação. Embora ninguém tenha de ter aprovação ou assinaturas ou chegar a um consenso antes de tomar uma decisão, há uma regra: a pessoa precisa receber conselhos. E as pessoas que estão tomando a decisão decidem a quem pedir o conselho. Geralmente, quanto maior a decisão, mais aconselhamento recebem e mais "alto" na empresa elas vão para consegui-lo.

Embora a AES tenha sido fundada antes de o *e-mail* se tornar prevalente, este meio eletrônico tem permitido que o processo de tomada de decisão da AES, de comunicação intensiva, funcione em uma escala muito maior que antes. De acordo com Bakke, "o e-mail floresceu como uma parte importante do funcionamento da empresa".[14] O próprio Bakke diz que, quando era diretor, geralmente recebia de trinta a cinqüenta solicitações de conselho diariamente.

O fluxo livre da comunicação significa que todo tipo de informação financeira e de mercado, mesmo os detalhes de aquisições potenciais, é amplamente partilhado pela empresa. Informações que, em muitas empresas, só estariam disponíveis ao conselho de diretores e a executivos com muito tempo de casa pululam em *e-mails* e conversas em todos os níveis da AES. A U.S. Securities and Exchange Commission (Comissão de Valores Mobiliários) restringe a negociação de ações que pessoas com esse tipo de informação privilegiada podem fazer. Na maioria das empresas, essa restrição se aplica somente a diretores e a alguns executivos seniores. Mas, devido ao fluxo livre de informações delicadas na AES, todos os seus funcionários são considerados *insiders* para essa finalidade.

Flexibilizando a Hierarquia

Essa comunicação que flui livremente é uma boa idéia? Bakke resume os riscos e as recompensas: "Algumas pessoas estão preocupadas com o quanto nossas informações são públicas; estão preocupadas que vazem para os concorrentes. Mas achamos que esse é um risco que vale a pena correr porque, caso contrário, como nossos funcionários se tornariam pessoas de negócios? Você precisa de informações para tomar boas decisões".[15]

Então, o que resta para os gerentes fazerem na AES? Bakke enumera quatro papéis fundamentais para os chefes: (1) quando lhes fizerem perguntas, ajam como conselheiros às pessoas de toda a empresa, (2) atuem como guardiães-chefes dos princípios essenciais da organização, (3) estabeleçam a estrutura organizacional e (4) escolham quem tomará uma decisão, em casos onde isso não estiver claro.[16]

Embora a AES esteja experimentando que as equipes e os indivíduos estabeleçam seus próprios salários, os gerentes também continuam desempenhando um papel fundamental para determinar a remuneração e as bonificações. Fora isso, todas as importantes decisões estratégicas, financeiras e outras na empresa são tomadas pelas pessoas próximas aos problemas e às oportunidades, e não por executivos seniores distantes da ação. Em um ano recente, Bakke diz que só tomou duas decisões: quantos grupos regionais ter e quem os lideraria.[17]

Agora, você pode estar pensando, será que isso tudo é real? A AES está só contando uma boa história enquanto age como a maioria das empresas tem agido há anos? Enquanto ouvia Bakke e outros falarem sobre a história da AES, acreditei que tinham chegado a algo real — e extremamente interessante.

Os gerentes da AES têm cedido menos poder do que pode parecer à primeira vista. Eles dizem que as pessoas dos níveis inferiores tomam muitas decisões, mas têm de obter conselhos de muitas pessoas (inclusive dos gerentes). Além disso, a remuneração e as perspectivas de carreira dos funcionários dos níveis inferiores se baseiam muito em avaliações feitas por esses mesmos gerentes. Por isso, seria incomum as pessoas tomarem decisões que diferissem radicalmente daquilo que seus gerentes seniores recomendaram.

Por outro lado, muitas empresas tradicionais se desdobram para evitar que pessoas dos níveis inferiores (ou médio e superior) tomem decisões que não "deveriam". A filosofia da AES parece mesmo dar a muito mais pessoas um poder bem maior que as corporações típicas. Embora não possa ser provado, suspeita-se que essa liberdade tenha algo a ver com energia, excitação, rapidez na tomada de decisão e um crescimento surpreendentemente rápido que a AES tem exibido nas duas décadas de sua existência.

Esta abordagem funcionaria em outras empresas? O *chairman* Roger Sant afirma: "Eu não recomendaria que outras empresas adotassem apenas nosso mecanismo. Elas teriam de adotar alguns valores partilhados primeiro. (...) Mas, se as empresas adotam um conjunto de princípios partilhados, o mecanismo pode ser aplicado". Entretanto, Bakke preocupa-se com o fato de a maioria dos executivos não serem favoráveis a uma organização menos hierárquica: "Não acho que isso tenha acontecido em qualquer outra organização porque (...) as pessoas não estão dispostas a abrir mão do poder, a começar pelo CEO e pelo conselho. Sem eles, não adianta nem tentar".[18]

Esta, então, é uma das escolhas fundamentais que as pessoas com poder em empresas de sucesso têm de enfrentar: estamos dispostos a abrir mão de parte de nosso controle a fim de criar organizações que possam funcionar muito melhor que antes?

Lições sobre Hierarquias Flexíveis

Todas as hierarquias, independentemente do quanto delegam, têm uma estrutura comum de comunicação: as informações são coletadas em um ponto central onde os executivos tomam decisões que governam seus subordinados. Quando você concorda em ser parte de tal sistema, concorda implicitamente em acatar as decisões de seus superiores. E, se você faz as coisas que eles desejam, é recompensado por isso.

Hierarquias: Definição

Estrutura de Comunicação

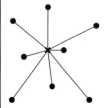

Como as Decisões São Tomadas?

Autoridade de cima para baixo (suas decisões se aplicam a seus subordinados).

Escopo da Tomada de Decisão

Uma vez que você concorda em ser parte do sistema, deve acatar as decisões de seus superiores.

Incentivos

Deixe seus superiores satisfeitos (e eles o recompensarão).

Flexibilizando a Hierarquia

As hierarquias oferecem muitos benefícios importantes. São boas, por exemplo, na coordenação de sistemas de grande escala com relativamente pouca comunicação. Mesmo na hierarquia flexível do Linux, Linus Torvalds não tem de microgerenciar o que as pessoas fazem diariamente. Sua posição central lhe permite, no entanto, assegurar que os componentes de software que aceita para o sistema final sejam compatíveis uns com os outros e com os objetivos gerais do projeto.

As hierarquias também resolvem, pelo menos em princípio, conflitos de interesse difíceis. Quando não há uma autoridade superior, os indivíduos autônomos (como senhores feudais, parceiros em uma empresa de consultoria ou professores universitários) podem se envolver em discussões intermináveis, sem concordar em fazer nem as coisas que lhes trariam benefícios. Como alto gerente em uma hierarquia centralizada, você pode dizer às pessoas o que devem fazer, e elas geralmente o acatarão sem discutir. Quanto mais flexível for a hierarquia, no entanto, você precisa exercer essa autoridade com menos freqüência e com mais delicadeza.

Os pontos fortes das hierarquias são equilibrados pelos pontos fracos. Primeiro, os gerentes podem ficar sobrecarregados com facilidade, uma vez que muitas decisões têm de subir pela cadeia gerencial. De fato, às vezes podemos até medir a importância de um gerente pelo tempo que temos de esperar por uma resposta! Mesmo na organização Linux, se Torvalds ou um de seus assistentes ficarem sobrecarregados (ou tirarem férias prolongadas), todo o sistema pode se tornar mais lento.

Em segundo lugar, uma vez que cada um na hierarquia trabalha somente nas tarefas que lhe foram atribuídas, ninguém, exceto a pessoa no comando, pode ter uma visão geral. A AES tenta amenizar esse problema fazendo um rodízio de pessoas por vários tipos de cargo e encorajando-as a pedir muitos conselhos ao tomarem decisões. Mas, no fundo, somente o CEO e o conselho diretor percebem realmente como a empresa toda funciona em conjunto.

Em grandes hierarquias, os gerentes nem conhecem todos os pontos fortes e fracos das pessoas que trabalham para eles. Como resultado, podem não nomear as melhores pessoas para cada tarefa. Quando pessoas que tomam decisões nos níveis inferiores da AES procuram aconselhamento, por exemplo, contam com uma ampla rede de referências informais para encontrar a pessoa a quem perguntarão — mas, ainda assim, podem não identificar quem seriam realmente as mais úteis.

Em terceiro lugar, em cada nível de uma hierarquia, uma pessoa que toma decisões pode vetar quaisquer opções que não lhe agradem. Isso reduz a quantidade de comunicação necessária (visto que ninguém mais precisa considerar a opção), mas também torna as hierarquias vulneráveis às más decisões em todos os níveis. Com freqüência, somente uma opção é explorada com seriedade e, se for a errada, pode levar muito tempo

O *Futuro dos Empregos*

para que a hierarquia se recupere. Se Torvalds, por exemplo, tomar uma decisão errada sobre uma direção técnica importante, uma recuperação do erro pode ser muito mais difícil que se várias alternativas diferentes tivessem sido exploradas ao longo do caminho.

Finalmente, nas hierarquias, você sempre está seguindo ordens das pessoas que estão acima de você. Por essa razão, pode ser difícil manter um senso de autonomia e motivação. Nas hierarquias tradicionais, essa falta de direção própria pode ser um grande problema. Muitas tiras de Dilbert captam perfeitamente a dificuldade de se manter qualquer senso de motivação ou criatividade no trabalho quando você está batalhando em sua baia, uma peça da engrenagem de uma hierarquia autoritária e sem sentido.

Hierarquias: Avaliação

Pontos Fortes

- As hierarquias podem coordenar sistemas de grande escala com relativamente pouca comunicação.
- Hierarquias fortes podem resolver conflitos de interesse difíceis entre indivíduos pelo bem do grupo e podem chegar a um acordo rapidamente (sem muita discussão).

Pontos Fracos

- Cada pessoa trabalha somente nas partes do problema que lhe foram atribuídas (que podem não ser as partes às quais podem contribuir mais).
- Se for necessária uma grande quantidade de processamento de informação, o ponto central pode ficar sobrecarregado e congestionado.
- Em cada nível, uma pessoa que toma decisão pode vetar quaisquer opções de que não goste. Normalmente, apenas uma opção é explorada com seriedade.
- Com freqüência, é difícil manter um senso de autonomia nas pessoas.

O objetivo de qualquer organização hierárquica é equilibrar os pontos fortes e fracos de uma hierarquia. As hierarquias flexíveis proporcionam uma maneira de atingir esse equilíbrio. Estas hierarquias retêm muitas vantagens da eficiência das hierarquias, ao mesmo tempo em que atenuam muitas de suas falhas. Em particular, ao disseminar o poder por toda a organização, as hierarquias flexíveis evitam a monotonia e a inércia que podem freqüentemente minar a vitalidade de uma grande empresa. As hierarquias flexíveis não são a solução para toda empresa grande, mas quando são adequadas, podem funcionar muito bem.

Flexibilizando a Hierarquia

A Escolha

Esta, então, é uma das primeiras escolhas possíveis para colocar mais pessoas no centro de uma organização: delegar muito mais responsabilidade dentro de uma estrutura basicamente hierárquica. A maneira mais comum de fazer isso é delegar a maior parte das decisões aos níveis inferiores da organização, deixando aos níveis superiores apenas o direito de avaliar os resultados e recompensar as pessoas de maneira adequada.

Formar uma hierarquia flexível não é fácil. As pessoas que tomarão decisões precisam estar preparadas. Devem entender os critérios segundo os quais serão avaliadas, e precisam ter acesso às informações certas. Também podem precisar de treinamento. Algumas delas podem ter de encontrar outros empregos, porque nem todas são capazes de tomar as decisões certas, e as que são capazes nem sempre querem tomá-las. Talvez o mais importante, como Dennis Bakke disse, seja que as pessoas que atualmente têm o poder precisam estar dispostas a abrir mão dele.

CAPÍTULO 5

Aproveitando a Democracia

QUANDO OS GERENTES de qualquer um dos 143 supermercados Whole Foods na América do Norte decidem contratar alguém, sabem que sua decisão é apenas uma recomendação. Antes de ser contratado, todo candidato a emprego trabalha durante um período de experiência de trinta dias em um dos departamentos da loja, como mercearia, padaria ou alimentos prontos, e então toda a equipe do departamento vota para contratar ou não o candidato.

O voto não é apenas uma disputa de popularidade. Uma vez que os membros da equipe recebem bonificações mensais com base na eficiência do trabalho de seu departamento, eles são motivados a avaliar cuidadosamente os novos contratados. Sabem que as pessoas que selecionam afetarão diretamente sua própria remuneração.[1]

Esse exemplo simples ilustra uma segunda forma de tomar decisões descentralizadas: a *democracia*. Em um grupo democrático, todos acatam qualquer decisão tomada por voto do grupo.

Estamos habituados a governos democráticos, é claro. Mas a democracia governamental geralmente é bastante limitada, existindo apenas no topo da organização. Nos Estados Unidos, por exemplo, as pessoas elegem o presidente, mas este dirige uma burocracia amplamente hierárquica. As pessoas elegem senadores e representantes que votam as leis, mas o cumprimento destas é feito em um sistema hierarquicamente organizado de agências de governo e tribunais.

Geralmente não pensamos dessa forma, mas a maioria das grandes empresas tem uma estrutura muito similar. Os acionistas elegem um conselho diretor, este vota em políticas e estas são executadas por uma organização hierárquica. Uma diferença fundamental, evidentemente, é que a eleição de conselhos corporativos só é aberta aos acionistas da empresa, e (geralmente) quanto mais ações você tem, maior é o seu direito a voto.

E se a decisão democrática acontecesse de maneira muito mais ampla nos negócios? Tal idéia não é inteiramente nova — algumas empresas têm experimentado a democracia no local de trabalho há décadas.[2] Na maior parte, entretanto, esses esforços têm sido como

O Futuro dos Empregos

os experimentos com a democracia política na antiga Atenas: bem-sucedidos em situações limitadas, mas ainda não são a tendência principal. À medida que os custos de comunicação continuam a cair cada vez mais, no entanto, a forma democrática da tomada de decisão descentralizada está se tornando viável em muito mais lugares que antes. Vamos examinar alguns exemplos do que já está acontecendo — e o que nos espera no futuro.

Pesquisa de Opinião

Embora o etos administrativo oficial da maioria das empresas hoje em dia permaneça hierárquico, a democracia tem feito incursões contínuas. Uma vez que a colaboração voluntária dos funcionários é tão importante para o sucesso de uma empresa moderna, um número crescente de gerentes dirige suas unidades como pequenas democracias. Embora os gerentes tenham o direito de tomar decisões de forma unilateral, geralmente pedem — e seguem — a opinião do grupo. Um gerente que conheço dirigia uma empresa de consultoria de tamanho médio dessa forma. Raramente tomava uma decisão importante sem discussões intensas com todos os envolvidos; o objetivo dele era orientar as discussões em direção a um consenso geral que fosse apoiado por quase todos.

Em alguns casos, pedir a opinião aos funcionários não é apenas uma boa idéia; é necessário. Quando os funcionários possuem uma participação coletiva no controle da empresa, por exemplo, seus votos determinam quem dirige a empresa. Em grandes parcerias profissionais, como as de empresas de advocacia e de contabilidade, todos os parceiros votam em quem serão seus gerentes seniores.

As novas tecnologias de informação permitem esse tipo de decisão democrática em uma escala bem maior. Com a pesquisa de opinião de baixo custo, feita pela Web, e outras técnicas de pesquisa de mercado, as empresas podem saber rotineiramente a opinião de funcionários, clientes e outras partes interessadas, sobre todo tipo de questão: seus funcionários estão satisfeitos com o novo programa de benefícios? Que especificações deveriam existir em um novo produto? Que novas tecnologias poderiam mudar nossa indústria?

Uma das maiores empresas de consultoria administrativa pergunta regularmente a seus funcionários se eles acham que seus gerentes agem de acordo com os valores da empresa. Os valores, que são amplamente disseminados na empresa, incluem aspirações como a comunicação honesta e aberta e colocar os interesses dos clientes em primeiro lugar. A empresa leva os resultados dessas pesquisas tão a sério que é quase impossível gerentes de qualquer nível serem promovidos se sua equipe não lhes der boas classificações.[3]

Aproveitando a Democracia

Um exemplo ainda mais notável de pesquisa de opinião ocorreu quando a Hewlett-Packard (HP) propôs comprar a Compaq Computer no final de 2001. Fundamental para o sucesso da fusão foi o apoio dos 86 mil funcionários da HP. Como diz um artigo no *Wall Street Journal*: "[os funcionários] são fundamentais não só como acionistas, mas como aqueles que têm de executar a tarefa complexa de integrar o trabalho da Compaq".[4] O artigo também relatou que a HP "tem entrevistado periodicamente os funcionários para avaliar o que estão achando da aquisição e (...) a última pesquisa (...) mostrou que 'uma maioria significativa de funcionários' apóia o negócio". Hoje, uma reportagem sobre uma pesquisa de opinião de funcionários de uma empresa importante sobre uma decisão estratégica fundamental chama a atenção. No futuro, poderá ser a regra.

Tomada de Decisão Participativa na W. L. Gore

Também estamos começando a ver um uso muito mais intenso da tomada de decisões democrática nos negócios, algumas envolvendo o voto formal e outras não. A W. L. Gore and Associates, uma empresa de 1,2 bilhão de dólares, com cerca de seis mil funcionários, é mais conhecida como a fabricante do tecido Gore-Tex à prova d'água. Mas também é conhecida por seu estilo gerencial extremamente inovador.[5] A empresa foi indicada como uma das 100 Melhores Empresas para se Trabalhar na América do Norte, de acordo com a revista *Fortune*, de 1998 a 2003.

Além do presidente e da secretária da empresa — dois títulos exigidos por lei para fins de incorporação —, ninguém na Gore tem título de cargo. Todos são simplesmente chamados associados. Para se tornar gerente, você não é promovido; tem de encontrar funcionários que concordem em trabalhar com você. Veja como Terri Kelly, associada na Gore, explica seu papel como líder de equipe: "Embora eu seja líder em tecidos militares, sou líder apenas se houver pessoas que estejam dispostas a me seguir. Um projeto não vai em frente sem a aceitação das pessoas. Você cultiva seguidores ao fazer um bom marketing pessoal, articular suas idéias e desenvolver uma reputação de superar as dificuldades. (...) Digamos que eu tenha criado um design para um saco de dormir de inverno para militares. Eu procuraria o responsável pelo marketing de sacos de dormir e descobriria se há demanda pelo produto. Se não houvesse, eu voltaria e tentaria reposicionar o plano. Se ele demonstrasse entusiasmo com a idéia e a achasse viável, eu o incluiria no projeto para me ajudar a desenvolver o produto".[6]

Em geral, as decisões são tomadas com base nesse tipo de consenso informal, e não por ordem da diretoria. Mesmo as decisões de salário são tomadas por comitês, que se baseiam muito em avaliações escritas e em classificações de pontos dadas pelos colegas dos funcionários. "A idéia é que os funcionários não são responsáveis perante o presidente da empresa; eles são responsáveis perante os seus colegas", diz Kelly.[7]

O resultado de toda essa tomada de decisão participativa é uma força de trabalho extremamente feliz e criativa. Em uma pesquisa, 97% dos associados da Gore disseram que a empresa era um lugar excelente para trabalhar.[8] E, embora a Gore não tenha um departamento formal de P&D, as idéias dos associados têm ajudado a empresa a desenvolver novos produtos inovadores ano após ano.

Democracia Inter-Organizacional na Visa International

As estruturas de tomada de decisão democrática podem ser usadas entre as organizações, bem como dentro delas. Considere a situação enfrentada no final da década de 60 pelo Bank of America e outros bancos que este licenciou para usar seu cartão de crédito Bank-Americard.[9] Os problemas operacionais estavam assolando os bancos à medida que tentavam expandir o próspero negócio de conceder crédito flexível a grandes números de consumidores. O Bank of America culpou os licenciados por muitos dos problemas, e estes culparam o Bank of America. Enquanto a disputa continuava, as perdas com empréstimos se avolumavam rapidamente.

Os bancos envolvidos, inclusive o Bank of America, eram concorrentes, e nenhum deles queria que uma parte crítica de seus negócios fosse controlada por um rival. Mas todos tiveram de cooperar — em certa medida — para que a complexa rede de bancos, comerciantes e consumidores operasse de maneira eficaz.

O que eles fizeram?

A solução que acabaram adotando foi uma democracia inter-organizacional. Eles criaram e partilharam a propriedade de uma associação com fins lucrativos. Os membros tinham direito de voto proporcional ao seu volume de vendas, embora, no caso de decisões tomadas pela diretoria, cada banco tivesse apenas um voto. Eram exigidos 80% dos votos para ratificar decisões importantes como mudar o nome do cartão. O Bank of America era membro da nova organização, mas estava sujeito às mesmas regras aplicadas a todos os demais membros.

A corporação, que acabou sendo chamada Visa International, não emitia cartões nem fazia empréstimos. Seu único papel era estabelecer os padrões, programas de marketing e infra-estrutura de tecnologia para ajudar os bancos-membros a colaborar mais efetivamente. E conseguiu. Nas três décadas desde que a corporação foi formada, o Visa tornou-se uma das marcas mais reconhecidas no mundo. Em 2002, a rede Visa incluía mais de 21 mil instituições financeiras como membros em mais de 150 países, e processou pagamentos para mais de 2,4 trilhões de dólares em bens e serviços.[10]

Tamanho sucesso poderia ter acontecido com uma organização hierárquica mais convencional? Parece improvável. Quando as atividades de muitas empresas independentes — algumas das quais competem entre si — precisam ser coordenadas, uma democracia inter-organizacional como a usada pelo Visa (e também por seu maior concorrente, MasterCard) se torna muito atraente.

eBay: uma Democracia On-line para Clientes

Os exemplos que vimos até agora neste capítulo mostram como as empresas podem tomar decisões democráticas sem qualquer tecnologia especial de informação. Mas, com as novas tecnologias, as decisões democráticas estão se tornando viáveis em muitas outras situações.

Veja a eBay, empresa de leilão pela Internet com enorme sucesso. Como Fred Reichheld, autor de *Loyalty Rules*, frisou para mim, algumas das decisões mais importantes sobre como o *site* da eBay funciona são tomadas por meios democráticos.[11] Não há votos oficiais, mas os gerentes da eBay usam todo tipo de ferramenta eletrônica para solicitar e responder constantemente às opiniões de compradores e vendedores. Quando o *site* apareceu pela primeira vez, o fundador Pierre Omidyar encorajou os clientes a expressar suas opiniões via *e-mail* e por um quadro de avisos on-line. Hoje, a eBay tem dezenas de listas de discussões on-line sobre praticamente todo aspecto de seu *site* e as comunidades on-line que criou. Quando a empresa pensa em fazer uma mudança em seus leilões, geralmente divulga avisos com antecedência, dando aos usuários bastante tempo para responder.

Em um sentido, evidentemente, trata-se apenas de uma boa prática de marketing. Qualquer empresa bem dirigida deveria tentar descobrir quais são as necessidades de seus clientes e tomar providências para atender a elas. Mas a eBay faz isso a ponto de muitas vezes parecer que os clientes é que mandam. Quando, por exemplo, a gerente sênior de estratégia das comunidades da eBay, Mary Lou Song, tentou mudar a cor das estrelas usadas para indicar a classificação dos vendedores no *site*, ficou surpresa com a grande reação. "Fui crivada de perguntas dos usuários durante duas semanas seguidas. Enviaram centenas de mensagens", disse ela. Os comentários dos usuários variavam de "Por que você escolheu essas cores?" até "Você tem idéia de como este lugar funciona?".[12]

"Eu pensava: 'Não, eu deveria ser capaz de saber o que é melhor para a base de usuários'. Eram apenas estrelas. Mas, quanto mais eu mantinha minha posição, mais a comunidade de usuários resistia."[13]

O *Futuro dos Empregos*

Ela acabou mudando sua estratégia e começou a solicitar *feedback* antes de fazer mudanças. Hoje em dia, ela geralmente não faz uma mudança até obter a concordância da maioria dos usuários que participam das discussões on-line: "O que vocês vêem agora é o resultado de um esforço coordenado entre a empresa e a comunidade de usuários. (...) É um processo que seguimos diariamente. Se há um problema que precisamos corrigir, procuramos resolvê-lo juntos, criando círculos de *feedback* dos quais as pessoas podem participar antes de definirmos qualquer coisa".[14]

Este tipo de democracia on-line tem funcionado extremamente bem para a eBay. Desde sua fundação em 1995, foi uma das empresas norte-americanas que mais cresceram. Em 2002, tinha mais de 60 milhões de usuários registrados no mundo, receita de 1,2 bilhão de dólares e uma margem de lucro operacional superior a 30%.[15] Um dos fatores que mais contribuíram para esse sucesso notável é a forma como a democracia on-line da eBay ajuda a estimular a energia, a criatividade e a noção de propriedade de uma grande comunidade.

Mondragon Cooperative Corporation

Um dos exemplos mais notórios de democracia nos negócios atualmente pode ser encontrado perto da cidade de Mondragon, na região basca da Espanha, onde um grupo notável de mais de 150 empresas forma a Mondragon Cooperative Corporation (MCC). Muitas das empresas participantes trabalham em vários setores de manufatura — autopeças, artigos de utilidade doméstica, ônibus, equipamentos industriais e ferramentas —, mas a corporação também inclui um banco, uma rede de supermercados e uma empresa de consultoria administrativa. No total, a MCC abrange cerca de 60 mil funcionários e, em 2001, teve receita de aproximadamente 8 bilhões de dólares (excluindo o banco), tornando-se a sétima maior empresa da Espanha.[16]

Estrutura de Tomada de Decisão

Cada uma das empresas no grupo Mondragon é uma cooperativa de propriedade dos trabalhadores. Quase todos os funcionários que estão na cooperativa há mais de alguns anos são "membros" dela. Por serem co-proprietários, os funcionários de cada empresa tomam as decisões. Em outras palavras, em vez de o poder e a autoridade virem do alto da hierarquia, vêm de baixo. Como na maioria dos governos democráticos, entretanto, os membros geralmente exercem sua autoridade através de representantes eleitos.

Os mais importantes desses representantes são os membros dos conselhos governantes das diferentes cooperativas. Os conselhos, tipicamente compostos de sete a dez

Aproveitando a Democracia

funcionários eleitos para alternar gestões de quatro anos, agem como um tipo de conselho diretor para cada cooperativa. O conselho contrata e demite o diretor administrativo da cooperativa (o equivalente a um CEO), aprova a distribuição de lucros e vota em outras decisões importantes sobre políticas.[17] Além de eleger representantes para o conselho governante, os funcionários também têm direito de comparecer duas vezes por ano a assembléias gerais em que são discutidas e, às vezes, votadas importantes questões que a empresa está enfrentando.

As 150 cooperativas são agrupadas em 22 setores industriais, que por sua vez são agrupados em nove divisões. Estas, juntamente com alguns grupos de funcionários de nível corporativo, compõem a MCC. Cada setor industrial tem seu próprio conselho governante, diretor administrativo e assembléias gerais, assim como a MCC como um todo. A versão no nível corporativo do conselho governante (chamado comitê permanente) elege o presidente da MCC e monitora o desempenho da equipe gerencial sênior.

Nessa estrutura de baixo para cima, a corporação geral não é dona de empresas "subsidiárias". O que acontece é exatamente o oposto: as cooperativas individuais são donas da corporação. A tarefa do centro corporativo é prover serviços às cooperativas individuais — as empresas-membros são, em essência, seus clientes. Qualquer cooperativa pode deixar a MCC se achar que não está mais recebendo valor adequado dos gerentes corporativos.

Estrutura Financeira

A estrutura incomum de tomada de decisão da MCC é complementada por uma estrutura financeira igualmente incomum. Para se tornar membro-proprietário de uma cooperativa, um funcionário deve dar uma contribuição inicial de capital, correspondente a cerca de metade de seu salário anual médio. Geralmente, a cooperativa empresta ao funcionário parte ou toda essa quantia. Com o tempo, o capital social do funcionário cresce de duas formas básicas. A primeira, os juros são acumulados sobre a contribuição de capital. Em segundo lugar, o funcionário recebe uma participação (proporcional ao seu salário) nos lucros da empresa por ano. O capital social não pode ser usado, entretanto, até que o funcionário se aposente ou saia. Em vez disso, é usado pela empresa como fundo de reserva e uma fonte de capital de investimento. Na verdade, durante os anos em que a cooperativa tem perda em vez de lucro, o capital social diminui. As cooperativas também têm regras exigindo que aloquem certo percentual de seus lucros, antes de qualquer distribuição aos funcionários. Esses recursos são distribuídos para aumentar seus próprios fundos de reserva, para dividir com as outras cooperativas e a corporação geral e apoiar atividades sociais e educacionais.

O *Futuro dos Empregos*

Juntas, essas políticas financeiras conservadoras ajudam as cooperativas a atingir um de seus principais objetivos não financeiros: o emprego estável e de longo prazo para seus membros. Em seus quase cinqüenta anos de história, as empresas Mondragon suportaram períodos de dificuldades econômicas significativas sem, na maior parte, reduzir o nível geral de emprego. Mesmo quando cooperativas individuais fecharam ou tiveram de demitir, seus funcionários geralmente foram encaminhados para outras cooperativas dentro da MCC.

Outra das políticas financeiras da Mondragon promove o seu objetivo de criar uma comunidade cooperativa igualitária. Ao contrário de muitas grandes empresas, que pagam a seus CEOs até quinhentas vezes mais que os salários mais baixos da empresa, a MCC limita a relação entre o salário mais alto e o mais baixo em não mais de seis vezes.[18] Em geral, isso significa que os trabalhadores dos níveis inferiores recebem mais do que receberiam em empregos comparáveis em outras empresas, enquanto os gerentes seniores recebem um pouco menos. Em minhas discussões com as pessoas na MCC, entretanto, tive a impressão de que a maioria dos funcionários não considera essa equiparação da remuneração do gerente sênior um fator importante. Quando as contribuições da participação nos lucros são levadas em conta, as desvantagens para os gerentes seniores geralmente não são muito grandes. Além disso, os cargos gerenciais na MCC parecem ser considerados posições de alto status na comunidade basca.

Lições da Mondragon

Empresas de propriedade de funcionários não são incomuns. Muitas sociedades de serviços profissionais são de propriedade de (alguns de) seus funcionários há décadas. E mesmo em algumas grandes corporações, como a United Parcel Service (UPS), Publix Supermarkets e United Airlines, a maioria das ações está nas mãos dos funcionários.[19] Tais empresas têm uma vantagem potencial para atrair e motivar seus funcionários.

Mas a MCC vai além. Primeiro, cerca de 80% dos trabalhadores na maioria das empresas da Mondragon são membros (e, portanto, proprietários) da cooperativa — uma porcentagem muito superior que a da maioria das sociedades de serviços profissionais. Segundo, cada membro de uma cooperativa da Mondragon tem apenas um voto nas decisões da empresa; os votos não são proporcionais ao número de ações que a pessoa possui ou ao tamanho de seu capital social. Talvez o mais importante, a MCC desenvolveu uma estrutura hierárquica complexa para organizar grandes números de pessoas e recursos, com democracias representativas separadas, mas interligadas, funcionando em muitos níveis.

Quando há apenas um nível de representação democrática — por exemplo, quando os funcionários elegem coletivamente o conselho diretor para toda uma corporação —, o

Aproveitando a Democracia

poder de tomada de decisão dos funcionários é diluído e pode ter pouco efeito motivacional. Mas quando as pessoas podem participar de maneira ativa, tomando decisões em grupos pequenos o suficiente para serem importantes para elas (a maioria das cooperativas da Mondragon tem menos de 1.500 ou 2.000 membros), os benefícios da tomada de decisão democrática são enormemente ampliados.

A MCC mostra que uma grande empresa industrial pode ser organizada não apenas para maximizar os retornos financeiros de seus investidores, mas também para atingir uma variedade de objetivos financeiros e não financeiros importantes para seus membros. Para a MCC, os objetivos incluem estabilidade no emprego, desenvolvimento econômico regional e responsabilidade social.

Tal estrutura funcionaria em outras empresas? Certamente, a história distinta da região basca e seu ambiente social e cultural contribuíram para o sucesso da MCC. Mas empresas de propriedade dos trabalhadores e controladas por meios democráticos também estão florescendo em outros ambientes. O exemplo da MCC revela que essa idéia básica pode ser levada a um novo nível de complexidade, com democracias representativas em muitos níveis hierárquicos diferentes.

De acordo com os gerentes da MCC com quem conversei, uma estrutura democrática torna a administração mais difícil em alguns sentidos e mais fácil em outros. A administração é mais difícil porque, acima de todas as habilidades de que os gerentes precisam, também é necessário um conjunto adicional de habilidades políticas e interpessoais para gerenciar pessoas que são, em certo sentido, seus chefes. Mas a administração também é mais fácil porque todos os membros da organização também são seus proprietários — cada um deles está no centro da organização. Assim, todos têm uma forte motivação financeira e psicológica para ajudar a empresa a ter o máximo sucesso possível — para trabalhar duro, sempre procurar maneiras de fazer melhor as coisas, e partilhar informações que possam ajudar a empresa a prosperar. Em muitas situações, como qualquer gerente lhe dirá, esse tipo de motivação do funcionário faz a diferença entre o sucesso e o fracasso.

Uma Hierarquia Radicalmente Democrática

Até onde pode ir essa noção de democracia nos negócios? Com a intenção de estimular seu pensamento, vamos imaginar como um novo tipo de organização — uma hierarquia radicalmente democrática — poderia funcionar. Este cenário foi inspirado por um comentário de David Wooley, um dos pioneiros em conferência por computador, postado na web. Ele também se baseia no exemplo da Mondragon e no trabalho da iniciativa do MIT "Inventing the Organizations of the 21st Century".[20]

Estrutura de Decisão

Como as cooperativas da Mondragon, esta nova organização usa uma hierarquia que parece convencional para coletar informações e tomar decisões e coloca a fonte de poder na base da hierarquia, e não no topo. Mas, em vez de ter representantes eleitos por meios democráticos em apenas três níveis — cooperativa, setor industrial, corporação —, todo nível hierárquico é sua própria democracia direta. Ou seja, em cada nível, os membros de um grupo elegem seu próprio gerente, que também os representa no próximo nível. Os membros do grupo podem delegar algumas ou todas as suas decisões ao gerente, mas retêm o direito de anular a decisão ou substituir o gerente sempre que quiserem.

Em vez de estabelecer regras estritas para a democracia representativa, como na MCC, cada grupo escolhe como tomar suas próprias decisões, com um voto majoritário que decide qualquer questão que não possa ser resolvida por consenso ou por algum outro método. Os grupos também têm liberdade para acrescentar ou remover membros quando julgarem adequado. Nos grupos dos níveis superiores, os votos que cada gerente controla são proporcionais ao número de pessoas que representa. Assim, os gerentes que representam grandes grupos têm mais influência que os que representam grupos pequenos, e o número total de votos em cada nível é igual ao número de pessoas representadas naquele nível. Em princípio, os membros de qualquer grupo dos níveis inferiores poderiam exercer seus direitos de voto diretamente como indivíduos nos grupos dos níveis superiores. Na prática, entretanto, a maioria das pessoas provavelmente gostaria de delegar este direito a seus representantes eleitos.[21]

Voto de Aprovação

Uma maneira particularmente interessante de os grupos elegerem seus representantes é através do *voto de aprovação*. Por meio deste tipo de voto, você pode votar na quantidade de candidatos que quiser. Se, por exemplo, não importa realmente quem representará seu grupo, você poderia votar em todos. Ou, se achasse que qualquer das três pessoas era aceitável, poderia votar nas três. O candidato vencedor é aquele com o maior número de votos de aprovação. (Qualquer candidato vencedor que não quisesse o trabalho poderia, evidentemente, declinar e o candidato com o próximo número mais alto de votos de aprovação seria, então, eleito.)

Em princípio, o voto de aprovação pode ser contínuo; ou seja, as pessoas podem mudar seus votos a qualquer momento. Sempre que a classificação de aprovação do atual gerente cair e ficar inferior à de outro do grupo, esta outra pessoa tem a chance de assumir. Na prática, entretanto, provavelmente é desejável introduzir alguns obstáculos

Aproveitando a Democracia

no processo, a fim de evitar a interrupção constante — as classificações de aprovação do gerente atual poderiam ficar abaixo do limite durante seis meses ou um ano, por exemplo, antes de um novo gerente assumir. Embora todas essas votações possam acontecer por meio de reuniões e cédulas, tudo fica muito mais fácil e mais viável quando feito on-line ou com outras ferramentas eletrônicas.

Fluxo Monetário

Para ser mais do que um simples conjunto de negócios independentes, a organização geral dessa hierarquia radicalmente democrática tem autoridade para redistribuir a renda recebida por qualquer de suas partes. Por exemplo, o grupo da alta direção (que representa todos na organização) poderia decidir passar o dinheiro de produtos bem desenvolvidos que geram lucros para novos produtos promissores.

Em geral, este grupo da alta direção (vamos chamá-lo de comitê executivo) simplesmente dividirá o dinheiro entre suas partes constituintes, que, por sua vez, o dividirão repetidamente até com os grupos no nível mais baixo da organização. O comitê executivo poderia, por exemplo, redistribuir o dinheiro às três diferentes divisões de produto na empresa (vamos chamá-las de A, B e C), bem como a várias funções relacionadas a todos os produtos (por exemplo, vendas, finanças e jurídica). O comitê executivo também paga todas as suas despesas diretas não atribuíveis aos grupos dos níveis inferiores (dividendos, juros, impostos, aluguel, salários para assistentes executivos, honorários de consultores etc.).

Para manter os incentivos de baixo para cima nesta organização, a maioria dos grupos desejará determinar diretamente a remuneração de seus próprios gerentes, em vez de tê-la determinada pelo grupo do nível acima. Por exemplo, o comitê executivo determina quanto dinheiro vai para o grupo de vendas, mas não determina o salário específico do chefe de vendas. Em vez disso, o grupo de vendas aloca o salário de seu gerente a partir da quantia total que recebe. Dessa forma, os gerentes ficarão fortemente motivados a manter satisfeitas as pessoas que representam — não apenas para manter seus empregos, mas para influenciar o valor de seu contracheque.

Determinando a Remuneração

Uma questão muito interessante é como os membros do grupo estabelecem a remuneração uns dos outros. Alguns grupos podem decidir a remuneração de seu gerente e deixá-lo decidir o pagamento dos demais. Outra possibilidade mais interessante é deixar

O Futuro dos Empregos

cada pessoa no grupo atribuir uma porcentagem do orçamento total de remuneração a todos os outros. A média desses números determina, então, a remuneração real de cada pessoa. Alguns grupos podem optar por tornar públicos os votos e os valores finais da remuneração; outros podem mantê-los em segredo. O mesmo procedimento básico também pode ser usado nos grupos dos níveis superiores, cujos membros precisam distribuir o dinheiro aos orçamentos dos grupos dos níveis inferiores que representam.

A empresa de energia AES testou um sistema similar que estabelece os salários através da avaliação de colegas. Na experiência, cada pessoa enviava um salário proposto para si mesmo a todos do grupo. Em uma reunião, todo o grupo avaliava os salários individuais até que chegassem ao orçamento total para salários do grupo. Em um caso, as propostas iniciais da maioria das pessoas eram bem parecidas, mas a de um homem destoava. Depois de três dias de conversas, ele notou que a diferença entre o total dos salários propostos e o orçamento para salários era quase igual ao montante em que o salário dele estava desproporcional. Ele diminuiu sua proposta e o problema foi resolvido.[22]

Reorganizando e Demitindo Pessoas

O que acontece quando um grupo acredita que precisa reorganizar um grupo ou mesmo demitir pessoas? Essas decisões são tomadas como todas as outras. Se a maioria dos representantes de um grande grupo decide que parte do grupo deveria ser reorganizada ou diminuída, é isso que acontece. Um grupo grande tomaria tal decisão de maneira inconseqüente? Claro que não. Uma vez que toda a estrutura gerencial representa os interesses de seus trabalhadores, a organização quase sempre relutaria em demitir seus próprios membros. Em alguns casos, no entanto, tal mudança poderia ser necessária para o bem do grupo como um todo.

Acionistas (Stockholders)

A maneira mais coerente de se pensar nos acionistas desta organização é como um outro grupo que se reporta diretamente ao comitê executivo. Como qualquer outro grupo, os acionistas fornecem algo de valor (capital de investimento) e, em retorno, recebem remuneração (dividendos) e direitos de voto. Há duas diferenças importantes, no entanto, entre o grupo de acionistas e os demais grupos. Primeira, a remuneração financeira que os acionistas recebem pode ser estabelecida em contrato com antecedência, em vez de determinada de tempos em tempos por voto do grupo no comando. Por exemplo, os acionistas poderiam receber automaticamente uma porcentagem fixa dos lucros todo ano. Em segundo lugar, cada acionista não recebe necessariamente um voto (como cada funcionário). Em vez disso, o número geral de votos dos acionistas pode ser negociado entre a direção (que representa todos os funcionários) e os acionistas, e cada acionista recebe uma parte desses votos, dependendo da quantidade de ações que possui.

Uma questão fundamental é se os acionistas, coletivamente, têm mais de 50% dos votos no grupo de comando. Se tivessem, poderiam, em essência, anular quaisquer decisões tomadas pelos funcionários e pela direção. Neste caso, a empresa toda se torna um tipo mais convencional de organização, com o poder fluindo de cima para baixo. Mais interessante, portanto, é a situação em que os acionistas juntos têm menos de 50% dos votos no grupo da direção. Neste caso, os acionistas receberiam remuneração financeira e teriam voz na direção da empresa, mas não teriam o poder que geralmente associamos à propriedade.

Qualquer acionista estaria disposto a investir nessas condições? Certamente, isso parece possível. Muitos analistas de Wall Street, por exemplo, consideraram a filosofia de administração da AES (de dar muito poder de decisão aos funcionários dos níveis inferiores) um fator de risco significativo para a empresa. Mas a AES teve retornos estelares sobre o investimento na maior parte dos anos desde que abriu seu capital, em 1991.[23]

Democracias: Definição

Estrutura de Comunicação

Como as Decisões São Tomadas?

Por voto (maioria, maioria de dois terços, consenso etc.).

Escopo da Tomada de Decisão

Você deve acatar qualquer decisão tomada pelo grupo ao qual pertence.

Incentivos

Vote no que você pensa que é melhor (ou para o grupo ou para você).

O Futuro dos Empregos

A nova estrutura organizacional descrita aqui vai muito além do que até mesmo a AES e a Mondragon fazem ao dar poder aos funcionários. Ela vira a estrutura de poder tradicional de cabeça para baixo. Se esta abordagem liberasse os talentos de seu pessoal tão efetivamente quanto poderia, muitos investidores ficariam ansiosos para participar disso — tivessem eles controle ou não!

Democracias: Avaliação

Pontos Fortes

- Os indivíduos podem participar na tomada de todas as decisões que os afetam.
- As decisões de grupo podem forçar os indivíduos a fazer as coisas pelo bem geral, mesmo quando poderiam não ter escolhido fazer isso.

Pontos Fracos

- O grupo geralmente requer muita comunicação, de modo que os votantes fiquem suficientemente bem informados para votar com inteligência.
- As opiniões de todos contam igualmente na tomada de decisões, mesmo quando algumas pessoas são muito mais qualificadas para tomar decisões que outras.

Lições sobre Democracias

Como foi resumido nos quadros, as democracias permitem a qualquer um partilhar informações com qualquer pessoa, mas exigem que todos obedeçam às decisões tomadas pelo grupo, concordem ou não com elas. As democracias são, portanto, um tipo de estrutura intermediária entre as hierarquias controladas e os mercados abertos.

Uma vez que as pessoas nas democracias têm voz em todas as decisões que as afetam, geralmente têm um maior senso de autonomia (e, portanto, de criatividade e motivação) que nas hierarquias. Mas, uma vez que os membros de uma democracia têm de acatar as decisões, mesmo quando não concordam com elas, têm menos autonomia que em um mercado, onde as pessoas estão livres para fazer o que quiserem, independentemente da opinião da maioria. Às vezes, alguns grupos pequenos de funcionários em democracias podem se sentir desprivilegiados em relação a blocos maiores, e sua motivação pode ser abalada.

Aproveitando a Democracia

As democracias geralmente são melhores que os mercados na solução de difíceis conflitos de interesse entre os indivíduos. Isso é porque as democracias podem forçar os indivíduos a fazerem as coisas pelo bem geral do grupo. Em nosso cenário radicalmente democrático, por exemplo, o comitê executivo pode pegar a renda de um negócio maduro e investi-lo em um novo negócio promissor, mesmo que o negócio maduro nunca tenha concordado em fazer isso.

As desvantagens básicas das democracias resultam de sua relativa ineficiência na tomada de decisão. As decisões geralmente exigem mais tempo, discussão e esforço que em uma hierarquia. Além do mais, uma vez que o voto de todos conta igualmente, pessoas que não entendem as questões muito bem às vezes determinam os resultados. É fácil imaginar versões disfuncionais do cenário radicalmente democrático. Por exemplo, as pessoas podem gastar tempo demais fazendo politicagem ou sem fazer escolhas boas — embora impopulares —, ou ainda questões particularmente controversas podem atrapalhar o funcionamento da empresa por mais tempo que o fariam em uma hierarquia ou mercado.

A Escolha

Agora vimos a segunda maneira principal de colocar mais pessoas no centro de uma organização: em vez de ter alguém encarregado de tomar decisões, você pode deixar todos em um grupo votarem. Consideramos normal essa forma de tomada de decisão democrática em nossos assuntos políticos, mas na maior parte das vezes, ela pára nos portões da fábrica. Agora você sabe que ela não tem de parar ali.

Embora a democracia não seja adequada a qualquer parte dos negócios, sem distinção, as novas tecnologias a tornam mais viável em muito mais situações. Quando funciona bem, uma abordagem democrática pode aumentar significativamente a energia, a criatividade e a noção de propriedade dos funcionários em sua organização.

Mas a democracia ainda não é o tipo mais extremo de descentralização. Nos próximos dois capítulos, veremos como os mercados às vezes podem dar ainda mais liberdade às pessoas.

CAPÍTULO 6

Liberando Mercados

UMA DAS LAVOURAS que meu pai cultivava em nossa fazenda era de algodão. Depois de colhê-lo, ele o levava a uma descaroçadora de algodão, que ele e vários outros produtores na área tinham em cooperativa. De lá, o algodão passava por uma rede de compradores, comerciantes e armazéns, sendo que a maior parte acabava chegando a tecelagens nos Estados Unidos ou no exterior. As tecelagens fiavam o algodão em vários tipos de tecido, que os fabricantes usavam para produzir lençóis e camisas, cortinas e carpetes, brinquedos e toalhas — os quais eram vendidos a pessoas do mundo todo.

Quem era o encarregado desse processo complexo, flexível e eficiente? Ninguém.

Os produtores, as tecelagens, os fabricantes de tecidos, os distribuidores e os varejistas eram entidades separadas, e nenhuma autoridade central coordenava suas interações. Sempre que duas entidades concordavam em uma compra ou venda, completavam a transação por conta própria. Nenhuma análise ou aprovação era necessária. Nenhum chefe dizia a meu pai quanto algodão ele tinha de plantar. Ninguém de fora dizia às tecelagens de algodão quanto tecido deviam tingir de azul, e ninguém dizia aos fabricantes de roupas quantas camisas de manga longa para homens eles tinham de fabricar. Em um sentido, todo participante neste processo muito complexo estava no centro de todo o processo.

O sistema que acabamos de descrever é, evidentemente, um mercado, e hoje consideramos normal essa capacidade quase miraculosa de nos fornecer uma ampla seleção de bens e serviços acessíveis. Não nos surpreendemos mais em como uma miríade de transações aparentemente independentes se combina para resultar em um uso eficiente e flexível de recursos.

Mas geralmente não pensamos nos mercados como um meio alternativo de coordenar as tarefas de negócio que realizamos em empresas hierárquicas. Por que não? Por que o poder, a propriedade e a iniciativa não podem ser distribuídos a todo um mercado, em vez de serem impostos do topo de uma hierarquia? Por que sempre precisamos ter gerentes no controle? Algumas tarefas de negócio poderiam ser feitas tão bem, ou

O Futuro dos Empregos

melhor, se fossem guiadas pelas decisões descentralizadas de muitas pessoas em um mercado? E as pessoas não seriam muito mais motivadas se tivessem liberdade para fazer suas próprias escolhas?

As estruturas de mercado podem ser e estão sendo usadas pelas empresas para organizar o trabalho. Neste capítulo, falaremos sobre uma abordagem: tarefas terceirizadas a outras empresas ou pessoas através de mercados externos, em vez de realizá-las internamente. No capítulo 7, falaremos sobre uma segunda — e mais surpreendente — abordagem: criar mercados internos dentro de uma única empresa.

Uma Economia do "E-lance"

A idéia de usar profissionais de fora para realizar certas tarefas não é nada nova nos negócios. Em vez de contratar funcionários permanentes para redigir e produzir folhetos de marketing, por exemplo, algumas empresas contratam redatores e *designers* gráficos *freelancers* para fazer o trabalho. Em vez de fazerem todos os subcomponentes de seus produtos, muitos fabricantes costumam comprar peças de fornecedores. Em vez de usar departamentos internos para gerenciar um programa de benefícios ou instalar um novo sistema de computador, algumas empresas terceirizam tais atribuições a outras empresas.

Mas, e se essa prática se expandisse enormemente — a ponto de uma rede de fornecedores dispersos substituir de vez a empresa central? E se, em outras palavras, muitas tarefas atualmente feitas por grandes empresas fossem feitas por combinações temporárias de pequenas empresas e fornecedores independentes? Levando essa idéia além, e se a maioria das empresas consistisse de uma única pessoa? Em 1998, meu colega Rob Laubacher e eu cunhamos o termo *e-lancer* — que denota um *freelancer* conectado eletronicamente — para descrever essa forma de trabalhar.[1]

Em uma economia de *e-lance*, a unidade fundamental não é a corporação, mas o indivíduo. As tarefas não são distribuídas e controladas através de uma estável cadeia administrativa; em vez disso, são executadas de maneira autônoma por fornecedores independentes. Esses *freelancers* se unem em redes fluidas e temporárias para produzir e vender bens e serviços. Quando o trabalho está terminado — depois de um dia, um mês, um ano —, a rede se dissolve, e seus membros se tornam agentes independentes novamente, circulando pela economia, buscando a próxima incumbência.

Essa forma de organização já é comum em algumas indústrias. Talvez o exemplo mais conhecido seja Hollywood. Um produtor, um diretor, atores, operadores de câmera, técnicos de iluminação e outros especialistas — muitos dos quais são fornecedores in-

Liberando Mercados

dependentes — se unem com o propósito de fazer um único filme. Depois de pronto, eles debandam e se reagrupam em outras combinações para outros projetos.

O setor de construção também é organizado dessa forma com freqüência. Encanadores, eletricistas, carpinteiros e outros especialistas, muitos dos quais trabalham de maneira independente ou para pequenas empresas, se unem para fazer um edifício. Quando a construção está terminada, eles se reagrupam de formas diferentes para erguer outras edificações.

Estruturas organizacionais semelhantes estão se tornando mais comuns em outros setores mais convencionais também. Muitos projetos de tecnologia de informação, por exemplo, são terceirizados a equipes de consultores e fornecedores. Novos setores estão surgindo para realizar o processo de terceirização. Essas empresas lidam com funções inteiras — como gestão de recursos humanos, contabilidade ou atendimento ao cliente — em nome de empresas clientes. A tendência se reflete nos dados estatísticos. Por uma estimativa conservadora, mais de um quarto da força de trabalho norte-americana em 2003 era de diversos tipos de *freelancers*.[2] Esse dado não inclui pessoas que trabalham para empresas de consultoria e outras organizações que usam equipes de projeto temporárias.

Novamente, a queda dos custos de comunicação torna o *freelance* e a terceirização mais práticos. Ao reduzirem os custos de transação de encontrar, selecionar, trabalhar com e pagar pessoas por um projeto, as novas tecnologias de comunicação facilitam a organização de equipes temporárias.[3] E a liberdade dessa forma *e-lance* de trabalhar é muito atraente para muitos.

Benefícios e Limitações do Freelance

O modo *freelance* de organização pode ser extremamente flexível e eficiente para os negócios. As empresas (ou departamentos dentro de empresas) não precisam de grandes equipes de especialistas disponíveis o tempo todo. Em vez disso, podem montar equipes somente quando necessário, e cada uma pode incluir exatamente a combinação certa de habilidades e pessoas para a tarefa a ser realizada. Se o custo compensar, as empresas podem até trazer as melhores pessoas disponíveis no mundo — não apenas aquelas que estão casualmente no quadro de funcionários.

Fazer *freelance* não é o correto para todos os negócios. Algumas empresas devem manter grupos de funcionários juntos por longos períodos de tempo a fim de resolver problemas difíceis ou executar projetos complexos. As necessidades de outras empresas são tão estáveis que a flexibilidade extra proporcionada pelas equipes organizadoras de *e-lancers* não valeria o custo. Mas, uma vez que os negócios continuam a exigir maior flexibilidade e as novas tecnologias reduzem o custo de fornecê-la, uma parte cada vez maior de nossa economia será de *e-lance* — em que todo trabalhador está no centro de uma complexa rede de processos interligados e em constante mudança.

Essa mudança será atraente a vários profissionais. Podem escolher quando, onde e como querem trabalhar, o que significa que podem inserir seus valores pessoais mais diretamente em suas decisões de negócios. Mães e pais que trabalham podem fazer seus horários de acordo com suas responsabilidades de cuidar dos filhos. Trabalhadores mais velhos podem criar portfólios de projetos que os ajudem a continuar ativos e ter uma renda extra. Pessoas com diversos interesses podem tirar pequenas licenças sem precisar da autorização de uma política corporativa. Aqueles que tiverem vocação podem doar quantidades substanciais de seu tempo a causas sociais. E os que quiserem trabalhar oitenta horas por semana durante alguns períodos de suas vidas também podem ser bem remunerados por isso.

Nem todas as pessoas desejam ou precisam da flexibilidade e da autonomia que o *freelance* oferece. Alguns preferem trabalhar em um ambiente corporativo estável. E, como veremos mais adiante neste capítulo, muitos temem deixar o ninho corporativo — sabem que atualmente faltam estruturas de apoio para fornecedores independentes. Fazer *freelance* também tem outros riscos.[4] Quando você está sendo pago por hora ou por trabalho em vez de receber um salário regular, pode deixar seu trabalho absorver cada vez mais o tempo que poderia passar com sua família ou em outras atividades. Mas, se você tem valores claros e autodisciplina para segui-los, o *freelance* lhe dá a flexibilidade para isso.

Elance, Inc.

Em uma economia de *e-lance*, as pessoas estão se agrupando e reagrupando continuamente em equipes de projeto. Fazer isso bem exige muita informação: o que precisa ser feito? Que tipo de habilidade é necessário para se fazer isso? Quem está disponível? Eles são bons? Quanto cobram? Em uma pequena comunidade, é fácil trocar tais informações informalmente. Mas, para uma economia de *e-lance* funcionar bem em grande escala, uma infra-estrutura para trocar informações é essencial. Desde o final da década de 90, inúmeras empresas têm surgido para fornecer exatamente esse tipo de infra-estrutura usando a Internet.

Meu exemplo favorito é o Elance, Inc.[5] A idéia básica do site Elance Web é criar leilões on-line para uma ampla variedade de serviços profissionais — desenvolvimento de software, design gráfico, pesquisa de mercado, tradução e assim por diante. Todos

Liberando Mercados

os serviços têm uma coisa importante em comum: podem ser executados eletronicamente, sem que o comprador e o vendedor tenham se encontrado. No outono de 2001, o Elance tinha mais de 400 mil usuários registrados de mais de 160 países no mundo todo.

Para usar o *site*, um comprador divulga uma descrição do projeto e recebe ofertas de vários fornecedores diferentes. Com base nas ofertas (e nas classificações dos ofertantes feitas por clientes anteriores), o comprador contrata um fornecedor. Quando o projeto é concluído, tanto o comprador quanto o vendedor atribuem uma classificação um ao outro, e suas respectivas reputações on-line são atualizadas. Por exemplo, usei o Elance para fazer alguns *slides*. Descrevi o projeto on-line e em um dia, aproximadamente, recebi cerca de doze ofertas. Escolhi aquela que considerei a melhor ofertante com base em sua experiência anterior, conforme documentado em seu portfólio eletrônico e em suas classificações anteriores. Dentro de alguns dias, ela tinha completado o serviço e fiquei satisfeito.

No decorrer da confecção dos *slides*, percebi que eu queria fazer um gráfico específico sobre os públicos em duas conferências. Eu tinha certeza de como queria que o gráfico parecesse, mas para fazê-lo, precisava dos números exatos dos participantes que compareceram às conferências. Passei um tempo procurando na Web, mas não consegui encontrar as informações com facilidade. Em conseqüência, decidi terceirizar essa pesquisa como uma tarefa separada no Elance. Novamente, em um dia, aproximadamente, recebi cerca de seis ofertas, e dentro de mais alguns dias tive o quadro de que precisava.

Este exemplo mostra como o conceito do Elance pode ser usado, não apenas para terceirizar o trabalho de toda uma empresa, mas também para microterceirizar dentro de grandes empresas. Não que o projeto todo (de preparar uma palestra) fosse dado a *e-lancers* ou que toda a minha empresa (neste caso, o MIT) tivesse debandado. Em vez disso, eu só terceirizei algumas tarefas pequenas, a preparação de alguns *slides* e um pouco de pesquisa. Milhares de tarefas semelhantes são executadas diariamente em grandes organizações — tarefas que os profissionais e os gerentes realizam ou delegam a assistentes. Em muitos casos, faria mais sentido repassar esses trabalhos para o mercado. Mas, no passado, essa pequena terceirização não valeria a pena. Com a chegada da Internet, no entanto, de repente se torna possível mobilizar mercados até para as atividades mais simples.

De fato, uma vez que grandes empresas ainda dominam nossa economia hoje, o Elance está focalizando em ajudá-las a gerenciar sua compra de serviços. Com o tempo, à medida que as infra-estruturas para o trabalho de *e-lance* se tornarem cada vez mais refinadas e o conceito cada vez mais aceito, os limites de cada empresa podem ser cada vez menos importantes.

O Futuro dos Empregos

Asynchrony Software

A Asynchrony Software, outro exemplo fascinante do conceito de *e-lance*, concentra-se apenas em fazer mercados para projetos de software. Sua infra-estrutura é semelhante ao modelo de código aberto do Linux, mas com uma diferença importante. O Linux conta com pessoas que escrevem o software simplesmente por amor; elas não são pagas por seu trabalho. A Asynchrony também engaja as motivações econômicas dessas pessoas. O *slogan* da empresa é "Code for love *and* money" (Código por amor *e* por dinheiro).

Funciona assim: alguém com uma idéia de um projeto de software o divulga no *site* da Asynchrony. As pessoas interessadas em trabalhar nele respondem, e o líder do projeto seleciona uma equipe. Antes de o trabalho começar, o líder deve chegar a um acordo com os membros da equipe sobre como qualquer receita eventual será dividida entre eles. Em outras palavras, cada projeto é como uma pequena empresa iniciante, em que cada membro da equipe recebe ações dela.

Uma vez que a equipe é formada, o desenvolvimento prossegue de modo mais ou menos convencional. Cada pessoa faz sua parte do software, o líder do projeto fornece orientação geral e o código é partilhado eletronicamente através do *site*. É interessante que os "testadores beta", pessoas que testam exaustivamente as primeiras versões do software para encontrar erros, também são recrutados através do *site* e recebem participação na receita. Quando o software está terminado, a Asynchrony ajuda a comercializá-lo, geralmente recebendo entre 10% e 25% da receita.

Não há ninguém no comando da Asynchrony dizendo aos outros: "Estas são nossas prioridades: vamos desenvolver esse tipo de software e precisamos contratar esses programadores com esse tipo de especialização". Em vez disso, essas decisões são descentralizadas através da comunidade da Asynchrony, de mais de 30 mil pessoas em todo o mundo. Os membros e as equipes decidem por si mesmos que projetos realizarão, quem os fará, como avaliar o desempenho e como recompensar os colaboradores.

Até aqui na Asynchrony, os projetos são iniciados apenas por tecnólogos que têm "idéias legais" com potencial de venda. Uma extensão claramente desejável desse conceito seria permitir que as empresas e outros compradores de software também iniciassem projetos. Também provavelmente faria sentido a Asynchrony envolver não apenas pessoas com habilidades técnicas, mas permitir a participação de profissionais de marketing e outros especialistas.

Finalmente, as pessoas que hoje em dia trabalham em projetos da Asynchrony não recebem remuneração imediata — somente a promessa de uma parte da futura receita. Isso é razoável para projetos pequenos ou para pessoas que já se sustentam de outras formas. Mas, para alguns projetos grandes, seria desejável ter o equivalente a capitalistas de

Liberando Mercados

risco — pessoas que financiam os primeiros estágios de desenvolvimento em troca de uma parte das eventuais receitas.

Ainda não se sabe se a Asynchrony terá sucesso. Mas as vantagens desse modelo básico de negócio são contundentes — não apenas para o desenvolvimento de software, mas também para a criação de muitos outros produtos intelectuais, como livros-textos, jornais e *designs* de produtos. Parece inevitável que este modelo de organização do trabalho se expandirá à medida que os custos de comunicação continuarem a cair.

eBay

O capítulo 5 discutiu a eBay, empresa de leilões da Internet, como exemplo de democracia. Mas a eBay também é um mercado — um vasto mercado global. Em 2003, arrecadou mais de 5 bilhões de dólares em vendas brutas de mercadorias, respondeu por 2% de todo o *e-commerce* norte-americano e envolveu 30 milhões de compradores e vendedores ativos.[6]

A empresa não chegou a seu tamanho notável em apenas oito anos ao contratar muitos funcionários de varejo. Em vez disso, os vendedores na eBay realizam o trabalho que seria feito por balconistas de loja (e compradores, comerciantes, profissionais de marketing e expedidores) em uma empresa de varejo convencional. De fato, a eBay fornece uma infra-estrutura em que centenas de milhares de pessoas podem trabalhar como varejistas *freelancers*.

Por exemplo, a eBay estima que entre 130 mil e 150 mil pessoas sejam tão ativas como vendedores que tiram o seu sustento da eBay.[7] Se essas pessoas fossem funcionárias da empresa, a eBay seria uma das cinqüenta maiores empregadoras privadas nos Estados Unidos.[8] Mas esses mascates da eBay não são funcionários; cada vendedor é essencialmente um empresário que trabalha em sua própria loja de varejo.

O que define o mercado da eBay — ou qualquer mercado, neste sentido — é a confiança. Estabelecer a confiança é extremamente importante na Internet porque, quando você está lidando com alguém que nunca viu, em uma cidade distante, sem uma loja no mundo real, faltam as pistas que normalmente ajudam a estabelecer a confiança. A eBay foi pioneira de um sistema sofisticado de reputação para resolver esse problema.[9] Após cada transação, o comprador e o vendedor atribuem um ao outro uma classificação, e suas classificações cumulativas são imediatamente atualizadas para que cada membro da eBay possa ver.

A maioria dos participantes da eBay tenta muito evitar uma classificação negativa em qualquer transação. Eles sabem que sua reputação é fundamental para as futuras vendas.

O Futuro dos Empregos

De fato, menos de 1% das classificações é negativo. Estima-se que a fraude, embora ocorra ocasionalmente, afete apenas 0,01% de todas as transações.[10]

A eBay é um exemplo notável de uma das premissas centrais deste livro. A empresa usa a infra-estrutura de comunicação mundial e acessível da Internet para dar a milhões de varejistas *e-lance* os benefícios da escala global na comercialização e distribuição sem exigir que abram mão da liberdade, personalização e motivação dos proprietários de lojas de pequenas cidades.

Topsy Tail

Um exemplo notável do quanto a terceirização pode ir longe (mesmo sem novas tecnologias de comunicação) é uma pequena empresa chamada Topsy Tail. Instalada em Dallas, Texas, esta empresa fabrica presilhas de plástico para cabelos, usada por mulheres e meninas. Em um ano recente, suas receitas atingiram 80 milhões de dólares — no entanto, a empresa tinha apenas três funcionários!

A Topsy Tail deixa os fornecedores fazerem quase tudo; a empresa não chega a tocar em seus próprios produtos quando passam pela cadeia de suprimento. A presilha é fabricada por fornecedores que trabalham com moldagem por injeção, que a enviam diretamente para depósitos, os quais, por sua vez, os expedem para representantes de vendas e distribuidores. Praticamente tudo o que a equipe da Topsy Tail faz é desenvolver novos produtos e planejar a estratégia de marketing. Ao usar uma estrutura descentralizada, baseada no mercado, a empresa cresceu mais rápido e se tornou mais flexível do que poderia ter crescido se tivesse de construir suas próprias fábricas, depósitos e centros de distribuição.

Uma razão para a Topsy Tail ter sido capaz de confiar tanto nos prestadores de serviços é que ela tem a patente de seu produto. Por isso, a empresa não tem de se preocupar com imitações de seus artigos. (A proteção da propriedade intelectual precisa ser uma consideração fundamental para qualquer empresa que esteja procurando abrir as portas para mercados mais amplos.) No entanto, o sucesso da Topsy Tail mostra que é possível suplantar uma organização corporativa tradicional com uma rede flexível de pequenas empresas.

A Indústria Têxtil de Prato

A indústria têxtil perto de Prato, Itália, é um exemplo de um tipo diferente de mercado descentralizado. Em meados da década de 70, as grandes têxteis que costumavam do-

Liberando Mercados

minar a produção na região começaram a se dividir. Em 2000, havia mais de 15 mil pequenas empresas, que tinham em média menos de cinco funcionários. Não são empresas primitivas, caseiras — elas usam equipamentos de ponta. E para aproveitar as economias de escala, as empresas têm cooperativas para realizar funções como compras e P&D.

O que liga todo o sistema é um grupo de corretores, conhecido como *impannatory*, que ajuda as pequenas empresas a trabalhar juntas. Quando recebem um pedido grande demais para uma empresa só, os corretores formam uma coalizão temporária, ou consórcio, para atendê-lo.

Mas, embora os corretores facilitem o mercado, eles não o controlam. Não há um CEO da indústria têxtil de Prato. Cada parte toma suas próprias decisões sobre com quem faz negócio e em que condições. De todas essas interações descentralizadas saem alguns dos melhores materiais de moda no mundo.

A Internet

A própria Internet tem uma estrutura de mercado, e sua principal *commodity* é a informação. Os "vendedores" decidem que tipo de informação tornam disponível (e, se cobram por ela, usam-na para anunciar outros produtos ou serviços, ou apenas a cedem), e os "compradores" decidem se querem usá-la (e, se necessário, pagar por ela). A maioria dos compradores e vendedores também paga um tipo de taxa de acesso para ficarem ligados à Internet — em outras palavras, para entrar no mercado.

Como na maioria dos mercados, todos na Internet estão, em um certo sentido, no centro dela. Não há ninguém no comando — ninguém que possa fechar a rede, ninguém que possa bloquear o acesso ou controlar as transações. Na verdade, a Internet pode ser considerada simplesmente um conjunto de protocolos de interação — regras para trocar informações. Qualquer um que siga esses protocolos pode desempenhar o papel que quiser — provedor de acesso, provedor de serviços ou usuário de serviços.

Paradoxalmente, os rígidos padrões técnicos em um nível (o chamado Internet Protocol, ou IP) permitem a flexibilidade surpreendente da Internet nos outros níveis. Uma vez que todos obedecem a padrões gerais, as pessoas podem construir muitas habilidades diferentes em diferentes níveis, e todas podem funcionar juntas.

Além dos padrões, alguns processos cruciais gerenciados centralmente, como o estabelecimento de nomes de domínios de alto nível (.com, .edu, .biz etc.), ajudam a Internet a funcionar com tranqüilidade. Os processos são supervisionados por um conjunto de conselhos voluntários e eleitos, como a Internet Engineering Task Force (IETF) e a Internet Corporation for Assigned Names and Numbers (ICANN). Embora esses processos básicos às vezes causem discordâncias (há debates contínuos sobre quantos nomes de domínio devem ser criados), eles exigem apenas uma fração minúscula do esforço que seria necessário para administrar um sistema incrivelmente complexo de forma mais centralizada.

Uma experiência ilustrativa é imaginar que alguma organização grande e centralizada administrasse a Internet. Ouvi, por exemplo, que ofereceram duas vezes para a AT&T a chance de administrá-la, e ela recusou as duas vezes. O que teria acontecido se a Ma Bell tivesse dito sim? Você acha que a Internet poderia ter crescido tanto e tão rápido como está crescendo (dobrando seu tamanho na maioria dos anos desde 1988)? Não podemos dizer com certeza, mas quando faço essa pergunta à maioria das pessoas, elas balançam a cabeça, mostrando descrença. Acham que o crescimento explosivo da Internet nunca poderia ter acontecido sob a supervisão da Ma Bell.

Talvez haja mesmo um vínculo profundo entre a natureza incomumente descentralizada da Internet e seu crescimento, flexibilidade e inovação surpreendentes. E se pudéssemos de alguma forma aproveitar esse tipo de energia para outras finalidades comerciais? Pense em quanta inteligência, energia e criatividade poderíamos liberar!

Liberdade Demais?

Até aqui, neste capítulo, vimos exemplos intrigantes de como você pode usar mercados de maneiras surpreendentes — e poderosas. Mas e as pessoas nesses mercados? O que elas querem?

Quando falo de usar mercados em lugar de empresas tradicionais para organizar o trabalho, às vezes as pessoas ficam nervosas. Dizem: "Mas nem todos querem tanta liberdade. Algumas só querem que lhe digam o que fazer, para que possam fazer seu trabalho e voltar para casa, para suas famílias e para as outras partes de suas vidas que realmente lhes interessam". É claro que isso é verdade. Nem todos querem mais autonomia. E nem todos que querem mais autonomia são capazes de lidar bem com isso.

Você pode pensar nas pessoas de qualquer comunidade ao longo de um espectro que mede o grau de autonomia que querem e com o qual podem lidar. Se essa distribuição for típica da maioria das coisas no mundo, formará uma curva normal (Figura 6-1).

FIGURA 6-1

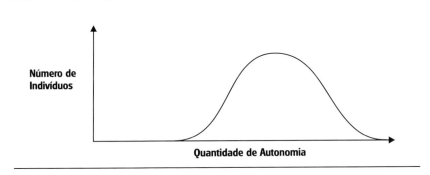

Agora, se você também tivesse de traçar um gráfico do grau de autonomia necessária e permitida nos cargos na mesma comunidade, veria outra distribuição. Na maioria dos lugares hoje, as duas distribuições provavelmente não coincidiriam (Figura 6-2). Em outras palavras, provavelmente ainda haja mais pessoas que queiram e possam lidar com mais autonomia em seu trabalho que cargos que propiciem isso.

FIGURA 6-2

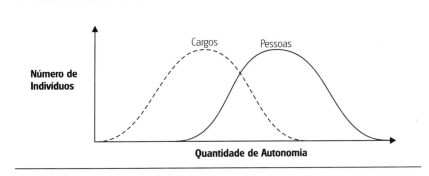

Deveríamos trabalhar para conseguir um mundo em que as duas curvas coincidam. Não queremos nem precisamos que todos tenham autonomia total. Isso deixaria muitas pessoas à deriva, com mais escolhas do que poderiam lidar. Para tirar verdadeira vantagem do verdadeiro potencial de muitas pessoas, no entanto, precisamos oferecer mais oportunidades para a ação autônoma. E é exatamente isso que as organizações novas, mais descentralizadas, farão.

O Futuro dos Empregos

Cuidando das Pessoas: as Guildas do Futuro

As organizações descentralizadas das quais estamos falando dão mais liberdade e flexibilidade às pessoas. Os *freelancers* têm muito mais escolhas, por exemplo, sobre onde, quando, como e em que trabalham. Mas e as outras necessidades deles — de segurança financeira, assistência médica, convívio com colegas, reconhecimento, treinamento? Uma vez que estão por conta própria, como terão acesso a essas necessidades? E como vão adquirir uma noção de identidade em um mundo de alinhamentos em constante mudança?

Até recentemente, o contrato implícito de emprego nas corporações tradicionais fornecia respostas claras a essas questões. Os trabalhadores prestavam serviços fiéis a seus empregadores e, em troca, recebiam estabilidade no emprego, seguro saúde e pensões, uma chance de progresso na carreira e, em muitos casos, a empresa até era a extensão de sua família. Esse acordo marcou um avanço significativo sobre as condições mais primitivas de trabalho no início da era industrial, mas foi um produto de seu tempo — meados do século XX. Desde cerca dos anos 80, as condições das empresas mudaram. A mobilidade dos trabalhadores aumentou, e estes se prendem menos a uma única empresa. E, pressionada pela concorrência, a maioria das empresas abandonou qualquer promessa de emprego para a vida toda. Em muitos casos, as pessoas esperam passar não mais que alguns anos, ou até mesmo alguns meses, em uma empresa.

Se essa tendência continuar, precisaremos encontrar maneiras de substituir a segurança e os serviços embutidos no velho contrato de emprego. Se não fizermos isso, correremos o risco de criar um mundo solitário e desagradável, onde as necessidades humanas dos trabalhadores não serão satisfeitas.

Uma abordagem particularmente promissora surgiu de nosso trabalho no MIT. Enquanto pensávamos no desafio, percebemos que havia uma solução óbvia, mas que ainda não tinha sido reconhecida. Em vez de esperar que empregadores e governos oferecessem os benefícios tradicionalmente associados a um emprego, um novo conjunto de organizações poderia surgir para oferecer "lares" estáveis para trabalhadores móveis e cuidar de suas necessidades enquanto eles passam de um trabalho a outro, de um projeto a outro.

Essas organizações poderiam ser chamadas de sociedades, associações, fraternidades ou clubes. Mas a palavra que prefiro é *guildas*, um termo que evoca as imagens das associações de artesãos da Idade Média. Desenvolvidas a partir das fraternidades dos comerciantes e dos clubes de assistência mútua, as guildas medievais realizavam várias funções: treinavam aprendizes e os ajudavam a encontrar trabalho; consolidavam os vínculos sociais — os membros da guilda participavam de cultos religiosos juntos e marchavam como grupo em desfiles na cidade —; ofereciam a eles empréstimos e instrução; e, se algum infortúnio acontecesse, forneciam uma renda para as famílias dos membros.[11]

Liberando Mercados

O Que as Guildas Podem Fazer?

As organizações existentes já realizam algumas dessas funções hoje em dia. Veja a Screen Actors Guild. Trinta por cento do pagamento-base dos membros da Screen Actors Guild vai para o fundo de benefícios. Em retorno, os membros obtêm plenos benefícios de assistência médica (mesmo nos anos em que não trabalham), pensões generosas e programas de desenvolvimento profissional.

Imagine uma versão estendida desse acordo, em que os membros pagam uma fração de sua renda a uma guilda em épocas boas, em troca de uma renda mínima garantida em períodos ruins. Ao contrário do seguro-desemprego convencional, fornecido por uma burocracia distante e impessoal, os benefícios de desemprego oferecidos por uma guilda poderiam ir além de pagamentos temporários em dinheiro. Por exemplo, os outros membros da guilda teriam um incentivo — e muitas vezes a oportunidade — de ajudar os associados a encontrar trabalho. Uma guilda também teria os meios e a motivação para ajudar seus membros a adquirir novas habilidades para permanecerem economicamente produtivos frente às mudanças que ocorrem. Por fim, os membros provavelmente exerceriam uma pressão social sobre os colegas desempregados que eles achassem que não estavam realmente tentando encontrar trabalho. Uma burocracia impessoal nunca poderia exercer esse tipo de pressão de maneira tão eficaz.

Outro benefício importante que as empresas oferecem a seus funcionários hoje é simplesmente um local para contato social — na frente do proverbial bebedouro, em reuniões ou durante o almoço. Quando os trabalhadores são fornecedores independentes, mudando de uma equipe de projeto para outra e muitas vezes trabalhando em casa, podem se sentir isolados. As guildas podem ajudar nisso. Podem fornecer lugares — tanto reais quanto eletrônicos — para seus membros se encontrarem. Imagine, por exemplo, uma guilda que forneça "clubes" sempre abertos em grandes cidades e que patrocine cafés ou almoços regulares em cidades menores e vizinhança.

As empresas também têm tradicionalmente ajudado seus funcionários a aprender habilidades e, ao lhes atribuírem títulos e outras credenciais, têm deixado claro ao mundo as capacidades de seus trabalhadores. Esse tipo de serviço também poderia ser fornecido pelas guildas. Advogados e médicos, por exemplo, têm sociedades profissionais que estabelecem e monitoram as credenciais dos praticantes e fornecem oportunidades de educação contínua. Os sindicatos também têm tido funções semelhantes há anos, ajudando os trabalhadores técnicos a progredir de aprendizes a técnicos qualificados e a técnicos mestres.

Por fim, muitas pessoas atualmente derivam grande parte de sua identidade do empregador. "Trabalho para a IBM", "Trabalho para a Procter & Gamble", ou "Trabalho para o MIT", as pessoas costumam dizer quando se apresentam. Se você trabalha para uma organização diferente toda semana, de onde tirará essa noção de identidade? Sua

O Futuro dos Empregos

identidade poderia vir da associação a uma guilda: "Sou membro do Institute of Electrical and Electronic Engineers", ou "Sou membro do MIT Alumni Guild". É possível que a profissão partilhada entre os membros da guilda ofereça uma base mais forte para a identidade pessoal que uma corporação grande e heterogênea.

Como as Guildas Serão Formadas?

Uma variedade de organizações existentes já preenche alguns dos papéis das guildas. Muitas delas poderiam facilmente ampliar seus serviços.

Sociedades Profissionais — Muitas das sociedades profissionais oferecem a seus membros oportunidades de seguro, treinamento e convívio social. Por exemplo, a Association for Computing Machinery, uma sociedade para profissionais de computação, oferece serviços de colocação profissional, seguro-saúde, seguro de vida, conferências, publicações, cartão de crédito, descontos em produtos e um serviço de encaminhamento de *e-mail* para a vida toda. À medida que mais membros de sociedades profissionais deixam empregos permanentes em corporações, as sociedades poderiam se tornar os novos lares profissionais dos membros.

Sindicatos Trabalhistas — Hoje, geralmente pensamos na negociação coletiva como o papel principal dos sindicatos trabalhistas. Mas, se as grandes corporações com as quais os sindicatos negociam desaparecessem, os sindicatos poderiam evoluir para guildas, fazendo muito mais por seus membros. Afinal, há muito os sindicatos têm fornecido benefícios transferíveis aos trabalhadores que mudam freqüentemente de um empregador para outro (por exemplo, na construção e no entretenimento). Os sindicatos também têm fornecido, às vezes, referências de emprego (por exemplo, as salas de contratação dos sindicatos no início do século XX), além de oportunidades de convívio social e assistência em períodos de necessidade. No futuro, sindicatos completos, como meu colega do MIT, Tom Kochan, os chama, poderiam prover mais serviços a seus membros, inclusive referências de emprego e colocação, requalificação e seguro.[12] Alguns sindicatos, como a AFL/CIO, já estão começando a falar sobre essas possibilidades.[13]

O diálogo todo entre sindicatos e empresas poderia mudar. O antigo diálogo é algo como:

EMPRESAS: *Temos de ganhar dinheiro.*
SINDICATOS: *Você tem de nos dar bons empregos.*

Liberando Mercados

O novo diálogo poderia ser assim:

EMPRESAS: *Como podemos atender às necessidades do mercado, em constante mudança?*
SINDICATOS: *Como podemos ajudar nossos membros a serem economicamente produtivos?*

Para representar papéis mais amplos, os sindicatos precisam abrir mão de algum controle. No passado, para negociar efetivamente com grandes empresas (às vezes monopolistas), os sindicatos tinham de manter seus próprios monopólios sobre os trabalhadores em uma determinada ocupação. Mas, se os sindicatos deixassem de fazer negociações coletivas, não precisariam ter o controle do monopólio. Na verdade, provavelmente atenderiam melhor a seus membros. A história de mercados livres competitivos mostra que os trabalhadores ficariam melhor se houvesse vários sindicatos, ou guildas, competindo para lhes oferecer os melhores serviços aos melhores preços.

Agências de Funcionários Temporários — As agências de serviços temporários de hoje também poderiam evoluir para guildas. Muitas dessas empresas já oferecem benefícios que lembram aqueles oferecidos pelos empregadores tradicionais — férias e auxílio-doença, seguro-saúde e pensões, treinamento, assistência profissional e até opções de compra de ações. A Aquent Associates, por exemplo, uma empresa com sede em Boston, fornece não só benefícios de saúde, pensão e férias, mas também intensa assistência profissional. A Aquent chama este último serviço de ter "seu Jerry Maguire pessoal", uma alusão ao filme de Hollywood sobre um agente que representa atletas profissionais.

Associações de Ex-Alunos Universitários — As guildas também podem surgir de associações de ex-alunos universitários. Muitas pessoas sentem uma forte afinidade durante a vida toda por seus colegas de classe e por suas faculdades, e muitas associações de ex-alunos já provêm alguns dos serviços que as guildas deveriam oferecer. A associação de ex-alunos do MIT, por exemplo, oferece assistência para colocação de profissionais, publicações, encaminhamento de *e-mail* e muitas reuniões e oportunidades educacionais. Não há razão para ela não se tornar o principal "lar profissional" de alguns de seus membros.

Novas Organizações — As guildas do futuro também podem vir das novas organizações. Por exemplo, em 2003, a eBay começou a oferecer seguro-saúde a "power sellers", 30 mil de seus comerciantes mais ativos.[14] E a Working Today, uma instituição sem fins lucrativos inaugurada recentemente em Nova York, está se concentrando no apoio a *freelancers* da área de tecnologia no Sillicon Alley, em Manhattan. A organização já oferece a esses trabalhadores seguro-saúde, seguro de vida, seguro por invalidez e um conjunto de serviços financeiros, inclusive a administração da conta de aposentadoria e contas bancárias livres de taxas. A Working Today espera expandir seus serviços para outras comunidades de profissionais independentes.

Corporações Tradicionais — Mesmo as corporações tradicionais poderiam se tornar guildas. E se as empresas deixassem de considerar que seu papel básico é levar seus funcionários a deixarem os clientes satisfeitos? E se, em vez disso, assumissem que era tarefa dos funcionários descobrir como encontrar e atender clientes? E se a renda de cada funcionário dependesse de seu desempenho nessa função? E se o papel básico da empresa fosse apenas fornecer um ambiente estável e uma série de serviços úteis, para ajudar os funcionários a fazerem bem esse serviço? E se as empresas vissem seus clientes principais como os funcionários cujo trabalho estariam apoiando?

Em alguns aspectos, esse mundo poderia não parecer tão diferente do mundo ao qual estamos habituados. Muitas pessoas poderiam continuar a trabalhar para as mesmas grandes empresas. Mas os processos, as filosofias e as atitudes dessas empresas seriam radicalmente diferentes do que são hoje.

De qualquer modo, sejam as necessidades dos trabalhadores atendidas pelas organizações existentes com papéis estendidos, por organizações totalmente novas, ou por versões transformadas das grandes corporações, precisamos pensar criativamente sobre como zelar pelos trabalhadores independentes em nossa economia cada vez mais dinâmica.

A Escolha

Agora vimos outra maneira importante de colocar muitas pessoas no centro de uma organização: em vez de delegar decisões ou tomar decisões por voto, você deixa o mercado decidir. Ou seja, deixa que as grandes decisões surjam de várias decisões pequenas tomadas por compradores e vendedores individuais.

Neste capítulo, vimos como isso pode funcionar quando pessoas e empresas legalmente independentes fazem negócio em um mercado aberto. Mas você também pode ter vários dos benefícios de um mercado *dentro* de uma única empresa. Esse é o assunto do Capítulo 7.

CAPÍTULO 7

Trazendo os Mercados para Dentro

EM 1998, John Browne, chairman e CEO da British Petroleum (BP), assumiu um compromisso público de reduzir as emissões de gases estufa da empresa em 10%, dos níveis de 1990, até o ano 2010. Se o seu CEO tivesse de estabelecer uma meta como essa, o que você acha que sua empresa faria para atingi-la?

A maioria das empresas provavelmente faria algo assim: os gerentes seniores estabeleceriam metas de redução para as unidades de negócio, que por sua vez estabeleceriam metas para cada uma de suas fábricas. Muitas delas alegariam que suas metas eram inviáveis e irrealistas, fossem ou não, e haveria um período de negociação até as metas finais serem estabelecidas. À medida que o trabalho progredisse, algumas fábricas descobririam que seria fácil atingir as metas, e quando conseguissem, teriam pouco incentivo para fazer mais. Outras fábricas teriam de gastar enormes quantidades de tempo e dinheiro para atingir suas metas. Às vezes, poderiam convencer seus gerentes a reduzir as metas. Em outros casos, desistiriam, e todos os envolvidos pareceriam incompetentes. No final, fariam algum progresso, mas o processo seria ineficiente, desagradável e controverso.

A British Petroleum não usou esse tipo de abordagem hierárquica e centralizada. Em vez disso, estabeleceu um mercado interno para coordenar os esforços das diferentes unidades de negócio.[1] Funciona assim: primeiro, os gerentes atribuem metas para as unidades de negócio distribuindo um certo número de "permissões". Cada permissão dá ao detentor o direito de emitir uma tonelada de equivalentes de dióxido de carbono por ano. Então, as unidades de negócio compram e vendem permissões entre si, usando um sistema de comércio eletrônico projetado especialmente para isso. Por exemplo, se o chefe de uma unidade vê uma maneira de superar sua meta de redução, o gerente pode vender as permissões extras a outras unidades de negócio que estão tendo dificuldade em cumprir suas metas. Em 2001, as unidades de negócio da BP negociaram o direito de emitir mais de 4,5 milhões de toneladas de poluentes usando esse sistema, a um preço médio de cerca de 40 dólares por tonelada.

O Futuro dos Empregos

Dessa forma, todos os gerentes das unidades de negócio dentro da BP podem tomar suas próprias decisões quanto ao nível de redução de emissões que podem atingir. E a BP como um todo ganha uma forma eficiente de encontrar os métodos mais eficazes em termos de custo para reduzir as emissões em toda a empresa. A abordagem teve tanto sucesso que, em 2001, a BP já tinha cumprido sua meta original de reduzir as emissões em 10% — nove anos à frente do programado!

Como mostra este exemplo, os mercados nem sempre têm de estar fora de uma empresa. Você também pode usar métodos de tomada de decisão semelhantes aos do mercado dentro dos limites de uma única empresa. Às vezes, como no caso da BP, esses mercados internos envolvem transferências reais de dinheiro entre diferentes unidades. Mas também podem se basear em sistemas de pontos ou em outras indicações informais de valor.

As empresas têm experimentado, há décadas, um esboço desta idéia, chamada de precificação da transferência interna — em que uma parte da empresa vende produtos ou serviços a outra parte da mesma empresa.[2] Quando funciona bem, a precificação de transferência dá aos gerentes alguns dos incentivos de um mercado. Mas é um método rudimentar, freqüentemente sujeito a politicagem ou a outras distorções burocráticas. Agora, entretanto, as novas tecnologias estão facilitando a administração das complexas trocas de informações exigidas para operar verdadeiros mercados dentro das empresas.

Freelance Interno

Agora é possível, por exemplo, estabelecer um mercado de trabalho interno para encaminhar funcionários para projetos — estabelecer, em outras palavras, uma economia de *e-lance* dentro de uma empresa. De fato, as empresas estão percebendo que os sistemas baseados no mercado podem ajudar a assegurar que o talento seja distribuído com mais eficiência e flexibilidade do que é possível nas hierarquias tradicionais, em que as pessoas estão ligadas a unidades específicas. Mesmo em grandes empresas, cada vez mais profissionais — engenheiros, especialistas de marketing, vendedores, consultores e até gerentes — estão se tornando *freelancers* internos, trabalhando em pequenas equipes que estão constantemente se formando, mudando e debandando à medida que os projetos vêm e vão. Embora recebam um salário regular, os *freelancers* internos são, em última instância, responsáveis por vender seu trabalho dentro da empresa — encontrar sempre lugares onde podem agregar valor e construir uma reputação que fará com que outros funcionários desejem trabalhar para eles.

Trazendo os Mercados para Dentro

Empresas que se iniciam com capital de risco muitas vezes também funcionam dessa maneira. Pequenas equipes temporárias são montadas para realizar tarefas específicas (por exemplo, captar os recursos iniciais, desenvolver o primeiro produto ou formar uma organização de vendas), permitindo que diferentes conjuntos de habilidades sejam trazidos à tona em cada estágio do desenvolvimento da empresa. As pessoas mudam freqüentemente de um emprego a outro, dependendo de seus contatos e de suas redes pessoais. Às vezes, ficam em uma empresa durante alguns anos, outras vezes, apenas durante alguns meses.[3] Embora trabalhem oficialmente para grandes empresas, os *freelancers* internos são, em certo sentido, empreendedores que dirigem sua própria empresa de uma só pessoa.

Quase-Mercados para Formar Equipes de Projeto

A maioria dos *freelancers* internos depende de redes informais para encontrar trabalho. Mas algumas empresas estão montando mercados de trabalho mais formais dentro de suas dependências. A divisão de pesquisa da Merck há muito deu a seus pesquisadores muita liberdade para escolher os projetos em que trabalham.[4] Os líderes de projeto não têm orçamentos ou concessões de autoridade vindas de cima; em vez disso, têm de recrutar os membros de sua equipe, e cada um traz seu próprio equipamento e outros recursos para o projeto. Os projetos que não conseguem atrair uma massa crítica de talentos simplesmente não acontecem.

A Hewlett-Packard está experimentando um sistema ainda mais elaborado.[5] Embora não seja exatamente um mercado formal com dinheiro real e ações como o usado pela Asynchrony, o sistema da HP tem muitas das mesmas características estruturais. Eu o chamo de quase-mercado, e funciona assim: qualquer um na HP que tenha uma idéia de um novo projeto pode propô-lo a um conselho de gerentes seniores no que a empresa chama de VC Café. O conselho age como um tipo de grupo de capital de risco, fornecendo recursos para os projetos que acha mais promissores. As descrições dos projetos aprovados são divulgadas em uma rede interna, e quem estiver interessado em trabalhar em um projeto pode avisar o líder, que conversa com todos os candidatos e forma uma equipe de projeto.

Dessa forma, as combinações de habilidades podem ser mudadas com freqüência, sem a necessidade de reestruturar constantemente a organização. As boas idéias se espalham por toda a organização. Os projetos encontram as pessoas com as capacidades certas, onde quer que estejam na organização. As pessoas encontram os projetos que lhes interessam, mesmo que seus gerentes não saibam exatamente quais são seus interesses específicos. E os gerentes recebem *feedback* contínuo sobre que projetos seu pessoal considera mais promissores. Além disso, se o conselho do VC Café acha que ninguém está interessado em executar um projeto aprovado, repensa sua decisão. Se as pessoas que sabem como fazer o trabalho não o consideram interessante, talvez não seja uma boa idéia!

Em um de nossos projetos de pesquisa no MIT, trabalhamos com a HP para estender essa abordagem. Duas das possibilidades mais intrigantes que discutimos foram uma hierarquia dual e um mercado interno explícito.

Uma Hierarquia Dual: Gerentes de Projetos e Gerentes de Pessoas

Nas organizações de hoje, geralmente os mesmos gerentes são responsáveis tanto pelas tarefas realizadas em seus grupos quanto pelas pessoas que as executam. Em uma hierarquia dual, essas duas responsabilidades são separadas e atribuídas a dois tipos de gerente. Os *gerentes de projetos* são responsáveis pelas tarefas — pela administração das equipes temporárias de pessoas para atingir resultados específicos. Os *gerentes de pessoas* são responsáveis pelas pessoas — por ajudá-las a encontrar projetos que usem suas habilidades, que lhes permitam se desenvolver e crescer como indivíduos e que tragam os maiores benefícios gerais para a empresa.

Ao contrário das organizações tradicionais, os gerentes nas hierarquias duais não têm de tomar decisões de contratação sozinhos. A tecnologia de informação é usada para disseminar amplamente as informações sobre o que precisa ser feito e quem pode fazê-lo, permitindo que os líderes e membros de equipe identifiquem e avaliem rapidamente uns aos outros. As barreiras de comunicação já não forçam mais os trabalhadores a permanecerem dentro dos limites de unidades relativamente pequenas.

Mercados Internos Explícitos

A experiência da HP também levanta a possibilidade de usar mecanismos de mercado mais explícitos. O conselho de avaliação do VC Café, por exemplo, poderia distribuir a cada projeto aprovado uma soma em dinheiro que o líder do projeto usaria para oferecer aos membros da equipe. Se um líder achasse que uma determinada pessoa era fundamental para um projeto, por exemplo, usaria uma grande parte do orçamento para oferecer àquela pessoa, mesmo que o projeto não tivesse alta prioridade para a empresa. Do mesmo modo, as pessoas que quisessem fazer parte de um projeto ou não estivessem envolvidas em outros projetos no momento poderiam aceitar honorários inferiores aos que costumam receber.

Trazendo os Mercados para Dentro

Cada integrante potencial de equipe, bem como cada gerente de pessoal, se tornaria um centro de lucro, buscando maximizar sua renda. No final do ano, os lucros acumulados pelos integrantes da equipe e pelos gerentes de pessoas em seus centros de lucro afetariam seu pagamento, seu reconhecimento ou outras recompensas. Dessa forma, todos são motivados a fazer o que for mais valioso para a organização a qualquer momento. E este, evidentemente, é o verdadeiro objetivo da gestão de recursos humanos.

Nem todas as organizações desejarão montar mercados internos baseados em dinheiro. Mas cada organização pode escolher onde quer se situar ao longo do *continuum* que vai desde as hierarquias tradicionais até os verdadeiros mercados — e pode alterar sua posição quando suas necessidades mudarem. Quanto mais longe uma organização for nesse *continuum*, mais seus funcionários se sentirão empreendedores — no centro de seu próprio negócio.

Mercado Futuro de Idéias

Às vezes, os mercados internos não envolvem a compra e venda de bens materiais; só envolvem a troca de informações. Em uma experiência recente, a HP trabalhou com Charles Plott, economista da Caltech, para criar um tipo incomum de mercado interno de informações.[6] Seu propósito era coletar e refinar informações espalhadas por toda a empresa sobre as prováveis vendas futuras das impressoras HP. Mas, em vez de comprar e vender informações diretamente, os participantes só compraram e venderam *previsões* sobre as vendas futuras. Por exemplo, se você achasse que as vendas em setembro ficariam entre 1.501 e 1.600 unidades, poderia comprar ações de um tipo de contrato de futuros para essa previsão. Se estivesse certo e as vendas ficassem dentro dessa faixa, você receberia um dólar por ação que tivesse. Se estivesse errado, não receberia nada.

Havia contratos para dez diferentes faixas de vendas, e os participantes eram basicamente da força de vendas da HP. Cada pessoa começou com cerca de vinte ações em cada um dos mercados. Os mercados ficaram abertos durante vários dias, quando os participantes puderam comprar e vender ações com base em sua própria noção de qual seria o nível de vendas.

Os mercados acabaram prevendo as vendas de impressoras melhor que as previsões oficiais da HP! Em dezesseis experimentos, os níveis de vendas previstos pelo mercado sempre foram pelo menos tão próximos das vendas reais quanto as previsões oficiais. Em todos os casos, com uma exceção, as previsões do mercado foram significativamente mais próximas.

O Futuro dos Empregos

Como isso pode acontecer? Por que os analistas da equipe de vendas da HP central — pessoas cujo trabalho era prever as vendas — não fizeram um trabalho melhor que um grupo de vendedores que levaram apenas alguns minutos por dia para isso, durante alguns dias? Muito simples: os planejadores centrais não têm todas as informações que os vendedores dispersos têm coletivamente. Mesmo que a equipe central fizesse pesquisa de campo, muitos interesses pessoais afetariam as respostas que receberiam. Um vendedor pode querer fazer esse número parecer grande para deixar seu chefe satisfeito até que as avaliações de desempenho sejam preenchidas; uma gerente de vendas pode querer fazer seu número parecer pequeno, de modo a poder argumentar que precisa de mais funcionários.

No mercado, por outro lado, todos os vendedores são motivados a negociar com base no que realmente acham que acontecerá, e não no que querem que aconteça ou no que querem que os outros pensem que acontecerá. Ainda mais importante, os negociantes podem ver a visão consensual de todos os seus colegas. Então podem usar qualquer outra informação que tiverem (mesmo que seja apenas seu instinto) para determinar se uma dada previsão em um dado preço seria uma boa compra.[7]

Robin Hanson foi o primeiro a propor esse conceito de mercado futuro de idéias por volta de 1988, e várias outras pessoas o experimentaram desde então.[8] Por exemplo, o *site* da Iowa Electronic Markets tem organizado mercados para todas as eleições presidenciais americanas desde a disputa entre George Bush e Michael Dukakis, em 1988.[9] Qualquer um que tenha acesso à Internet pode participar, jogando com até 500 dólares em dinheiro. Em vez de ter apenas ações que paguem um dólar ao vencedor e nada aos perdedores, as disputas presidenciais também incluem mercados de "participação de voto". Nesses mercados, o valor de uma participação para George Bush, por exemplo, acabará correspondendo à porcentagem real dos votos que ele receber da população.

Notavelmente, esse mercado eletrônico muitas vezes prevê com mais exatidão as proporções reais de voto que as pesquisas de opinião.[10] Na véspera da eleição de 1988, o mercado da Iowa previu uma participação de 53,2% dos votos para Bush, e estava absolutamente certo. A previsão do mercado de 45,2% dos votos para Dukakis foi apenas 0,2% menor que a participação que realmente conseguiu. Esta previsão foi substancialmente mais exata que qualquer pesquisa de opinião naquele ano. Por quê? Como no mercado da HP, a maioria dos negociantes baseou suas apostas não em seus desejos ou em outros motivos ulteriores, mas em uma avaliação fria do que realmente achavam que aconteceria. E aqueles que tinham mais dinheiro em jogo — e, portanto, mais influência sobre o mercado — tiveram o maior incentivo para agir racionalmente.[11]

Há uma variedade de outros mercados futuros de idéias na Internet para prever tudo, desde as receitas de bilheteria de filmes (www.hsx.com) aos preços de ações no mercado (www.biz.uiowa.edu/iem) e ao aparecimento de futuras tecnologias como os

Trazendo os Mercados para Dentro

carros que não precisam de pilotos (www.ideosphere.com). Um grupo de pesquisa do MIT está usando uma idéia parecida para fazer uma pesquisa de mercado para avaliar as preferências dos clientes para produtos que ainda não existem.[12]

Quando este livro estava indo para a gráfica, o Departamento de Defesa dos Estados Unidos propôs um mercado parecido para estimar as probabilidades de vários eventos relacionados ao terrorismo no Oriente Médio. Em princípio, a idéia foi amplamente criticada, mas depois observadores ponderados começaram a ver um potencial significativo nas variações do conceito. A proposta foi, como um editorial resumiu, um "desastre de RP", mas uma idéia muito intrigante.[13]

Uma das razões para o mercado futuro de idéias não estar sendo usado mais amplamente é que apostar dinheiro em resultados de eventos é ilegal na maioria dos lugares. A Iowa Electronic Markets, por exemplo, tem uma carta especial chamada de *non-action letter** da U.S. Commodity Futures Trading Commission (Comissão de Negociação de Futuros de Commodity dos Estados Unidos) que lhe dá permissão para operar como instituição educacional. Restrições como essas não são novas — muitos dos instrumentos financeiros amplamente usados hoje em dia (como seguro-marítimo, seguro de vida e contratos de futuros) já foram ilegais.[14]

Supondo que as restrições legais sobre os mercados futuros de idéias um dia serão amenizadas, não é difícil imaginar esses mercados proliferando. Muitas empresas poderiam incorporar previsões baseadas no mercado sobre avanços tecnológicos, condições econômicas e mudanças comerciais em seu planejamento estratégico — sem ter de pagar nada pela informação. (Os analistas de mercado que fazem boas previsões talvez até possam ganhar mais dinheiro com a negociação nesses mercados do que divulgando suas opiniões.) Quer os mercados públicos apareçam ou não, as empresas provavelmente seguirão a iniciativa da HP e estabelecerão seus próprios mercados futuros de idéias internos — para prever suas vendas, o sucesso de seus projetos de desenvolvimento de produtos e assim por diante.

E as empresas poderiam ir além. E se, em vez de apenas prever os resultados finais (como as vendas), a HP também tivesse mercados futuros internos para os diferentes resultados possíveis, com base em atitudes alternativas que a empresa poderia tomar? Por exemplo, se ela tivesse mercados para previsões como "Se cancelarmos a linha de produto X, nossos lucros aumentarão no próximo ano"?

---

* *No-action letter* é uma carta da SEC (Securities and Exchange Commission) que protege um indivíduo contra ações cíveis ou criminal no caso de realizar uma atividade específica. O indivíduo solicita esse tipo de carta quando a legalidade da atividade ainda não está bem estabelecida. (http://www.investorwords.com/3287/No_Action_Letter.html). (N. da T.)

O Futuro dos Empregos

A HP poderia não perseguir imediatamente todas as ações recomendadas por esses mercados futuros. Muitos gerentes seniores, no entanto, certamente ficariam muito interessados no que o consenso das pessoas em toda a sua organização diria sobre o futuro!

Mercados Internos para a Capacidade de Produção

Uma das possibilidades mais interessantes que meus colegas e eu temos estudado no MIT é o uso de mercados internos não só para atribuir tarefas às pessoas ou coletar informações, mas também para alocar ativos permanentes como a capacidade de produção. Em um experimento, trabalhamos com a Intel Corporation para criar um protótipo de mercado interno para recursos de produção.[15]

Como a maioria das grandes organizações industriais bem-sucedidas de hoje, a Intel usa um conjunto complexo de processos para decidir como utilizar sua capacidade de produção. Os processos, que têm nomes familiares como planejamento estratégico, planejamento da capacidade de produção, orçamento, programação de fábrica e determinação de preços, são muito hierárquicos, freqüentemente complicados e inflexíveis. Consomem enormes quantidades de tempo, dinheiro e talento gerencial. Muitas pessoas na empresa diriam que esses processos não são flexíveis o bastante para o ambiente que muda em grande velocidade.

A idéia fundamental que consideramos em nosso experimento foi se a capacidade de produção poderia ser distribuída de maneira mais eficaz através de processos descentralizados semelhantes a um mercado. Suspeitamos que um tipo de mercado interno, se bem implementado, poderia resultar em decisões muito mais lucrativas e oportunas, a um custo bem menor. Em particular, queríamos testar a viabilidade de um mercado em que os gerentes de fábrica, os representantes de vendas e outros funcionários pudessem comprar e vender contratos de mercados futuros para produtos específicos disponíveis em datas específicas no futuro. Por exemplo, o preço interno de um *wafer* de *chips* de circuito integrado (aproximadamente cem *chips*) despachados do Arizona na próxima semana poderia ser de 80 dólares, mas o preço do mesmo número de *chips* enviado do Arizona daqui a oito semanas poderia ser de apenas 60 dólares.[16] Começando com uma simulação simples desenvolvida pelo economista David McAdams, da nossa equipe do MIT, e participantes da Intel, examinamos um produto, um gerente de fábrica e cinco representantes de vendas.

Usamos um sistema experimental de formação de mercado baseado na Web que foi desenvolvido no MIT, no qual os participantes colocam ordens de compra e venda como

Trazendo os Mercados para Dentro

no mercado real de ações.[17] Você pode oferecer para comprar ou vender *no mercado* (ou seja, a qualquer que seja o preço atual de mercado), ou pode colocar uma ordem limitada de compra ou venda não superior (ou inferior) a um preço determinado. Para refletir as diferenças no que as pessoas na empresa sabiam sobre demanda, determinação de preço e assim por diante, cada participante em nossa simulação também recebeu informações confidenciais que os outros não sabiam. Por exemplo, dissemos a cada um dos representantes de vendas quantos *chips* poderiam vender a clientes externos e a que preço. Seu objetivo era maximizar sua margem de lucro — a diferença entre o que tinham de pagar pelos *chips* no mercado interno e por quanto poderiam vender a clientes externos. O gerente de fábrica recebeu informações sobre a capacidade de produção da fábrica e o custo marginal de fabricação dos *chips*. O objetivo do gerente era maximizar a diferença entre o custo marginal e o preço de vendas. Todos os participantes também tinham liberdade para especular no mercado interno, comprando *chips* a um preço baixo na esperança de revendê-los mais tarde a um preço mais alto.

Embora cada participante estivesse tentando maximizar seu lucro individual, o objetivo geral para a empresa era simplesmente fazer um uso eficiente de sua capacidade de produção. Nesta simulação simples, este objetivo significava apenas que a empresa queria vender o máximo de *chips* possível aos clientes dispostos a pagar mais. Além disso, a empresa não queria fazer *chips* que não pudessem ser vendidos por mais do que o custo marginal de fabricá-los.

Na primeira rodada da simulação, nosso mercado interno teve uma eficiência de 86,6%, do ponto de vista da corporação. Ou seja, a empresa ganhou 86,6% do que poderia ter ganhado se tivesse alocado sua capacidade de produção e suas vendas com perfeição. Nas rodadas seguintes, entretanto, à medida que experimentamos diferentes cenários de custos e demandas — e à medida que aprendemos a ser melhores jogadores —, nossa eficiência melhorou rapidamente. Na segunda rodada, tivemos 95,6% de eficiência; na terceira, alcançamos 99% de eficiência!

É claro que seria muito mais complicado a Intel realmente usar um sistema como este. Mas temos trabalhado com Mary Murphy-Hoye e outros na Intel para ajudar a tornar isso possível. Queremos atingir três objetivos básicos: (1) conceber e realizar simulações muito mais realistas, que reflitam mais detalhes como a demanda incerta, várias fábricas internas e assim por diante; (2) refinar o software e as regras do mercado interno para que sejam o mais eficientes possível; e (3) entender as barreiras (tanto comerciais quanto técnicas) para realmente usar um sistema como este no futuro. A Intel reconhece os enormes benefícios que um sistema de mercado poderia oferecer, e isso move nossos esforços. Vamos examinar algumas dessas vantagens.

Todos Podem Ter uma Visão Geral da Empresa

Atualmente, na Intel, centenas de pessoas estão envolvidas na distribuição dos recursos de produção. Os gerentes de linhas de produtos competem pela capacidade de produção da fábrica. Os representantes de vendas fazem lobby para conseguir os produtos para seus clientes. Grupos de planejamento estratégico, programadores de fábrica e gerentes de logística tentam coordenar os planos e desejos conflitantes de todo o resto do pessoal. Mas ninguém tem uma visão geral. Mesmo o CEO, que — teoricamente — é responsável por isso, não consegue ver todos os detalhes da organização.

Com um mercado interno, qualquer um pode ver todos os preços de todos os produtos em todos os períodos de tempo futuros. A Tabela 7-1 mostra um exemplo (de um de nossos documentos de planejamento) do tipo de informação que poderia estar disponível no sistema de mercado eletrônico. Atualmente estamos analisando vários cenários para ver que outras informações (isto é, todos os pedidos pendentes, programações de fábrica atuais) proporcionariam os melhores incentivos às pessoas neste sistema.

A Rápida Negociação Pode Ajudar as Empresas a Se Adaptarem Rapidamente a Mudanças

No mundo de hoje, quando algo muda de repente, muitas pessoas geralmente têm de agir com rapidez para se adaptar. Se um terremoto destrói uma fábrica importante em Taiwan, ou se a demanda de um novo tipo de *chip* de memória aumenta, ou se o mercado de PCs caseiros diminui, todos os planos e programas devem ser reconsiderados. Reuniões urgentes são realizadas, novas planilhas ou apresentações de *slides* são distribuídas e um tempo considerável da direção é gasto em discussões e aprovações. Muitas vezes, as empresas não conseguem reagir com rapidez suficiente para evitar um problema ou capitalizar uma oportunidade.

Com um mercado interno, você ganha muito mais flexibilidade e rapidez. Negociantes, vendedores, planejadores e gerentes de fábrica podem começar a negociar imediatamente com base em novas informações. De fato, todos têm um incentivo para negociar assim que possível para ganhar vantagem. Em vez de um grupo de gerentes seniores trabalhar seqüencialmente um único conjunto de opções, várias pessoas podem explorar muitas possibilidades ao mesmo tempo.

Digamos que um terremoto destrua uma fábrica importante. Uma vez que o valor da capacidade de produção da fábrica disparará imediatamente, todos os gerentes das fábricas remanescentes ficarão altamente motivados a reconfigurar suas próprias programações para assumir parte do trabalho extra. Eles podem ter de adiar outras atividades

Trazendo os Mercados para Dentro

programadas, mas se os preços no mercado interno forem mais ou menos exatos, eles saberão exatamente quais atividades devem realizar e quais devem adiar. E todos esses ajustes podem ocorrer ao mesmo tempo, em toda a empresa, sem que qualquer pessoa ou grupo tente programá-las. A mão invisível do mercado coordena todas as ações isoladas e as transforma em um único plano coerente.

TABELA 7-1

Preços Hipotéticos em um Mercado Futuro Interno para a Capacidade de Produção

Cada número indica o preço para comprar (oferta) ou vender (pedido) 100 unidades de um dado produto em um dado local, em algum número específico de semanas no futuro. As colunas da Semana 0 indicam os preços de venda no mercado spot* para produtos disponíveis imediatamente.

		PREÇO						
		SEMANA 0		SEMANA 1		SEMANA 2...		
Produto	Local	Oferta	Pedido	Oferta	Pedido	Oferta	Pedido	. . .
A	1	2	3	4	5	10	11	. . .
A	2	5	8	6	7	10	11	. . .
B	1	10	11	10	11	12	13	. . .
B	2	10	11	10	11	18	19	. . .
. . .	. . .	. . .	. . .	. . .	. . .	. . .	. . .	. . .

Preços Internos Podem Ajudar a Individualizar os Serviços

O mesmo tipo de processo também pode acomodar customizações locais. Hoje, se um vendedor acha que é crucial acelerar a entrega de um determinado pedido para manter um importante cliente satisfeito, geralmente tenta fazer essa acomodação. O vendedor muitas vezes tem de fazer várias ligações telefônicas, talvez usar uma conexão com um amigo na produção ou na logística, e pode até ser que procure na cadeia de comando um gerente que aprove a exceção.

Com um mercado interno, o vendedor pode ver imediatamente quanto custaria para acelerar o pedido. Se tiver dinheiro suficiente no centro de lucro nas negociações

---

*   Mercado *spot*: mercado à vista ou disponível.

(trading profit center) e achar que vale a pena, o vendedor pode tomar sozinho a decisão de pagar o custo extra e (espera-se!) compensar a perda no pedido com os muitos outros pedidos que o cliente satisfeito fará no futuro. Mesmo que o vendedor tenha de pedir ajuda a alguém na organização para pagar a conta, o custo exato de se fazer essa exceção fica imediatamente visível a todos os envolvidos.

Negociadores Internos Podem Ajudar a Manter o Mercado Eficiente

Para manter um mercado eficiente, as pessoas precisam especular sempre que acreditam que os preços atuais não refletem os valores reais com precisão. Isso é válido para os mercados internos e também para os externos. Por exemplo, se você é o gerente de uma linha de produto que costuma exagerar a demanda provável por seus produtos, tem de "investir seu dinheiro de acordo com o que diz", comprando contratos de mercados futuros para a demanda que você projeta. Mas, se outros no mercado acharem que sua estimativa é irrealista, podem lhe vender capacidade de produção agora, com a expectativa de comprá-la de volta mais barato no futuro.

Para algumas pessoas, este papel de negociador interno — que examina continuamente o mercado para detectar problemas potenciais e negociar com base nessa informação — pode até ser um trabalho em tempo integral. De fato, para as pessoas que atualmente estão em grupos de planejamento, pode ser mais eficiente exercitar sua influência como especuladores no mercado.

Uma vez que os negociadores são avaliados pelo lucro que obtêm de suas transações, fica muito fácil ver de quem são as ações eficazes. As pessoas que geram lucro com suas negociações geralmente contribuem para o lucro geral da empresa; aquelas que não geram, não contribuem. Os gerentes juniores de logística em escritórios distantes, por exemplo, podem ser mais capazes de prever a verdadeira demanda em suas regiões que a equipe de planejamento na sede. Se eles usam essa capacidade de produção para negociar lucrativamente no mercado interno, sua habilidade ficará visível a todos na empresa.

Reguladores Internos Podem Ajudar a Evitar Abusos do Mercado

Às vezes, em mercados internos, as pessoas podem fazer coisas que são boas para elas, mas ruins para a empresa como um todo. Por exemplo, você poderia tentar comprar todo o suprimento de um dado produto, criar uma escassez artificial e então cobrar preços exorbitantes para compradores desesperados. Para ajudar a evitar tais abusos, uma

Trazendo os Mercados para Dentro

empresa pode usar todos os poderes da hierarquia corporativa (positivos e negativos) para regular os mercados internos.

Por exemplo, se você acha que alguém que trabalha para você está abusando do mercado interno, pode reduzir a bonificação dele ou — em casos mais graves — demitir a pessoa. Esse tipo de regulação do mercado e punição será mais fácil dentro de uma empresa do que nos mercados externos de hoje. Uma vez que todas as negociações ocorrem no sistema interno da empresa, será muito fácil identificar abusos a partir dos dados de transações. E visto que todos trabalham para a mesma empresa, nenhum procedimento legal formal será necessário. Os gerentes podem apenas usar seu julgamento para lidar com cada situação da maneira que considerarem mais apropriada.

No futuro, algumas hierarquias gerenciais podem existir basicamente para fornecer a estrutura regulatória e judicial para os mercados internos. A direção pode estabelecer regras bem definidas sobre que tipos de proteção de transações e informações são adequados. Os gerentes podem, também, fornecer mecanismos de punição para as pessoas que violarem essas regras.

Lucros Internos Podem Ser Vinculados à Remuneração Real

As pessoas que participam do mercado interno precisam ser motivadas a negociar de maneira eficaz, mas não têm de negociar com seu próprio dinheiro. A empresa pode criar centros de lucro nas negociações para cada pessoa e o desempenho do próprio centro de uma pessoa poderia ser um fator importante — mas não o único — para determinar sua remuneração. As pessoas poderiam, por exemplo, receber um bônus, no final do ano, de 1% dos lucros (ou perdas!) em sua conta no centro de lucro.

Algumas empresas poderiam enfraquecer ainda mais esses incentivos às negociações individuais, permitindo que a negociação ocorra com algum tipo de "moeda de troca" usada apenas para recompensas não monetárias como jantares ou viagens a lugares exóticos. Em geral, entretanto, quanto mais o mercado interno se aproximar do uso da moeda real, melhor será sua alocação de recursos.

Lições sobre Mercados

Como foi resumido no quadro que contém a definição de mercado, os mercados se baseiam em uma estrutura de comunicação que permite a qualquer pessoa partilhar informações — e potencialmente fazer transações — com qualquer um no mercado. A característica mais distintiva de um mercado, entretanto, é esta: em um mercado puro, todas as decisões são tomadas de comum acordo entre as partes envolvidas, tendo-se em mente as alternativas concorrentes que cada parte tem. Como vimos, os mercados oferecem várias vantagens: podem fornecer às empresas — e aos indivíduos — maior eficiência, flexibilidade e motivação.

Mercados: Definição

Estrutura de Comunicação

Como as Decisões São Tomadas?

Por meio de acordo mútuo entre as partes envolvidas (tendo-se em mente alternativas concorrentes).

Escopo da Tomada de Decisão

Você deve concordar com qualquer decisão que envolva suas ações.

Incentivos

Maximize seu lucro: o valor do que você recebe menos o valor que tem de gastar para recebê-lo.

Isso significa que deveríamos usar mercados em toda parte? É claro que não. Como mostrado no quadro de avaliação de mercado, os mercados também têm desvantagens. Ao examinar essas desvantagens, podemos entender melhor as situações em que os mercados são desejáveis e aquelas em que não são.

Trazendo os Mercados para Dentro

Mercados: Avaliação

Pontos Fortes

Eficiência

Quando cada participante maximiza apenas seus próprios benefícios, a resultante alocação geral de recursos normalmente é muito eficiente (a mão invisível).

Flexibilidade

- Quando as coisas mudam, muitas cabeças podem pensar simultaneamente sobre o problema geral de como se ajustar.
- Muitas opções podem ser exploradas ao mesmo tempo. Em geral, os sucessos podem ser vistos e copiados com facilidade.
- Qualquer um pode trabalhar em qualquer aspecto do problema que deseja. O sistema dá bom *feedback* e incentivos que levam as pessoas a trabalhar onde podem ser mais úteis ao sistema como um todo.
- Mesmo quando as coisas não estão mudando, a estrutura geral de acordos feitos em duplas acomoda facilmente as variações em casos individuais.

Motivação

Autonomia, motivação e criatividade geralmente abundam porque todos os participantes devem concordar com as decisões que os afetam diretamente, e eles vêem os resultados diretos de suas ações.

Pontos Fracos

Problemas de Incentivo

Em algumas situações, os acordos que seriam bons para todos não acontecem porque não são de interesse de uma ou ambas as partes envolvidas.

Necessidades de Comunicação

Geralmente, é necessária muita comunicação para encontrar e comparar as alternativas e para negociar muitos acordos em duplas.

Incentivos e Confiança

Os mercados não funcionam bem, conforme os economistas constataram, quando incentivos conflitantes dos participantes impedem que eles concordem com coisas que seriam boas para o sistema como um todo.[18] Por exemplo, se você contrata um fornecedor independente para desenvolver um programa de computador, o incentivo econômico dele, em curto prazo, é conseguir o honorário mais alto possível pelo menor trabalho possível. Isso pode levar o fornecedor a fazer o programa de uma maneira descuidada, que você não consegue perceber de imediato, mas que lhe causará muitos problemas mais tarde. Felizmente, é menos provável que esse problema específico ocorra nos mercados internos que nos externos. Se um de seus funcionários executa o trabalho, sabe que é provável que você descubra qualquer descuido mais cedo ou mais tarde. Como resultado, o funcionário terá menos incentivo para trabalhar de maneira descuidada.

Um problema diferente de incentivo surge quando há risco de as empresas para as quais terceiriza se tornarem concorrentes.[19] Um dos exemplos mais conhecidos desse problema ocorreu no início da década de 80, quando a gigante IBM terceirizou o desenvolvimento de seu sistema operacional de computadores a uma minúscula empresa de software chamada Microsoft. É claro que a Microsoft acabou usando a alavancagem estratégica que essa posição lhe deu para eclipsar a IBM e se tornar uma das principais participantes na indústria de computadores pessoais.

Surge um problema de incentivo relacionado com o conhecimento. Se tenho uma boa idéia que vale milhões de dólares, mas a única forma de ganhar dinheiro com minha idéia é usar sua fábrica, como podemos partilhar esse conhecimento? Se ofereço para lhe vender o conhecimento, você ficará relutante em me pagar milhões de dólares até ouvir a idéia. Mas se não houvesse um modo legal de proteger a idéia (como a patente ou o direito autoral), depois que eu lhe contasse a idéia, você poderia usá-la sem me pagar nada. Em um mercado aberto, a troca de idéias não protegidas provavelmente seja bastante ineficiente. Mas, se ambos pertencemos à mesma empresa, podemos dividir a idéia mais livremente e a empresa colherá seu benefício econômico. Simplificar a divisão de vários tipos de conhecimento valiosos pode ser uma das razões mais importantes para a existência de grandes empresas no futuro.

Necessidades de Comunicação

Outro obstáculo possível para os mercados é a grande quantidade de comunicação que exigem. Alguns dos primeiros economistas alegaram que os mercados reduzem a comunicação necessária para coordenar um sistema porque, em um mercado, você só precisa comunicar os preços. Mas essa é apenas uma parte da história. Sempre que os mercados têm de lidar com qualquer coisa que não sejam as *commodities* totalmente padronizadas da microeconomia clássica, geralmente muito mais informação precisa ser comunicada. Se você quer contratar um *freelancer*, por exemplo, precisa pelo menos descobrir quem

Trazendo os Mercados para Dentro

está disponível e o que faz. Provavelmente também não quer contratar a primeira pessoa que encontra. Em vez disso, quer comparar os honorários, as formações e as reputações de vários profissionais. Poderia até querer negociar preços especiais ou outros aspectos.

Toda essa comunicação e negociação requer tempo e dinheiro. Se é necessária mais comunicação em um mercado ou em uma hierarquia depende de vários detalhes (como quais são as informações necessárias para quais decisões e onde reside a informação). Com freqüência, entretanto, os mercados requerem mais comunicação que as hierarquias para resolver o mesmo problema. Felizmente — e este é um ponto importante no livro — as novas tecnologias estão diminuindo os custos sem parar e reduzindo a dificuldade de comunicação. Portanto, embora as desvantagens dos custos de comunicação para os mercados possam não desaparecer nunca, elas serão cada vez menos importantes em muitas situações.

Padrões e Situações "Confusas"

Um fator importante na determinação dos custos de comunicação é se há padrões para as interações entre diferentes participantes. Por exemplo, alguns setores (como o dos computadores pessoais) têm padrões bem definidos de como os componentes fabricados por diferentes fornecedores (por exemplo, discos rígidos, *chips* e teclados) funcionam juntos. Isso significa que uma empresa como a Dell pode montar seus computadores pessoais usando componentes padronizados comprados de outros fornecedores. Embora os detalhes variem, muitas tarefas que os fornecedores independentes costumam realizar (por exemplo, *design* gráfico, pesquisa de mercado e desenvolvimento de software) também têm interfaces padronizadas de modo semelhante.

Em contraste, os primeiros estágios no *design* de um novo produto inovador ou no início de uma nova empresa freqüentemente envolvem definir novos conceitos, novas abordagens e novos papéis — ainda não existem padrões. Com o tempo, os membros de equipes em situações confusas como esta constroem gradualmente um conjunto de entendimentos partilhados sobre o que estão fazendo e como trabalharão juntos. Mesmo esses entendimentos, entretanto, muitas vezes não são expressos verbalmente, e é difícil explicá-los aos outros. E, uma vez que os entendimentos entre equipes estão sempre mudando, em geral é difícil redigir contratos que considerem adequadamente todas as contingências possíveis.

Em geral, quando uma situação está confusa neste sentido, as empresas ainda podem usar mercados para montar e remunerar membros de equipe importantes e terceirizar tarefas periféricas. Mas a equipe central geralmente precisa ficar unida como uma unidade estável até que as fases formativas críticas do projeto cheguem ao fim.

O Futuro dos Empregos

A Escolha

Então, a última maneira fundamental de colocar mais pessoas no centro de uma organização é: não delegue simplesmente o poder dentro de uma estrutura hierárquica nem tome decisões por voto; deixe que as decisões surjam das interações entre os muitos compradores e vendedores em um mercado. Às vezes, você pode fazer isso terceirizando coisas que costumava fazer internamente. Outras vezes, você pode trazer o mercado para dentro de sua empresa — criando mercados internos para produtos, serviços e informação.

As duas escolhas têm suas próprias complexidades. Se você terceiriza as coisas erradas, pode achar que abriu mão de suas principais vantagens estratégicas em prol de seus fornecedores. Se terceiriza muito pouco, pode se tornar prisioneiro de suas próprias capacidades históricas e incapaz de se mover com rapidez suficiente para se manter à altura de seus concorrentes. Do mesmo modo, se você traz os mercados para dentro de sua própria empresa, precisa desenvolver um novo conjunto de infra-estruturas, um novo conjunto de habilidades em seus funcionários e um novo conjunto de atitudes gerenciais em relação ao risco e ao controle.

Esses diferentes tipos de mercado, entretanto, são alguns dos modos mais promissores de colocar as pessoas no centro das organizações. E a intensa comunicação de que muitas vezes precisam para trabalhar de maneira eficaz está se tornando mais barata e melhor o tempo todo.

CAPÍTULO 8

Quando Devemos Descentralizar?

LOGO DEPOIS DE LOU GERSTNER se tornar CEO da IBM em 1993, tomou uma decisão que, segundo ele, foi a maior de toda a sua carreira.[1] Na época, muitos na IBM e na imprensa de negócios estavam convencidos de que o melhor caminho para o "dinossauro desajeitado" era se dividir em empresas menores. Ao descentralizar dessa forma, disseram eles, a IBM obteria os benefícios de ser pequena de que tanto precisava — coisas como flexibilidade, rapidez e motivação empreendedora. E o mercado seria capaz de coordenar as interações das empresas resultantes melhor que os executivos corporativos da IBM poderiam.

Mas Gerstner se convenceu de que a melhor opção era fazer exatamente o oposto: manter a IBM como uma única empresa grande e usar seu tamanho e capacidades singulares para ajudar os clientes a integrar os diversos componentes de seus sistemas de tecnologia de informação (TI). Em outras palavras, ele queria usar as estruturas de tomada de decisão hierárquicas de uma IBM integrada para ajudar a coordenar todas as decisões de TI que, de outra forma, os clientes teriam de tomar por conta própria (ou contratar alguém para tomá-las).

Agora sabemos, evidentemente, o que aconteceu. Gerstner flexibilizou a organização da IBM, mas não a dividiu. E o plano funcionou. O preço das ações da IBM aumentou quase dez vezes durante a gestão de Gerstner, e muitas pessoas creditam a ele a guinada espantosamente bem-sucedida que a IBM deu contra chances muito improváveis.

É claro que não sabemos o que teria acontecido se um CEO diferente tivesse levado a cabo esse plano de divisão. As empresas resultantes poderiam ter sido ainda mais bem-sucedidas, em conjunto, do que a IBM integrada foi. Mas sabemos que a opção de Gerstner de manter a empresa centralizada foi extremamente bem-sucedida.

Você pode pensar que Gerstner é um defensor cuidadoso da centralização, visto que lhe serviu tão bem nessa situação. Mas mesmo dentro da IBM, ele defendeu a descentralização substancial: "Vamos descentralizar a tomada de decisão sempre que possível, mas

O Futuro dos Empregos

(...) devemos equilibrar a tomada de decisão descentralizada com a estratégia central e o foco no cliente comum".[2] Ainda mais surpreendente, ele acredita que o sucesso da centralização na IBM foi incomum: "Os CEOs não deveriam ir [ao nível de integração que a IBM foi] *a não ser que seja absolutamente necessário*" [itálico de Gerstner].[3] Esse nível de integração, acredita, é uma "proposta de apostar a empresa". É tentado muitas vezes, observa, mas quase nunca dá certo.

Você pode nunca enfrentar as escolhas entre centralizar ou descentralizar na mesma escala que Gerstner, mas se você é como a maioria dos gerentes, enfrenta decisões como essa em uma escala menor o tempo todo. Como deveria tomar essas decisões? Como pode saber se a descentralização faz sentido para a sua situação? E se decidir descentralizar, como saber que tipo de descentralização funcionará melhor?

Como mostra a Tabela 8-1, as hierarquias centralizadas e os três tipos básicos de descentralização — hierarquias flexíveis, democracias e mercados — têm, cada um, seus pontos fortes e fracos. Quando você precisa economizar em custos de comunicação ou quando é importante resolver conflitos de interesse difíceis, as hierarquias centralizadas podem ser melhores. Quando precisa maximizar a motivação e a criatividade do funcionário ou ter acesso a muitas pessoas ao mesmo tempo, os mercados são especialmente atraentes. Quando aspectos de todas as quatro dimensões são importantes, as duas estruturas intermediárias (hierarquias flexíveis e democracias) podem funcionar bem.

TABELA 8-1

Vantagens e Desvantagens Relativas das Diferentes Estruturas de Tomada de Decisão

Estas comparações são apenas generalizações; as situações individuais podem ser diferentes.

Estrutura de Tomada de Decisão	Custo de Comunicação	Individualização e Capacidade de Usar Muitas Pessoas ao Mesmo Tempo	Capacidade de Resolver Conflitos	Autonomia, Motivação e Criatividade
Hierarquia Centralizada	Baixo	Baixa	Alta	Baixa
Hierarquia Flexível	Médio	Média	Média	Média
Democracia	Alto	Média	Média	Média
Mercado	Alto	Alta	Baixa	Alta

Nota: Na coluna de Custo de Comunicação, baixos custos são desejáveis e altos custos são indesejáveis. Em todas as demais colunas, "alto" é desejável e "baixo" é indesejável.

Quando Devemos Descentralizar?

Em muitos casos, entretanto, a melhor solução é criar um sistema customizado que combine elementos de mais de uma estrutura básica. Você pode, por exemplo, usar estruturas diferentes para diferentes tipos de decisão. É o que acontece freqüentemente em mercados internos: as decisões operacionais básicas são tomadas através de um mercado descentralizado, mas os gerentes hierárquicos escolhem os participantes, estabelecem as regras básicas e intervêm quando o mercado não faria o que é melhor para a organização como um todo.

Atribuir decisões diferentes a estruturas diferentes não é fácil; requer um entendimento detalhado de sua situação específica e de suas metas. Mas, como mostra a Figura 8-1, há uma maneira sistemática de pensar no problema.[4] Para cada tipo principal de decisão que sua empresa toma, você pode fazer as três perguntas: (1) Os benefícios potenciais de descentralizar são importantes? (2) É possível compensar os custos potenciais da descentralização? (3) Os benefícios de descentralizar compensam os custos? Vamos examinar cada uma dessas perguntas.

FIGURA 8-1

Fatores a Considerar na Escolha de Descentralizar ou Não uma Determinada Decisão

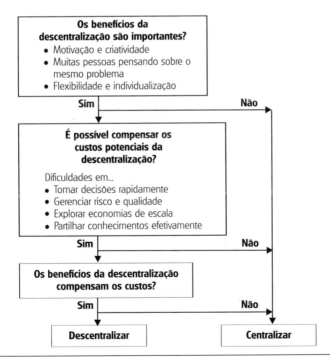

O Futuro dos Empregos

Os Benefícios Potenciais da Descentralização São Importantes?

Como vimos antes, a descentralização possui três benefícios gerais: (1) incentiva a motivação e a criatividade; (2) permite que muitas pessoas pensem simultaneamente sobre o mesmo problema; e (3) acomoda a flexibilidade e a individualização. A importância desses benefícios varia enormemente, mas eles são, com freqüência, muito importantes em certas indústrias e funções de negócios. Por exemplo, o sucesso da maioria das organizações de serviços profissionais (como consultoria, desenvolvimento de software e escritórios de advocacia) depende da motivação e da criatividade de seus profissionais. Em conseqüência, essas organizações são ótimas candidatas às decisões descentralizadas. A criatividade e a inovação também são, com freqüência, de extrema importância em funções como engenharia, vendas, *design* de produto e tecnologia de informação. Aqui, também, a descentralização muitas vezes compensará.

Mas, quanto mais trabalho em nossa economia se torna intelectual, e à medida que a inovação se torna cada vez mais crítica para o sucesso dos negócios em muitos setores, os benefícios da descentralização provavelmente se tornarão importantes em cada vez mais lugares.[5] De fato, em princípio, quase qualquer negócio poderia se beneficiar de ter pessoas criativas e altamente motivadas no desempenho de suas atividades. Muitos dos primeiros trabalhos no Movimento da Qualidade Total, por exemplo, tratavam de incentivar os trabalhadores da linha de montagem a procurarem maneiras de inovar e aprimorar os processos de rotina que executavam.

Logo, a pergunta sobre a importância dos benefícios da descentralização em sua situação não é puramente objetiva. Também diz respeito a suas escolhas estratégicas. Pessoas diferentes na mesma situação podem fazer escolhas diferentes sobre o quanto querem contar com as vantagens da descentralização. A empresa Mrs. Fields Cookies tenta sistematizar e controlar centralmente quase todas as decisões necessárias para operar suas lojas locais, enquanto a Wal-Mart tenta dar autonomia significativa a seus trabalhadores locais.[6] Qualquer uma das estratégias pode funcionar bem, mas você tem de escolher uma e usá-la de maneira coerente.

É Possível Compensar os Custos Potenciais da Descentralização?

Você pode estar pensando: "Sem dúvida, toda essa coisa de descentralização parece excelente na teoria, mas com que freqüência funcionaria na prática? Como é possível tomar decisões de forma eficiente quando ninguém está realmente no controle? Como é possível garantir a qualidade ou proteger a empresa de perdas catastróficas se ninguém su-

Quando Devemos Descentralizar?

pervisiona as coisas? Como é possível tirar vantagem das economias de escala ou da troca de conhecimentos se tudo é tão fragmentado?".

Essas preocupações são importantes — às vezes tão importantes que o levarão a rejeitar estruturas descentralizadas e a manter hierarquias rígidas. Freqüentemente, no entanto, há maneiras criativas de lidar com as desvantagens potenciais (ver Tabela 8-2). Vamos examinar os quatro problemas principais da descentralização e as possíveis soluções.

TABELA 8-2

Problemas Potenciais com a Tomada de Decisão Descentralizada e Possíveis Soluções

Problema	POSSÍVEIS SOLUÇÕES		
	Hierarquias Flexíveis	Democracias	Mercados
Tomar Decisões de Maneira Rápida e Eficiente	Os gerentes às vezes forçam as decisões.	As pessoas votam em algumas decisões e elegem os gerentes para tomar outras.	As pessoas compram e vendem apenas quando há acordo mútuo, mas todos acatam as regras.
Garantir a Qualidade e se Proteger Contra Perdas Catastróficas	Os gerentes controlam a qualidade das pessoas e dos resultados (por exemplo, com padrões), mas não controlam as ações.	O mesmo que nas hierarquias flexíveis, exceto que as pessoas votam em algumas decisões e elegem gerentes para tomar outras.	As empresas usam sistemas de reputação, seguros, bônus por desempenho, garantias colaterais.
Tirar Vantagem das Economias de Escala	Os gerentes às vezes forçam as pessoas a tirar vantagens das economias de escala.	Votar (e gerentes eleitos) às vezes força as pessoas a tirar vantagens das economias de escala.	Os compradores e os vendedores descobrem e exploram economias de escala por si mesmos. Às vezes, as regras estimulam atividades de grande escala (por exemplo, serviços de utilidade pública) ou as restringem (por exemplo, monopólios).
Tirar Vantagem da Troca de Conhecimentos	Os gerentes fornecem canais e incentivos para a ampla troca de conhecimentos.	O mesmo que nas hierarquias flexíveis. Os incentivos incluem recompensas pela troca de conhecimentos determinadas por voto.	As regras fornecem maneiras efetivas de proteger, determinar preços e vender conhecimentos.

O Futuro dos Empregos

Como É Possível Tomar Decisões de Maneira Rápida e Eficiente Quando Ninguém Está no Controle?

Às vezes, leva muito tempo para envolver todos em decisões conjuntas e resolver todos os seus desejos conflitantes. A comunicação mais barata e mais rápida, através de *e-mail*, por exemplo, ajuda a amenizar esse problema. Mas mesmo quando a transmissão de informações é gratuita e instantânea, ainda leva tempo para as pessoas enviarem e compreenderem as informações. E não importa o quanto as pessoas se comuniquem, elas ainda não concordarão com todas as questões. Cada uma das estruturas descentralizadas oferece maneiras diferentes de tomar decisões com mais eficiência.

Em hierarquias flexíveis, você, como gerente, às vezes pode forçar decisões às pessoas, mesmo quando nem todos concordam. Em um período de dificuldade econômica, por exemplo, você poderia decidir quais grupos cortar, em vez de esperar que os próprios grupos tomassem essa decisão difícil.

Se você é um bom gerente em uma hierarquia flexível, provavelmente não forçará decisões com muita freqüência. Às vezes, você terá de forçar uma decisão, por exemplo quando se está demorando muito a tomá-la, quando parece que nunca haverá um acordo, ou quando as pessoas estão gastando tanto tempo discutindo que estão deixando de realizar outras tarefas. Mas o resto do tempo você deixa as pessoas resolverem as coisas por si mesmas.

Em democracias, você pode tomar decisões mais eficientemente de duas formas. Pode deixar os funcionários elegerem gerentes para tomar decisões em seu nome, como os sócios de muitos escritórios de advocacia e empresas de consultoria fazem ao elegerem sócios-gerentes. Ou pode deixar as pessoas votarem diretamente (ou por pesquisas de opinião) na maioria das decisões importantes, como às vezes fazem as cooperativas da Mondragon.

Em mercados, as decisões muitas vezes são tomadas com eficiência porque apenas duas partes — um comprador e um vendedor — precisam concordar para que uma transação ocorra. Se um terremoto impede que uma de suas fábricas funcione, por exemplo, e sua empresa tem um mercado interno, pares de compradores e vendedores podem começar a negociar uns com os outros imediatamente para resolver o problema. Eles não precisam que ninguém mais concorde sobre o que fazer.

Mas, para que um mercado funcione bem, todos que participam têm de concordar com as regras do jogo. Os mercados precisam de instrumentos jurídicos para resolver disputas entre compradores e vendedores, e precisam de sistemas reguladores para impedir as atividades (como poluição, ajuste de preços, contabilidade "maquiada" ou propaganda enganosa) que tornam todo o mercado menos eficiente. Em mercados externos, os governos geralmente fornecem as regras. Mas, como vimos com a Visa Internatio-

Quando Devemos Descentralizar?

nal e a eBay, outras organizações, como associações comerciais, formadores de mercado ou entidades de padronização também podem estabelecer regras. Em mercados internos, as regras são estabelecidas e impostas pelos gerentes da empresa.

Como É Possível Garantir a Qualidade ou Proteger a Empresa Contra Perdas Catastróficas Se Ninguém Está no Controle?

Muitas pessoas supõem que assegurar a qualidade e gerenciar riscos exigem que alguém esteja no controle. Mas isso não é sempre verdade. Quando os incentivos certos são dados, a simples troca de informações pode ser suficiente para manter a qualidade e amenizar os riscos. Suponha que, em sua empresa, as bonificações para todos que lidam com clientes dependam em parte das classificações de satisfação do cliente. E suponha que todos na empresa possam consultar facilmente uma página na intranet da empresa para ver as classificações de satisfação do cliente para cada loja e vendedor. Só de estabelecer um sistema como este, muitos problemas de qualidade de serviço provavelmente serão resolvidos sem qualquer intervenção centralizada. As pressões sociais e outras pressões forçarão as pessoas a se destacarem.

Partilhar informações pode funcionar em hierarquias flexíveis, democracias e mercados. Mas cada estrutura de tomada de decisão descentralizada também oferece outras maneiras de gerenciar o risco e a qualidade. Se você é gerente em uma hierarquia flexível, não tem de vigiar ou aprovar cada ação de seus subordinados. Essa liberdade lhe permite focalizar o controle da qualidade das pessoas e medir os resultados. Por exemplo, você pode dedicar mais atenção a quem contratar e promover e como recompensá-los pelos resultados que você deseja.[7]

Em democracias, você pode eleger os gerentes que deverão ficar atentos à qualidade e ao risco. Ou pode deixar os membros de um grupo votarem — levando em conta a qualidade e o risco, bem como outros fatores — em quem contratar e promover e em como distribuir as recompensas. Muitos escritórios de consultoria e advocacia, por exemplo, elegem seus novos sócios por meio do voto de todos os sócios existentes.

Em mercados, você pode controlar a qualidade de duas maneiras. Em primeiro lugar, pode usar sistemas de reputação on-line (como aqueles usados pela eBay, Elance e Asynchrony) para ajudar as pessoas a escolherem fornecedores de alta qualidade.[8] Quando os sistemas de reputação on-line se tornarem amplamente usados, os indicadores de qualidade, como nomes de marca, provavelmente se tornarão menos importantes. As classificações dos usuários dão aos compradores uma maneira muito mais precisa e eficiente de julgar a qualidade do que confiar em seu conhecimento geral da marca. O que você preferiria comprar: (a) uma televisão com uma marca conhecida (por exemplo,

O *Futuro dos Empregos*

Sony), embora compradores anteriores e classificadores objetivos como a Consumer Reports classifiquem mal o aparelho, ou (b) uma televisão de marca desconhecida (por exemplo, do Zé das Antenas) que tenha classificações muito entusiasmadas da maioria dos compradores anteriores e de classificadores objetivos?

Além dos sistemas de reputação, a outra forma básica de gerenciar a qualidade e o risco nos mercados é com vários instrumentos financeiros: seguros, bônus por desempenho, montantes de capital de risco e outros tipos de garantia colaterais. Um ex-aluno meu, por exemplo, trabalhava na área de cartão de crédito do CapitalOne, uma grande empresa de serviços financeiros com uma cultura empreendedora e descentralizada. Esse estudante realmente apreciava a liberdade que os analistas tinham para tomar decisões de preço e de política de crédito para o envio maciço de cartas com ofertas de cartão de crédito. Mas em 2002, os reguladores do governo forçaram o CapitalOne a instituir inúmeros processos centralizados de aprovação e controle, destinados a reduzir o risco das enormes perdas com cartões de crédito.[9] Na opinião de meu aluno, esta centralização involuntária prejudicou seriamente a cultura empreendedora singular e os pontos fortes do banco.

O CapitalOne poderia ter gerenciado esse risco de outras formas — mais descentralizadas? Acredito que sim. Uma possibilidade seria: em vez de ter a assinatura de um gerente centralizado sobre as condições de cada oferta, cada analista poderia ter um montante de capital de risco. Se você fosse analista e quisesse fazer uma oferta em que o crédito total oferecido estivesse abaixo de seu limite de capital de risco, poderia proceder sem pedir aprovação. E poderia ainda exceder seu próprio limite sem aprovação centralizada montando um consórcio de colegas que juntos estivessem dispostos a contribuir com seu próprio capital de risco para cobrir a oferta. Ao empreender um risco elevado, você poderia ainda ter a aprovação de um gerente dos níveis superiores, mas você e seus colegas poderiam gerenciar a maioria de seus próprios riscos de forma descentralizada.

Como É Possível Tirar Vantagem das Economias de Escala Se Tudo É Descentralizado?

Muitas vezes, as pessoas supõem que só porque há economias de escala em uma parte do processo, o processo todo precisa ser centralizado. Mas você pode, com freqüência, ter os benefícios tanto de ser grande quanto de ser pequeno ao centralizar apenas as decisões que envolvem economias de escala importantes e descentralizar todo o resto. Na fabricação de semicondutores, por exemplo, há economias de escala importantes — a Intel gasta atualmente cerca de 2,5 bilhões de dólares para construir uma fábrica.[10] Mas isso não significa necessariamente que economias de escala similares se apliquem a tudo o mais

Quando Devemos Descentralizar?

que a Intel realiza. Não há razão, por exemplo, para o design de *chips* de semicondutores não ser muito mais descentralizado. De fato, alguns concorrentes da Intel, como a Taiwan Semiconductor Manufacturing Company (TSMC), levam esta idéia a um extremo ao fornecer somente serviços de fabricação de semicondutores. Seus clientes, que variam de minúsculas empresas iniciantes a imensas multinacionais, projetam seus próprios *chips* e pagam à TSMC para fabricá-los.

Mesmo quando as economias de escala se aplicam, você às vezes pode atingi-las com muito pouco controle centralizado se seguir duas práticas básicas: trocar informações de forma ampla e oferecer incentivos que encorajem as economias de escala. Muitas empresas supõem, por exemplo, que para atingir economias de escala em compras, precisam centralizar as decisões de compra. Ao forçar todas as diferentes partes de sua empresa a comprar dos mesmos fornecedores, conseguem descontos maiores pelo volume.

Mas, se em vez de forçar todos a comprar dos mesmos fornecedores, você oferecer incentivos para as pessoas formarem grupos de compras voluntários? Se não dou muita importância, por exemplo, para que tipo de computador pessoal eu tenho, poderia delegar a decisão de compra de meu computador a um especialista em compras de PCs e receber automaticamente os descontos por volume que aquela pessoa puder negociar. Se me importo, poderia procurar, em um banco de dados on-line, os diferentes planos de compra de PCs disponíveis em minha empresa e decidir qual deles é melhor para mim. Neste cenário, as pessoas da central de compras ainda poderiam ter a função de organizar coalizões voluntárias de compradores, mantendo um banco de dados de planos de compra disponíveis, e negociando descontos por volume para as pessoas que escolherem participar.

É claro que, se não forem dados os incentivos certos, este arranjo não funcionará bem. Eu poderia, por exemplo, escolher meu próprio fornecedor favorito de PCs, mesmo quando esta não fosse a melhor escolha do ponto de vista da empresa. Mas, se sou avaliado e recompensado com base em minhas contribuições para o lucro corporativo, então posso equilibrar as economias de custo potenciais para a empresa com todos os outros fatores que são importantes para mim.

Em geral, as três estruturas descentralizadas permitem aos indivíduos tomarem suas próprias decisões sobre economias de escala. Mas, em cada estrutura, às vezes você precisa restringir as decisões individuais para estimular as economias de escala (por exemplo, com serviços de utilidade pública) ou para evitar abuso de poder (por exemplo, com monopólios). Em hierarquias flexíveis, os gerentes fazem isso. Em democracias, isso é feito por gerentes eleitos ou por voto popular. Em mercados, um tipo de infra-estrutura regulatória faz isso. Por exemplo, em um mercado interno de capacidade de produção com apenas uma única fábrica, a corporação poderia regular a fábri-

O Futuro dos Empregos

ca como um serviço de utilidade pública em vez de deixar seus gerentes cobrarem o preço que o mercado interno suportaria.

Como É Possível Aproveitar os Benefícios da Troca de Conhecimentos sem o Controle Centralizado?

Uma das vantagens mais importantes de estar em uma grande organização é ter acesso imediato a muitas fontes de conhecimento. Se você é dono de uma barraca de hambúrguer isolada em uma pequena cidade no Novo México, só tem suas idéias e sua experiência para se orientar na administração de seu restaurante. Mas se você é gerente de um McDonald's na mesma cidade, então — pelo menos teoricamente — tem acesso ao melhor conhecimento sobre vendas de hambúrguer disponível em qualquer lugar do mundo.

É claro que as grandes empresas nem sempre tiram vantagem de seu pleno potencial de troca de conhecimentos. E mesmo quando o fazem, obter o benefício da troca de conhecimentos não requer um controle centralizado. Só requer a ampla troca de conhecimentos. Quando a comunicação é difícil e cara, a melhor maneira de trocar conhecimentos pode ser fazer os gerentes centralizados encontrarem e disseminarem as melhores idéias de diferentes partes de suas organizações. Mas, quando a comunicação é barata e fácil, muitas vezes é melhor fazer as pessoas trocarem conhecimentos diretamente, através de vários canais diferentes. Por exemplo, gerentes independentes de restaurantes podem trocar conhecimentos entre si através de reuniões de associações comerciais, grupos de discussão on-line, bancos de dados das melhores práticas, e assim por diante.

Em cada estrutura de decisão, você tem formas diferentes de encorajar a ampla troca de conhecimentos. Em hierarquias flexíveis e em democracias, um de seus papéis mais importantes como gerente freqüentemente é fornecer os canais e incentivos para a troca de conhecimentos. Por exemplo, quando algumas empresas de consultoria fazem suas avaliações de desempenho anual, levam em conta as contribuições dos indivíduos às bases de conhecimento corporativas.

Para trocar conhecimentos em mercados, você precisa de maneiras eficazes de comprá-lo e vendê-lo. A troca eficaz de conhecimento é a finalidade das leis de propriedade intelectual, como as patentes e os direitos autorais. Algumas pessoas ficam surpresas ao saber que as leis de propriedade intelectual são feitas para ajudar a troca de conhecimentos. Elas acham, por exemplo, que se você não pode ter acesso gratuito a músicas na Internet, as leis estão reduzindo suas oportunidades de troca de conhecimentos. Mas quando bem concebidas, infra-estruturas legais como as leis de direitos autorais dão às

Quando Devemos Descentralizar?

pessoas incentivos econômicos muito mais fortes para criar conhecimento e o preparar para a troca.

Os Benefícios da Descentralização Compensam os Custos?

Depois de resolver os benefícios e os custos, você precisa ponderá-los para decidir se a descentralização compensará. Novamente, entretanto, não há respostas simples para esta questão — depende muito de sua situação específica. Mas algumas regras simples podem ajudá-lo a pensar na escolha.

Descentralize quando a motivação e a criatividade de muitas pessoas forem essenciais. Já vimos exemplos deste princípio em ação na AES, em empresas de consultoria, em mercados internos para distribuir a fabricação de semicondutores e assim por diante. Este princípio se torna especialmente importante em certas situações. Quando sua empresa está crescendo rapidamente, por exemplo, muitas vezes é uma boa idéia encorajar as pessoas a explorar, de maneira criativa, novas possibilidades. Quando sua indústria está no meio de uma rápida mudança, muitas vezes a melhor maneira de imaginar como reagir é deixar muitas pessoas altamente motivadas passarem por muitas experiências. E quando pequenos grupos em sua empresa trabalham independentemente de outros grupos (por exemplo, em uma empresa de consultoria ou universidade de pesquisa), muitas vezes é uma boa idéia descentralizar a maior parte das decisões a esses grupos pequenos para estimular sua capacidade de inovar.

Centralize quando for essencial resolver conflitos. Quando a questão principal para sua organização não é encorajar a criatividade, mas resolver conflitos, centralizar pode ser a melhor escolha. Por exemplo, Goran Lindahl, ex-CEO da ABB, uma empresa altamente descentralizada, diz que você muitas vezes precisa centralizar quando uma organização está encolhendo.[11] Em períodos de contração, é preciso fazer escolhas difíceis sobre onde cortar e o que mudar. Embora não seja impossível tomar essas decisões de maneira descentralizada, fazer as pessoas concordarem em desistir das coisas — inclusive de seus empregos — é geralmente muito mais difícil que dar ordens de cima. A AES, por exemplo, parece estar se movendo para decisões mais centralizadas agora que todo o seu setor está encolhendo.[12]

Centralize quando for crítico ter muitos detalhes — até um nível bem inferior — unidos por um única visão. Embora às vezes milhares de pessoas estejam

O Futuro dos Empregos

envolvidas em filmar e editar um filme, o diretor geralmente precisa tomar várias decisões detalhadas para ter certeza de que o filme final incorporará uma única visão artística. Às vezes, este princípio se aplica também a decisões sobre a estratégia de negócio. Por exemplo, você poderia alegar que a bem-sucedida mudança estratégica da Microsoft de adotar a Internet em meados da década de 1990 foi possível porque Bill Gates entendia os detalhes de seu negócio e tinha um poder centralizado significativo.

Centralize quando só algumas pessoas são capazes de tomar boas decisões. Às vezes as pessoas acham que descentralizar significa empurrar automaticamente as decisões para os níveis inferiores da organização, quer as pessoas na base tenham ou não as habilidades para tomar decisões acertadas. Mas essa abordagem não é uma descentralização; é pura estupidez. No caso de algumas decisões, não importa quanta informação você tenha, ainda precisa de habilidades ou conhecimentos especiais para fazer a escolha certa. A maioria dos pacientes internados em hospitais, por exemplo, quer médicos bem treinados para tomarem decisões fundamentais sobre seu tratamento, mesmo que os enfermeiros do andar tenham informações muito mais detalhadas sobre o paciente.

Do mesmo modo, algumas decisões de negócio se beneficiam do tipo de julgamento que só vem de anos de experiência. Tais decisões muitas vezes precisam ser centralizadas. Mesmo nesses casos, entretanto, um negócio pode se beneficiar de desenvolver a capacidade de tomar decisões em mais pessoas. Você ficaria surpreso com o que algumas pessoas podem fazer quando têm as oportunidades certas para desenvolver suas habilidades.

Combinando Decisões Centralizadas e Descentralizadas

Ao decidir se um tipo de decisão deve ser descentralizada, você freqüentemente precisa pensar nas implicações para outras decisões. As decisões sobre políticas, por exemplo, podem influenciar as decisões operacionais. A Cisco Systems fornece um exemplo de como gerenciar tais inter-relacionamentos. Para decisões de despesas de viagem, a empresa usa uma combinação interessante de política automatizada e delegação de poder ao funcionário.[13] Mesmo os funcionários dos níveis inferiores podem fazer seus próprios preparativos de viagem sem precisar da aprovação dos gerentes, contanto que usem um *site* de reservas designado na intranet da Cisco e paguem todas as despesas com um cartão de crédito American Express especial.

Quando Devemos Descentralizar?

Quando a viagem é concluída, os funcionários podem criar com facilidade relatórios de despesas on-line com as cobranças do cartão de crédito. Se todas as despesas forem consistentes com as políticas de viagem da Cisco (como vôos em uma das transportadoras mais baratas e táxis e refeições dentro das despesas permitidas por dia), o sistema automático reembolsa os funcionários sem nenhum envolvimento da gerência. Os gerentes só são envolvidos quando há exceções.

A Cisco usa uma abordagem similar para muitos outros tipos de despesa. Contanto que as despesas se mantenham dentro das diretrizes administradas automaticamente, os funcionários podem decidir por si mesmos quando e o que comprar. Em termos mais gerais, esse sistema de despesa com "transferência de poder automática" é um exemplo de como alguns controles centrais cuidadosamente escolhidos podem permitir decisões mais descentralizadas.

Em outros casos, entretanto, a descentralização em um lugar pode interferir na centralização em outros.[14] Por exemplo, a Cypress Semiconductor dá às pessoas enorme liberdade para estabelecerem suas próprias metas e prazos (em consulta com seus chefes) para vários tipos de projeto. Essas metas são acompanhadas em um banco de dados acessível a todos os funcionários. Em alguns casos, entretanto, os gerentes parecem usar essas informações, juntamente com seu poder centralizado, para microgerenciar projetos.[15]

Descobrir como combinar descentralização e centralização ainda é mais uma arte que uma ciência. Mas é uma arte cuja prática se tornará muito mais importante nas próximas décadas.

Passando de Centralizada a Descentralizada

Centenas de livros e artigos discutem o gerenciamento da mudança organizacional, e muitos de seus conselhos também se aplicam à maior descentralização: criar uma visão, estabelecer uma noção de urgência, engajar as pessoas, prosseguir por etapas e assim por diante.[16] Este livro não trata do processo imensamente complexo e importante das mudanças organizacionais. Mas uma questão deve ser tratada porque reside no cerne da decisão de mudar de uma empresa centralizada para uma descentralizada: quem decide fazer a mudança?

Em princípio, é possível que ocorra uma rebelião dentro de uma empresa — pessoas dos níveis inferiores se unindo e confiscando poder dos gerentes centralizadores. Mas, na prática, isso quase nunca acontece. Em vez disso, uma vez que as organizações de hoje ainda são, em sua maioria, bastante centralizadas, a adoção de uma tomada de decisão mais descentralizada quase sempre requer o suporte de administradores do alto escalão — geralmente inclui o CEO.

Em outras palavras, você não pode descentralizar realmente uma organização, a não ser que aqueles que tomam decisões centralizadas e têm poder estejam dispostos a abrir mão de parte dele. Lou Gerstner fez isso em certo grau na IBM, como John Browne, na British Petroleum. Os executivos seniores às vezes cedem poder porque vêem isso como fonte de vantagem comercial no longo prazo. Outras vezes, fazem isso porque estão imitando concorrentes de sucesso. Os CEOs e outros executivos seniores que estão dispostos a abrir mão de seu poder, entretanto, são a exceção, e não a regra.

Felizmente, a descentralização pode se difundir de outra forma — uma maneira que provavelmente se tornará a mais comum. Quando as empresas que são descentralizadas desde o início são bem-sucedidas, elas crescem e assumem a participação de mercado de suas concorrentes centralizadas. Já vimos isso acontecer com a AES, a Mondragon, a W. L. Gore, a Visa International, a eBay e a Internet. De uma forma ligeiramente diferente, isto ocorreu na indústria de computadores na década de 80. Inúmeras pequenas empresas bem-sucedidas (como a Apple, a Lotus e a Microsoft) tiraram a participação de mercado de gigantes como a IBM. Desde o início, quase todas essas novas empresas eram mais descentralizadas que suas predecessoras. E embora algumas delas tenham se tornado muito maiores hoje em dia, seu processo interno de tomada de decisão provavelmente ainda é mais descentralizado que aquele da IBM de antigamente.

Há também uma terceira forma — intermediária — de difundir a descentralização: empresas centralizadas podem terceirizar mais suas atividades que outras (muitas vezes menores e mais descentralizadas). Foi essencialmente isto o que aconteceu na indústria cinematográfica norte-americana entre as décadas de 50 e 70.[17] Até cerca de 1950, alguns estúdios grandes e centralizados empregavam grandes equipes de atores e técnicos de produção, produziam quase todos os principais filmes e possuíam a maioria das salas onde os filmes eram exibidos. Ações antitruste forçaram os estúdios a abrir mão de suas salas de cinema. Depois, a concorrência da televisão reduziu o público de cinema. Além disso, a recessão do início da década de 70 criou um clima econômico muito mais difícil para todos. Juntos, esses choques levaram os principais estúdios a mudar para a organização industrial descentralizada que vemos hoje. Os principais estúdios desempenham um papel fundamental no financiamento e na distribuição de filmes, mas a maioria dos filmes é feita por produtoras independentes. Muitos atores e técnicos de produção são fornecedores independentes ou funcionários de empresas técnicas especializadas, e a maioria das redes de salas de cinemas é independente.

Quando Devemos Descentralizar?

Estas são, portanto, as três formas principais de difundir a descentralização: em primeiro lugar, os executivos seniores de empresas centralizadas voluntariamente tornarão suas hierarquias menos centralizadas. Segundo, os concorrentes descentralizados tirarão participação de mercado das empresas centralizadas. Finalmente, as empresas centralizadas terceirizarão mais seu trabalho que as descentralizadas. Efetuar as transições para a descentralização é algo que está longe de ser fácil; apesar disso, elas acontecerão à medida que gerentes e empreendedores descobrirem e explorarem os lugares da economia em que a descentralização é mais útil.

A Escolha

À medida que os custos de comunicação continuam a cair, formas e combinações criativas das três estruturas descentralizadas de tomada de decisão continuarão aparecendo. Em muitos casos, as pessoas que imaginarem como capitalizar sobre as novas oportunidades — seja em grandes ou em pequenas empresas — ganharão uma vantagem significativa sobre aquelas que não imaginarem.

As mudanças não acontecerão da noite para o dia, no entanto, e nem toda boa idéia dará certo na primeira vez que for testada. Veja o que aconteceu com os governos: levaram várias décadas depois que as democracias surgiram nos Estados Unidos e na França, no final do século XVIII, para que as estruturas básicas fossem estabelecidas e começassem a se espalhar para outros países. O movimento para a descentralização nas empresas só começou intensamente na década de 90, e provavelmente tenha tido um retrocesso temporário com o entusiasmo prematuro da bolha das pontocom. Mas as forças subjacentes à queda dos custos de comunicação continuam poderosas como nunca.

Embora a centralização nunca desapareça completamente, é provável que vejamos uma descentralização cada vez maior nas próximas décadas. Juntamente com a mudança, surgirá uma nova forma de pensar na essência da administração em si. A tradicional administração de comando e controle não desaparecerá, mas um modelo novo e muito diferente se tornará cada vez mais importante.

III

De Comandar e Controlar para Coordenar e Cultivar

CAPÍTULO 9

Coordenando Atividades

VÁRIOS ANOS ATRÁS, mal Glen Urban tinha iniciado sua gestão como reitor da MIT Sloan School of Management, a Sloan subiu, pela primeira vez, e passou a ocupar o segundo lugar em uma das classificações mais divulgadas de escolas de administração. Na festa de comemoração da notícia, lembro-me de Glen ter comentado que, por ter assumido a reitoria meses antes, não deveria receber o crédito pela realização. "Mas", segundo ele, "disseram-me que eu poderia aceitar o crédito por coisas boas como essa, porque neste cargo também serei culpado por muitas coisas ruins pelas quais não fui responsável!"

Embora Glen tenha recebido o crédito por fazer a Sloan ocupar o primeiro lugar nas mesmas classificações um ano depois, seu comentário deixa clara uma das questões mais difíceis para os gerentes de organizações descentralizadas. Como você pode gerenciar quando não está realmente no controle? Como pode gerenciar quando os limites são tão confusos que muitas pessoas de quem você depende nem se reportam a você — e algumas trabalham em empresas totalmente diferentes? Como pode acompanhar o que está acontecendo — e, mais ainda, gerenciar — quando o trabalho a ser feito e as pessoas que o executam estão sempre mudando? Como você sabe suas responsabilidades quando um número cada vez maior de pessoas deve tomar suas próprias decisões?

Não importa o quanto conversemos sobre os novos tipos de gerenciamento, a maioria de nós ainda tem em mente um antigo modelo gerencial — o do comando e controle. O que precisamos é de um novo modelo. Precisamos passar de comandar e controlar para o que chamo de *coordenar e cultivar*. Coordenar é organizar o trabalho de modo que aconteçam boas coisas, quer você esteja ou não no controle. Alguns tipos de coordenação são centralizados; outros são descentralizados. De qualquer modo, coordenar enfoca as atividades que precisam ser feitas e as relações entre elas. Cultivar, em contraste, enfoca as pessoas que fazem as atividades: o que elas querem, no que se destacam e como podem se ajudar mutuamente. Cultivar é trazer à tona o melhor em nossos funcionários

O Futuro dos Empregos

usando a combinação certa de controlar e ceder. Às vezes você precisa dar comandos de cima para baixo para as pessoas, mas às vezes só precisa ajudá-las a encontrar e desenvolver suas próprias forças naturais. O bom cultivo, portanto, envolve encontrar o equilíbrio certo entre o controle centralizado e o descentralizado.

Coordenar e cultivar não são os opostos de comandar e controlar. Em vez disso, são conjuntos que abrangem comandar e controlar, bem como muitas outras abordagens gerenciais, da completamente centralizada à completamente descentralizada. Ao pensar na administração em termos de coordenar e cultivar, você abre uma nova gama de modelos, livrando-se da antiga mentalidade centralizada. E é isto o que é preciso para um gerente ser eficaz hoje em dia — a capacidade de se mover com flexibilidade no *continuum* da descentralização de acordo com a situação.

Neste capítulo, examinaremos o que envolve a coordenação. No capítulo 10, examinaremos a arte de cultivar.

Coordenar Nem Sempre É Controlar

Se você acha que seu papel como gerente é controlar uma organização, limita suas opções: você pode estabelecer metas claras ou ambíguas, pode delegar muito ou pouco, pode motivar por recompensa ou por punição, pode monitorar o comportamento ou os resultados. Entender essas opções (e como escolher entre elas) tem sido essencial para o sucesso nas organizações hierárquicas que dominaram a maior parte da história da humanidade, e essas opções ainda são importantes em muitas situações. Mas se você acha que seu papel é coordenar em vez de apenas controlar, de repente tem um conjunto bem mais rico de opções. Muitas delas são muito mais adequadas às organizações cada vez mais descentralizadas de hoje.

Falando em termos gerais, coordenar significa apenas organizar o trabalho, ou seja, montar atividades de modo que resultados desejáveis possam ocorrer. Mais especificamente, coordenar envolve estabelecer três condições fundamentais — capacidades, incentivos e conexões — que permitem que um grupo de pessoas produza bons resultados.

Capacidades

As pessoas devem ser capazes de fazer aquilo que precisa ser feito. As organizações tradicionais usam processos centralizados de gerenciamento de pessoal para conseguir alocar as competências certas — por meio do recrutamento, da promoção, do treinamento e, às

Coordenando Atividades

vezes, da demissão de funcionários. Em organizações descentralizadas, as competências são gerenciadas de maneiras bem diferentes. Em hierarquias flexíveis e democracias, muitas pessoas — e não apenas algumas — avaliam os candidatos ao recrutamento e à promoção. Em mercados e hierarquias muito flexíveis (como a organização Linux), freqüentemente não há um limite claro entre "contratado" e "demitido". Em princípio, você pode entrar e sair quando quiser. Na prática, no entanto, você não terá muito trabalho se as pessoas não confiarem em suas competências — devido à sua reputação, suas credenciais ou outros fatores.

Incentivos

Bons resultados também exigem os incentivos certos. Alguns incentivos são financeiros — um salário mais alto ou um lucro maior, por exemplo. Mas há muitos outros tipos de incentivo: status, reconhecimento, acesso à informação e a oportunidade de fazer um trabalho agradável e realizador. Para ajudar a coordenar as ações de um grupo, os incentivos têm de ser coerentes. Se todos tiverem incentivos incompatíveis, mesmo uma equipe de pessoas altamente motivadas e capazes não atingirá bons resultados. Os vários incentivos, portanto, precisam ser vinculados e apoiar objetivos gerais partilhados por todo o grupo.

Conexões

A chave final para a boa coordenação são as boas conexões entre as atividades e as informações. Cada estrutura de tomada de decisão tem seus próprios tipos característicos de conexões. Em geral, à medida que você passa a usar maneiras mais descentralizadas de coordenar, as conexões horizontais entre colegas se tornam mais importantes e as verticais, de cima para baixo, se tornam menos importantes. Novamente, os objetivos partilhados são importantes — fornecem o objeto de ligação para a organização, reunindo diversas atividades em um todo coerente.

A Origem dos Objetivos

Os objetivos partilhados são, claramente, cruciais para uma organização eficaz. Em uma organização tradicional, os objetivos são estabelecidos na cúpula por um pequeno grupo de gerentes seniores e comunicados para os níveis inferiores. Como gerente de

O Futuro dos Empregos

uma organização descentralizada, no entanto, você pode escolher como estabelecerá os objetivos que unirão as atividades. Você pode ser um orquestrador ou um facilitador.[1] Se for um orquestrador, você tem suas idéias sobre quais deveriam ser os objetivos, e tenta orientar as pessoas a adotá-las. Em uma democracia, por exemplo, poderia tentar convencer os principais líderes de opinião de suas idéias. Em um mercado interno, poderia conceber mecanismos de determinação de preço de modo que os resultados gerais do mercado sejam as coisas que você considera boas para a organização como um todo.

Por outro lado, se você for um facilitador, não tenta obter o que você mesmo quer. Apenas tenta ajudar um grupo de pessoas a descobrir o que quer — e como conseguir. Você poderia, por exemplo, tentar articular o que pensa que as pessoas em sua organização já querem e continuar testando sua visão com elas até conseguir acertá-la. Ou poderia apenas fornecer infra-estruturas para votação ou para mercados e deixar as pessoas interagirem umas com as outras diretamente para determinar os objetivos comuns.

Na prática, não há uma distinção clara entre os papéis do orquestrador e do facilitador. Como veremos na discussão detalhada sobre motivação, a maioria dos gerentes em ambientes descentralizados combina os dois papéis de várias formas. Por exemplo, Jim Schiro, CEO da PricewaterhouseCoopers (PwC), misturou-os quando administrou a fusão da Price Waterhouse e da Coopers & Lybrand.[2] Primeiro, como orquestrador, articulou o objetivo de que a empresa toda deveria ser globalmente integrada. Depois, como facilitador, testou essa visão em toda a organização. Ao fazer isso, descobriu que muitos tinham a preocupação de que, ao ter como objetivo geral focalizar a integração global, a empresa poderia se tornar lenta e burocrática. Por fim, como resultado de várias discussões, o objetivo da integração global foi refinado à capacidade de ser "integrado de maneira inteligente na interface com o cliente". Em outras palavras, a PwC lutaria para se destacar na integração de seus recursos somente quando isso fosse claramente de interesse do cliente. Ao misturar o estabelecimento de objetivos de cima para baixo e de forma democrática, a empresa chegou a um objetivo refinado que parecia ser muito mais persuasivo para seu pessoal.

O Paradoxo dos Padrões

Os objetivos ajudam todos a se moverem na mesma direção. Mas raramente são suficientes — muitas vezes são amplos demais para ajudar as pessoas a fazerem as conexões necessárias entre suas atividades particulares. Uma das melhores formas de gerenciar es-

Coordenando Atividades

sas conexões em uma organização descentralizada é estabelecer padrões. Se você é como a maioria das pessoas, provavelmente supõe que os padrões rígidos se opõem à flexibilidade e à descentralização. Se você tem padrões rígidos, não pode ser adaptável. Se tudo for padronizado, os indivíduos não podem tomar suas próprias decisões. "Certamente", você talvez pense, "o mundo da descentralização diz respeito a se livrar de padrões restritivos e sufocantes."

Mas aqui está um paradoxo surpreendente da coordenação descentralizada:

Os padrões rígidos nas partes certas de um sistema podem permitir muito mais flexibilidade e descentralização em outras partes do mesmo sistema.

Na maioria dos mercados reais, por exemplo, compradores e vendedores interagem uns com os outros de maneira livre e flexível porque obedecem a um conjunto de padrões. Eles especificam preços em moedas padronizadas. Têm leis (como códigos comerciais uniformes) que especificam os direitos e os deveres de cada participante. E têm um sistema legal para adjudicar disputas. Se todo par de compradores e vendedores potenciais tivesse de negociar todas essas coisas por si mesmos toda vez, o sistema inteiro seria complicado, caro e inflexível.

Os padrões são muito menos importantes em organizações tradicionais e centralizadas porque os chefes podem simplesmente dizer às pessoas o que fazer. Duas partes não têm de negociar entre si até chegarem a um acordo; simplesmente seguem ordens. E é tarefa do chefe certificar-se de que as atividades de cada pessoa se encaixem para atingir os objetivos gerais.

Quando as pessoas tomam suas próprias decisões, entretanto, torna-se fundamental estabelecer padrões coerentes.[3] Na Internet, por exemplo, padrões técnicos rígidos — na forma do subjacente Internet Protocol — permitem uma tremenda flexibilidade em todo o sistema. Os "gerentes" da Internet agem como facilitadores ao definir os protocolos. Depois, qualquer um que esteja usando a Internet pode interagir facilmente com qualquer um para atingir seus próprios objetivos.

Uma idéia similar está por trás das diretrizes de projeto de muitos projetos de software de código aberto afiliados à Apache Software Foundation. Em vez de contar com um único gerente hierárquico (como Linus Torvalds, do Linux), esses projetos usam um método de decisão mais democrático, no qual os participantes votam em todas as decisões importantes. Mas cada projeto também tem diretrizes claras e detalhadas ou constituições que especificam papéis, responsabilidades e regras para votar e outros tipos de comunicação.[4] Esses padrões ajudam a democracia a funcionar de maneira eficiente, sem que se tenha de renegociar tudo outra vez a cada novo projeto.

O Futuro dos Empregos

O paradoxo dos padrões também se aplica dentro das empresas. Quando você tem padrões claros para o tipo de pessoa que contrata e promove, por exemplo, freqüentemente pode delegar muito mais decisões a ela — como vimos na AES. E quando você tem padrões claros para avaliar os resultados das pessoas, não precisa gastar muito tempo revisando e analisando as decisões delas.

Bob Herbold, ex-chefe operacional da Microsoft, diz que os sistemas financeiros padronizados que introduziu na Microsoft ajudaram a empresa a se tornar mais eficiente e flexível.[5] Os vários grupos individualistas e empreendedores dentro da Microsoft puderam dedicar sua energia e criatividade para fabricar e vender produtos novos, e não para reinventar seus próprios sistemas financeiros. E os gerentes seniores da empresa puderam comparar com mais facilidade o desempenho dos diferentes grupos usando um conjunto comum de medidas.

Os padrões não têm de ser escritos formalmente. Os consultores na McKinsey, por exemplo, podem facilmente trabalhar juntos em equipes de projeto, em todos os tipos de combinações flexíveis, porque foram socializados de modo a partilhar um conjunto comum de suposições sobre como são feitas as contratações e quem desempenha que papéis. Todos sabem o que o gerente de contratação fará, o que os associados juniores farão e o que um sócio em outra parte da empresa fará, se alguém da equipe lhes fizer uma pergunta.

A maior parte desses padrões não é documentada em manuais de procedimento; faz parte da cultura não escrita da organização. Mas, uma vez que existem e são seguidos, os gerentes seniores da McKinsey podem deixar a maioria das decisões operacionais nas mãos dos consultores que estão fazendo o trabalho. Os gerentes ainda desempenham um papel importante, entretanto, para manter a cultura organizacional que incorpora os padrões. No futuro, uma das principais responsabilidades de todos os gerentes seniores pode vir a ser definir as regras do jogo — os padrões — com as quais o resto da organização trabalha.

Arquiteturas de Processos para Organizações Intercambiáveis

Com os complexos processos descentralizados, especialmente aqueles que estão se disseminando por muitas organizações, você freqüentemente precisa de mais do que apenas um ou dois padrões simples para garantir uma coordenação eficaz. Muitas vezes precisa de todo um conjunto de padrões inter-relacionados. Essa arquitetura de processos fornece um conjunto detalhado de diretrizes para garantir que as atividades executadas por pessoas dispersas e autônomas se fundam de maneira eficiente para criar um todo unificado.

Coordenando Atividades

Uma arquitetura de processos funciona como uma arquitetura de produto.[6] Por exemplo, quando a IBM definiu uma arquitetura de produto para computadores pessoais no início da década de 80, foi possível que milhares de pequenos fornecedores de hardware e software trabalhassem juntos, sem necessidade de controle centralizado. Cada empresa podia continuar fazendo inovações em suas peças do quebra-cabeça e, contanto que a empresa obedecesse às regras de interface, sua peça sempre se encaixaria perfeitamente com todas as outras.

As arquiteturas de processos enfocam as interfaces entre atividades, e não entre componentes físicos. Essas arquiteturas geralmente assumem a forma de mapas de atividades que estabelecem como cada atividade se conecta às outras etapas do processo. Por exemplo, a VIAG Interkom, uma empresa alemã de telecomunicações, lançou um novo serviço para consumidores na Internet em apenas dez semanas ao usar uma arquitetura de processos cuidadosamente projetada para terceirizar quase todas as atividades exigidas.[7] Um fornecedor oferecia o *call center* de atendimento ao cliente, outro desenvolvia e produzia os CD-ROMs necessários para instalar o sistema no computador de um cliente, e ainda outro fazia o abastecimento e a logística. Para garantir que todas as atividades se ligassem perfeitamente, a equipe gerencial da empresa trabalhou com os fornecedores para desenvolver mapas de atividades que documentassem todas as partes do processo geral. Os fornecedores então usavam os mapas para trabalhar diretamente uns com os outros, praticamente sem precisar do controle diário da empresa.

Processos *Plug-and-Play* *

Um dia, talvez em breve, as arquiteturas de processos possam ser partilhadas por setores inteiros, permitindo um nível totalmente novo de flexibilidade comercial. Você será capaz de criar novos processos rapidamente — e reconfigurá-los com a mesma rapidez conforme suas necessidades forem mudando — usando componentes intercambiáveis de processos como os componentes *plug-and-play* de produtos. O termo mais popular para descrever a infra-estrutura tecnológica para este conceito é *Web services*. Os benefícios de tais arquiteturas são tão grandes que, qualquer que seja o termo usado para descrevê-las, é quase certo que acabem se tornando comuns.

---

* *Plug-and-play* é um padrão técnico que permite que um dispositivo (como uma impressora) seja conectado a um computador e funcione sem necessidade de reconfiguração dos arquivos do sistema. (N. da T.)

O Futuro dos Empregos

Veja um exemplo: se você é um banco e quer processar pedidos de hipoteca, não precisará escrever todo um complexo sistema de software e treinar seu pessoal para realizar todas as atividades necessárias. Em vez disso, usará uma combinação sempre mutável de pessoas e software de sua empresa e de outras.[8] Você pode usar um dos vários serviços automáticos disponíveis na Web para consultar o registro de crédito de seu cliente. Pode contratar *freelancers* externos para fazer as ligações e verificar o emprego. E pode ter um grupo de funcionários e fornecedores externos pré-qualificados para fazer as aprovações finais do empréstimo com base nos critérios que você especificar.

A Li & Fung, uma empresa de comércio global de 2 bilhões de dólares em Hong Kong, já faz este tipo de terceirização reconfigurável com sua rede de mais de três mil fabricantes independentes.[9] Quando um varejista como a The Limited ou a Gymboree faz um pedido de um certo tipo de roupa, a Li & Fung monta rapidamente uma cadeia de suprimentos customizada. A empresa de comércio combina, por exemplo, fornecedores de material da China e da Coréia com uma fábrica na Tailândia e um grupo de distribuidores nos Estados Unidos e na Europa. Em parte porque a Li & Fung desenvolveu uma excelente infra-estrutura padronizada para coordenar todas as atividades, a empresa pode atender aos diversos requisitos de sua base de clientes com rapidez e flexibilidade — uma vantagem crítica na indústria da moda, em rápida mudança.

O que tornará tais arranjos possíveis em uma escala muito mais ampla no futuro é uma série de mapas de atividades eletrônicas partilhados. Existirão mapas para todos os tipos de processo: fazer empréstimos, fabricar tecidos, projetar *sites*, elaborar planos de negócio, publicar informativos diários e talvez até projetar carros. Os mapas definirão atividades básicas (como verificação de crédito, verificação de emprego e aprovação de empréstimo), juntamente com as variações comuns dessas atividades, bem como as interfaces fundamentais entre as atividades.[10]

Um mapa terá tipicamente vários níveis diferentes de detalhes, de modo que qualquer envolvido no processo, esteja trabalhando em uma etapa importante ou em uma subetapa, sempre saberá como sua atividade se encaixa no processo mais amplo. E se há um problema em uma etapa, a pessoa que a realiza saberá exatamente quem usa os resultados dessa etapa e assim será capaz de consultar aquela pessoa sobre a melhor solução ou forma de contorná-lo. Freqüentemente, as definições da atividade detalharão o resultado esperado de cada etapa sem prescrever a maneira como o resultado é produzido. As pessoas que estão fazendo cada atividade terão, em conseqüência, maior liberdade na maneira como trabalham e serão capazes de adaptar seus esforços à situação que tiver em mãos.[11]

Também — muito importante — os mapas eletrônicos incluirão ferramentas para encontrar pessoas ou serviços automatizados para desempenhar cada uma das diferentes

Coordenando Atividades

atividades. Por exemplo, poderia haver um formulário para solicitar ofertas de fornecedores independentes para fazer a verificação de emprego, e outro formulário para estabelecer as classificações de fornecedores que fizeram o trabalho antes.

Se você é gerente de um processo desses, sua principal função não será controlar todas as atividades e como elas se encaixam. Em vez disso, você focalizará objetivos superiores:

- Definir as metas do processo.
- Atrair indivíduos capazes (seja como funcionários ou contratados).
- Dar a eles os incentivos certos.
- Fornecer (ou ajudá-los a criar) os mapas de atividades ou outra infra-estrutura de que precisem para gerenciar suas próprias interações.

Em certo sentido, é assim que os bons gerentes em hierarquias flexíveis sempre trabalharam. O que difere é que a Internet e outras tecnologias de comunicação tornam esta forma de coordenar possível em uma escala nunca vista antes. De fato, se você usa processos *plug-and-play* suficientes em um mercado, pode ter uma empresa muito bem-sucedida sem funcionário nenhum!

A Estrutura Profunda dos Processos de Negócio

Os mapas de atividades necessários para coordenar uma complexa arquitetura de processos são muito diferentes dos mapas de processos que as empresas usam hoje para documentar seus fluxos de trabalho. Os tradicionais mapas de processos são detalhados e rígidos demais. Uma vez que tendem a definir precisamente *como* cada etapa deve ser feita, em vez de apenas *o que* deveria produzir, eles são inflexíveis e deixam pouco espaço para a inventividade individual. O que precisamos agora é de um meio para mapear os objetivos e as inter-relações fundamentais das atividades em um nível mais profundo — para definir a essência de um processo de forma que permita muita criatividade e customização em como é realmente executado.

O que significa mapear um processo em um nível mais profundo? Gosto de usar uma analogia com o que os lingüistas chamam de estrutura profunda da linguagem. Para um lingüista, uma sentença tem uma estrutura superficial e uma estrutura profunda. A estrutura superficial é a seqüência específica de palavras; a estrutura profunda é o sentido subjacente. A mesma estrutura profunda, ou significado, pode muitas vezes ser expressa por várias estruturas superficiais. Por exemplo, as duas sentenças "João chutou a bola" e "A bola foi chutada por João" têm estruturas superficiais diferentes, mas a mesma estrutura profunda.

O Futuro dos Empregos

Da mesma forma, você pode pensar em um processo de negócio como tendo uma estrutura superficial e uma estrutura profunda. A estrutura superficial é a seqüência específica de atividades que ocorrem em uma determinada situação. A estrutura profunda é o "significado" do processo, ou seja, seus objetivos subjacentes, suas atividades essenciais e as várias restrições sobre como as atividades são combinadas. (Um exemplo de uma restrição é que determinada atividade pode não ser capaz de prosseguir até que outra atividade seja completada.) A mesma estrutura profunda para um processo pode ter várias estruturas superficiais. Em outras palavras, pode haver seqüências muito diferentes de ações que atinjam os mesmos objetivos básicos e satisfaçam as mesmas restrições básicas.

Um exemplo ajudará a explicar o conceito. A Figura 9-1 mostra a estrutura superficial de dois processos diferentes — altamente simplificados — para vender carros. Ambos os processos têm a mesma estrutura profunda: carros são produzidos por uma atividade (em uma fábrica) e passam para outra atividade, em que são vendidos (em uma concessionária). Para sermos exatos, podemos chamar a relação entre as duas atividades de *dependência de fluxo*: a atividade de "venda de carros" depende do resultado da atividade de "fabricar carros" e é restringida por ela. Sempre que há dependência de fluxo, é necessário um meio de coordenar as atividades.

FIGURA 9-1

Estrutura Superficial de Dois Processos de Negócio com a Mesma Estrutura Profunda

As atividades mostradas em boxes não sombreados fazem parte dos processos de coordenação para gerenciar a dependência de fluxo.

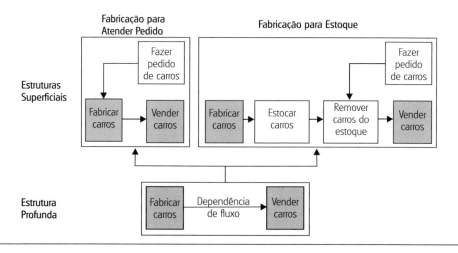

126

Coordenando Atividades

As duas estruturas superficiais para este processo são definidas por seus diferentes métodos de coordenação. Em uma delas — fabricação para atender pedido — os carros são fabricados somente depois que um pedido é recebido, e são expedidos diretamente para o revendedor. Na outra — fabricação para estoque — os carros são fabricados e estocados até que alguém faça um pedido. Quando este é recebido, os carros são removidos do estoque e expedidos para o revendedor.

Como a visão da estrutura profunda, algumas técnicas tradicionais de análise de processos especificam os objetivos de um processo e as atividades centrais necessárias para atingi-los. O que é diferente na visão da estrutura profunda é seu foco explícito nas dependências entre as atividades. As dependências especificam onde a coordenação é necessária e o que precisa atingir, mas deixam em aberto o método específico de coordenação. Os participantes do processo, ou gerentes, escolhem a melhor forma de coordenar cada dependência de acordo com a situação.

Quais São as Dependências Fundamentais a Serem Gerenciadas?

Como a seção precedente explicou, coordenar significa gerenciar as dependências entre as atividades.[12] Se não há interdependência entre duas atividades, não há nada a coordenar. Mas sempre que você trabalha com outras pessoas em alguma coisa, as atividades de uma pessoa afetam as atividades das demais. Vocês devem decidir o que fazer, quando fazer e quem fará cada parte. Devem partilhar recursos e, de alguma forma, conseguir ter as coisas certas nos lugares certos e no momento certo. E devem estar motivados a trabalhar juntos.

Gerenciar as complexidades da coordenação é, em um sentido, o cerne da administração ou, mesmo em termos mais gerais, a essência da organização. Durante mais de dez anos, meus colegas e eu no MIT, com outros pesquisadores no mundo todo, temos estudado o que chamamos de *teoria da coordenação*.[13] Entre outras coisas, temos buscado respostas para duas questões:

- Que tipo de dependência pode haver entre as atividades?
- Como gerenciar os diferentes tipos de dependência?

Temos investigado como as teorias e achados de áreas tão diversas quanto ciência da computação, economia, psicologia social e biologia ajudam a elucidar essas questões.

Algumas de nossas conclusões estão na Figura 9-2, que ilustra uma maneira notavelmente simples de definir as dependências.[14] Com essa abordagem, há apenas três tipos básicos de dependência — de fluxo, de compartilhamento e de combinação — que podem existir entre duas atividades.

FIGURA 9-2

Três Tipos Básicos de Dependência entre Atividades

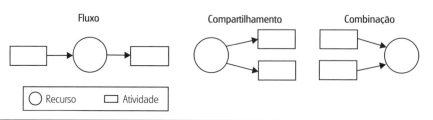

As *dependências de fluxo* surgem sempre que uma atividade produz um recurso que é usado por outra atividade. Este tipo de dependência ocorre em quase todos os processos. Por exemplo, há dependências de fluxo de uma estação para outra em uma linha de montagem, de uma pessoa que escreve um artigo para outra que o lê, e do vendedor de um produto ao seu comprador. A maioria das técnicas de mapeamento de processos (como o fluxograma) enfoca basicamente essas dependências de fluxo.

A *dependência de compartilhamento* ocorre sempre que várias atividades usam o mesmo recurso. Por exemplo, este tipo de dependência surge quando duas atividades precisam ser feitas pela mesma pessoa, quando duas atividades usam a mesma máquina no chão de fábrica, ou quando duas atividades dependem do mesmo orçamento.

Finalmente, as *dependências de combinação* surgem quando várias atividades produzem, juntas, um único recurso. Por exemplo, quando vários engenheiros diferentes estão projetando diferentes partes de um carro (como o motor, a transmissão e o chassi), há uma dependência entre suas atividades — os componentes projetados precisam se encaixar no carro completo.

Nossa hipótese é que todas as outras dependências representam combinações, partes ou casos especiais das dependências de fluxo, de compartilhamento e de combinação. Em mais cinco anos de trabalho com essas dependências elementares, ainda não encontramos exceções à nossa hipótese.

Como É Possível Gerenciar as Dependências?

Ao gerenciar cada tipo de dependência, você tem a opção de usar métodos de coordenação centralizados e descentralizados. Para gerenciar uma dependência de fluxo, por exemplo, é necessário ter a *coisa certa* no *lugar certo* e na *hora certa*. Se você é gerente em uma hierarquia altamente centralizada, você (ou outras pessoas em sua cadeia gerencial) toma essas decisões. A linha de montagem é uma versão extrema de uma maneira

Coordenando Atividades

centralizada de gerenciar as dependências de fluxo: os gerentes decidem exatamente quando e onde ocorrerão as transferências (*hand-offs*) e o que será transferido em cada etapa. As pessoas que fazem o trabalho na linha de montagem têm muito pouco poder discricionário.

Mas se você quer descentralizar as decisões sobre dependências de fluxo, as pessoas que tomam as decisões precisam saber duas coisas. Em primeiro lugar, quais são as dependências. Se sou gerente de fábrica e estou decidindo se atraso um lote de produto no chão de fábrica, seria útil saber quem seria afetado por essa decisão, ou pelo menos que custo, se houvesse, incorreria. As pessoas geralmente sabem algumas dessas dependências — mas nem todas —, e deixá-las claras, através de mapas de atividades, por exemplo, pode aprimorar acentuadamente a eficiência e a eficácia de um processo.

Em segundo lugar, as pessoas que tomam decisões precisam saber que objetivos gerais devem atingir com seu trabalho. Freqüentemente, os objetivos não são claros nem consistentes. Por exemplo, os gerentes de fábrica podem ser recompensados por maximizar a utilização da fábrica, enquanto os gerentes de vendas são recompensados pela maximização das vendas. A não ser que partilhem um objetivo comum superior, será muito difícil esses grupos de pessoas resolverem conflitos sobre decisões de programação sem apelar para um gerente de um nível superior.

Depois que as dependências e os objetivos estiverem claros, é possível descentralizar de diversas formas. Você pode delegar mais decisões às pessoas em uma hierarquia flexível. Ou pode deixar as pessoas comprarem e venderem coisas entre si, em mercados externos ou internos. No cenário do mercado interno da empresa fabricante de semicondutores descrito no capítulo 7, os vendedores faziam ofertas uns para os outros para determinar quem obtinha os *chips* para seus clientes em diferentes datas. Você pode até usar democracias para escolher os objetivos gerais ou as pessoas que tomarão as decisões mais detalhadas de fluxo.

Exemplo: Descentralização Radical em uma Empresa de Consultoria

Os conceitos de estrutura profunda e de coordenação de dependências são especialmente úteis para decidir entre centralizar ou descentralizar um processo. Eles podem ajudá-lo a considerar sistematicamente toda a gama de possibilidades.

Digamos que você esteja pensando em abrir uma nova empresa de consultoria empresarial e queira considerar algumas novas idéias radicais sobre como organizar a empresa de forma descentralizada. Vamos supor também que, já que você trabalhou na área de consultoria durante anos, não precisa de pesquisa adicional para entender as estruturas superficiais típicas das atuais empresas de consultoria.

Seu primeiro passo é analisar a estrutura profunda de uma empresa de consultoria. Pode fazer isso de diversas formas, e cada uma delas pode fornecer diferentes *insights*. A Figura 9-3 mostra uma dessas visões.

FIGURA 9-3

Uma Visão da Estrutura Profunda de uma Empresa de Consultoria

As linhas entre os projetos representam três tipos de dependência: partilhar pessoas, partilhar conhecimentos e partilhar reputação.

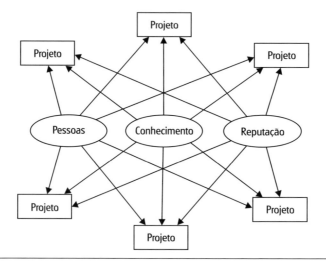

As linhas entre os projetos representam três importantes dependências de compartilhamento: partilhar pessoas, conhecimentos e reputação. Dentro de uma empresa, você atrai um conjunto partilhado de pessoas para integrar diferentes projetos, e isso geralmente lhe dá mais flexibilidade para formar equipes que os consultores independentes têm. Talvez até mais importante seja o fato de você poder partilhar conhecimentos entre os projetos dentro da empresa. Às vezes, a troca desses conhecimentos é feita por meios formais, com repositórios explícitos de conhecimentos e projetos de desenvolvimento de práticas. Com mais freqüência, essa troca é feita de maneira informal quando, por exemplo, você liga para as pessoas para esclarecer uma dúvida. Por fim, os diferentes projetos dentro de uma empresa partilham (e afetam potencialmente) a reputação da empresa. Por exemplo, mesmo os consultores mais fracos de empresas de consultoria empresarial se beneficiam da reputação geral de sua empresa, e mesmo os melhores consultores da

Coordenando Atividades

Arthur Andersen sofreram com os prejuízos da reputação da empresa por suas atividades de auditoria na conta da Enron.

O diagrama de estrutura profunda mostrado na Figura 9-3 fornece um tipo de visão de raios X de alguns dos principais problemas no gerenciamento de uma empresa de consultoria. Mas quais são as diferentes estruturas superficiais possíveis aqui? Para responder a essa pergunta, vamos imaginar diferentes maneiras de gerenciar as três principais dependências.

TABELA 9-1

Algumas Formas de Partilhar Pessoas entre Projetos

Cada pergunta tem várias respostas alternativas, e as respostas às diferentes perguntas podem ser combinadas de várias formas.

Como as pessoas são agrupadas?
- Por função (por exemplo, TI, estratégia, RH)
- Por localização geográfica
- Por tipo de cliente (por exemplo, alta tecnologia, indústria editorial, fabricação)
- Arbitrariamente (por exemplo, as pessoas são agrupadas com outras de quem gostam)
- Sem agrupamento (isto é, cada pessoa age como um fornecedor independente — interno ou externo)

Como ocorre o partilhamento?
- Não há troca entre os grupos (isto é, você aloca as pessoas em seus projetos de grupo em seu próprio grupo)
- Troca temporária (isto é, você pode designar pessoas de seu grupo temporariamente a outros grupos, quando solicitado pelo gerente de outro grupo)
- Organização dual (isto é, os *gerentes de tarefas* escolhem as pessoas para os projetos recrutando pessoas de grupos gerenciados pelos *gerentes de pessoas*)
- Mercados internos para o tempo das pessoas (por exemplo, com ferramentas computadorizadas para associar pessoas e projetos)
- Mercados externos para o tempo das pessoas (por exemplo, com ferramentas computadorizadas para associar pessoas e projetos)

Como os gerentes de grupo são escolhidos?
- Indicados por gerentes dos níveis superiores
- Eleitos pelos membros do grupo

Quais são os incentivos para partilhar pessoas?
- Hierárquico (por exemplo, os gerentes dos níveis superiores o recompensam quando acham que você partilhou com eficiência as pessoas de seu grupo com outros grupos)
- Mercado (você trabalha nos projetos em que suas habilidades têm mais valor, o que é indicado por quanto os projetos estão dispostos a pagar por você)
- Cultural (por exemplo, as pessoas esperam que você ajude em outros projetos sempre que puder)

O Futuro dos Empregos

Partilhando Pessoas

Como é possível gerenciar o partilhamento de pessoas entre projetos? Uma maneira tipicamente centralizada, usada em muitas empresas de consultoria, é colocar as pessoas em grupos e deixar que os gerentes do grupo decidam quem participará de quais projetos. Mas essa é apenas uma das várias possibilidades de se gerenciar uma dependência de recursos partilhados. A Tabela 9-1 apresenta inúmeras outras possibilidades.

A tabela inclui algumas possibilidades convencionais, como agrupar as pessoas por função ou localização geográfica e deixar que os gerentes dos níveis superiores as designem a projetos. Mas também inclui possibilidades não convencionais, como permitir que as pessoas se agrupem com colegas de quem gostam, elejam os gerentes de seu próprio grupo e "vendam" seu tempo para projetos, usando mercados internos. Talvez a possibilidade mais extrema sugerida na tabela seja ter um mercado externo em que cada consultor é um fornecedor independente e os gerentes de projetos usam ferramentas computadorizadas (como as usadas pela Elance e pela Asynchrony) para montar equipes.

Partilhando Conhecimento

Há também várias possibilidades para partilhar conhecimento entre projetos (Tabela 9-2). Novamente, algumas são convencionais e outras não. Em quase todas as empresas, por exemplo, as pessoas costumam fazer perguntas umas às outras, e muitas empresas mantêm listas de profissionais para ajudar as pessoas a encontrar especialistas. Entretanto, poucas empresas de hoje, se houver alguma, utilizam mercados para partilhar conhecimento.

Pensar em partilhar o conhecimento dessa forma abre algumas possibilidades interessantes. E se, por exemplo, em vez de abrir uma empresa de consultoria convencional, você iniciasse uma empresa para fornecer a infra-estrutura para consultores independentes, de forma a facilitar a formação de equipes de projeto e a partilha de conhecimentos? O conhecimento partilhado poderia ir além dos tipos tradicionais (como modelos de propostas e amostra de resultados para diferentes tipos de projeto). Seu repositório de conhecimentos partilhados também poderia incluir mapas de atividades eletrônicas detalhados para ajudar os consultores que nunca tivessem trabalhado juntos a saber que papéis desempenhariam em um determinado tipo de projeto.

Mas, se você fosse um consultor independente, por que estaria disposto a trabalhar com outros consultores independentes e por que, especialmente, estaria disposto a partilhar com seus concorrentes seus conhecimentos adquiridos com esforço? Uma resposta possível é dinheiro. Ao ser capaz de facilmente montar equipes de pessoas com qualifica-

Coordenando Atividades

ções adequadas, você poderia competir melhor com grandes empresas sem abrir mão da liberdade que o atraiu a trabalhar de maneira independente. Ao encontrar mais facilmente equipes que precisam de suas qualificações, você aumentaria suas chances de ter quanto trabalho quiser. E se outras pessoas lhe pagam para usar o conhecimento que você oferece a um repositório partilhado, às vezes você pode ganhar mais dinheiro vendendo seu capital de conhecimento do que vendendo seu tempo como consultor!

TABELA 9-2

Algumas Formas de Partilhar Conhecimento entre Projetos

Que estruturas são usadas para partilhar o conhecimento?
- Perguntas específicas feitas a indivíduos (por exemplo, por *e-mail* ou telefone)
- Questões transmitidas a grupos (por exemplo, por lista de distribuição de *e-mail*)
- Listas de "Páginas Amarelas" de indivíduos por áreas de experiência
- Repositórios de conhecimentos coletados (por exemplo, propostas anteriores, relatórios de projetos, mapas de atividades)

Quem mantém as estruturas?
- Todos, no curso do trabalho
- Indivíduos designados, indicados pelos mesmos grupos usados para partilhar pessoas
- Todos em comunidades informais de prática reconhecidas oficialmente
- Equipe interna de gerentes de conhecimento em tempo integral ("jornalistas de negócios internos")
- Empresa externa que fornece serviço de gestão de conhecimentos

Quais são seus incentivos para partilhar conhecimento?
- Hierárquico: Suas contribuições afetam sua avaliação de desempenho e sua remuneração
- Mercado: Você recebe pelas contribuições que dá e tem de pagar para usar os conhecimentos dados por outros como contribuição
- Cultural: As pessoas esperam que você ajude os outros sempre que puder
- Status: Quando você oferece contribuições que outras pessoas valorizam, seu status na comunidade aumenta

Isso parece bom, na teoria, mas como funcionaria na prática? Como, por exemplo, você cobraria das pessoas quando elas usassem conhecimentos do repositório partilhado, e como poderia compensá-las adequadamente pelo conhecimento que dão como contribuição? Aqui, também, novos processos, com várias estruturas superficiais, poderiam ser estabelecidos. Você poderia criar um mercado em que os compradores pagam um preço unitário por cada item de informação que usam e parte da taxa é paga ao criador, ou vendedor, do conhecimento. Ou poderia cobrar dos usuários uma taxa de subscrição mensal fixa para ter acesso ao conhecimento em certas seções do repositório. Você poderia pagar aos contribuintes do conhecimento em proporção ao número de vezes que as contribuições são usadas. Você poderia até tornar todo o conhecimento e serviços disponíveis a consultores individuais, em troca de uma porcentagem fixa da renda que recebem quando usam seus serviços.

Partilhando Reputação

Além de partilhar pessoas e conhecimento, os consultores em uma empresa de consultoria tradicional também têm a vantagem — e o risco — de partilhar uma reputação. Para consultores genuinamente independentes, essa partilha de dependências não importa tanto. Os sucessos e fracassos deles têm relativamente pouco efeito sobre as reputações dos outros. E se você pudesse ajudar uma rede de consultores independentes a captar parte dos benefícios da reputação de uma grande empresa?

Há pelo menos duas formas principais de aumentar (e proteger) sua reputação: fornecer bons produtos ou serviços em primeiro lugar, e depois dizer ao mundo como você é competente (por meio de atividades como propaganda e relações públicas). Para fornecer bons produtos e serviços você precisa ser competente em muitas coisas. Por exemplo, deve contratar bons profissionais, adquirir matérias-primas de alta qualidade e otimizar seus processos de produção. Uma maneira particularmente importante de proteger sua reputação, entretanto, é verificando e controlando a qualidade dos produtos ou serviços finais que você oferece. A Tabela 9-3 lista algumas maneiras alternativas de fazer isso. Por exemplo, uma forma típica de controle de qualidade em uma organização tradicional de manufatura consiste em contratar inspetores de controle de qualidade interno para verificar os produtos finais que saem da linha de montagem. Da mesma forma, um escritório de contabilidade que conduz auditorias terá, com freqüência, muitos processos para os gerentes revisarem e aprovarem produtos de trabalho intermediário antes de os resultados finais serem liberados aos clientes. E, em uma empresa de consultoria típica, uma parte importante do controle de qualidade é a seleção cuidadosa das pessoas que farão o trabalho.

Para apoiar uma rede de consultores independentes, você provavelmente deveria se concentrar na avaliação dos próprios consultores, e não de todos os produtos individuais de seu trabalho. A tabela sugere algumas formas interessantes de fazer isso. Primeiro, como acontece em muitos mercados on-line (como a eBay e a Elance), você pode permitir que os clientes avaliem o trabalho que determinados consultores fazem e depois resumir essas classificações de reputação e torná-las disponíveis a outros clientes potenciais. Essa partilha de reputação contribuirá em muito para que os clientes tenham confiança nos consultores que contratam. As pessoas ficariam muito mais à vontade para contratar um consultor que não conhecem se soubessem que os últimos vinte clientes do consultor disseram a uma pessoa neutra que ele fez um excelente trabalho.

Coordenando Atividades

TABELA 9-3

Algumas Maneiras de Inspecionar e Controlar Produtos ou Serviços Finais

Quando as coisas são verificadas?

- Antes da criação do produto ou serviço (por exemplo, a verificação da proposta ou das pessoas que executarão o trabalho)
- Durante a criação do produto ou serviço (por exemplo, a verificação de produtos intermediários ou a criação do processo em si)
- Depois da criação do produto ou serviço, mas antes da entrega ao cliente
- Depois da entrega ao cliente
- Quem faz a verificação?
- As pessoas que criam o produto ou serviço
- Gerentes de alto nível
- Inspetores internos de vários setores
- Inspetores externos
- Clientes
- Como os inspetores são selecionados?
- Indicados gerentes de nível superior
- Eleitos
- Selecionados por clientes ou outros que pagam pelos resultados da avaliação

Às vezes é difícil, no entanto, para clientes potenciais avaliarem as classificações anteriores dos clientes. Por exemplo, se tenho um projeto de 1 milhão de dólares, preferiria contratar um consultor que recebeu excelentes classificações em vinte projetos pequenos de cerca de 100 mil dólares cada, ou um consultor que teve duas classificações excelentes e uma boa classificação em três projetos anteriores de 1 milhão de dólares? E como sei quais são os clientes que sempre dão classificações altas?

Para ajudar os clientes potenciais a avaliar com mais facilidade os consultores, você poderia fornecer um serviço independente de classificação que leve em conta muitas informações (por exemplo, classificações de clientes, entrevistas com os consultores e entrevistas com seus clientes) para fornecer classificações confiáveis de qualidade e experiência. Há várias analogias para esse tipo de classificação. Uma delas é a avaliação de produtos de consumo como carros e aparelhos de televisão de organizações como a Consumer Reports ou a J. D. Powers. Outra são as certificações de conselhos que os médicos recebem para praticar várias especialidades da medicina.

Para consultores empresariais, por exemplo, você poderia fornecer classificações de experiência geral e qualidade análogas aos títulos de cargos como associado, gerente de engajamento, sócio e diretor em uma empresa tradicional de consultoria. Poderia também fornecer classificações separadas para a experiência em diferentes tipos de projeto como estratégia corporativa, mudança organizacional e projeto de sistema de TI.

O Futuro dos Empregos

Dessa forma, um cliente poderia escolher se deve contratar um consultor de estratégia muito graduado para fazer um projeto de mudança organizacional ou um consultor menos graduado, mas com vasta experiência em mudança organizacional.

Mas quem escolherá os classificadores? Uma possibilidade óbvia é que você pode escolhê-los como parte dos serviços de infra-estrutura que fornece à rede de consultores. Outra possibilidade interessante é uma abordagem democrática. Em vez de você mesmo escolher os classificadores, poderia fornecer uma estrutura em que os consultores elegessem os membros de seus próprios conselhos de classificação. Embora alguns consultores ficassem tentados a votar naqueles que dão classificações mais altas, os interesses de longo prazo de todos os consultores seriam mais bem atendidos se elegessem classificadores que fossem justos e objetivos em suas avaliações da qualidade real dos serviços.

Isto Poderia Realmente Funcionar?

Acabamos de inventar um novo tipo de empresa de consultoria. Uma comunidade de consultores independentes que utiliza intensamente as redes eletrônicas para encontrar clientes, outros membros de equipe para grandes projetos, para partilhar todo tipo de conhecimento, além de partilhar e proteger sua própria reputação. Embora essa rede dependa de vários tipos de infra-estrutura e serviços, não requer nenhum controle hierárquico, centralizado, associado a uma corporação tradicional. E no entanto, ao mesmo tempo, esta nova rede tem o potencial de captar muitos dos benefícios de uma empresa grande.

Este exemplo representa uma rede de fornecedores legalmente independentes. Mas, se você quisesse, poderia usar praticamente todas as mesmas idéias dentro dos limites de uma única grande empresa de consultoria. Você poderia ter uma (fraca) estrutura gerencial hierárquica e pagar um salário-base mínimo às pessoas, mas a maioria dos processos de trabalho e procedimentos de remuneração seria semelhante aos de uma rede de consultores independentes.

Cuidar de todos os detalhes e gerenciar a mudança organizacional necessária para fazer algo como este novo tipo de empresa de consultoria funcionar realmente seria uma tarefa imensa, é claro. Seria bem provável, por exemplo, que você precisasse repensar e mudar muitos detalhes no decorrer do processo. Mas cada um desses elementos já pode ser encontrado em organizações bem-sucedidas, e uma combinação inovadora, como a que acabamos de descrever, poderia, muito provavelmente, dar certo.

Coordenando Atividades

Inventando Sistematicamente Novas Idéias de Como Coordenar

É possível usar o mesmo processo para chegar a maneiras inovadoras de coordenar qualquer organização. Primeiro, você identifica as principais dependências da estrutura profunda da situação organizacional que enfrenta. Depois, pensa em maneiras alternativas de gerenciar cada dependência.

Felizmente, não é necessário gerar todas as dependências e alternativas do zero toda vez. Muitos padrões gerais ocorrem regularmente nos negócios. De fato, uma razão para o conceito de estrutura profunda ser tão poderoso é que, se você vai fundo o suficiente, um número relativamente pequeno de padrões é usado em um número muito grande de situações. Se você conhecer alguns desses padrões gerais, será capaz de aplicá-los regularmente sem ter de pensar em novas alternativas a toda situação que aparece.

Por exemplo, se você examinar as alternativas listadas nas tabelas 9-1 até 9-3, verá que não há nada exclusivo a empresas de consultoria. As tabelas relacionam opções para gerenciar três tipos de dependência — partilhar pessoas, conhecimentos e reputações — entre projetos ou produtos. Todas as opções podem ser aplicadas praticamente a qualquer tipo de organização — fabricantes, empresas de serviços financeiros, universidades, restaurantes e assim por diante.

Mesmo em termos mais gerais, os três tipos básicos de dependência (fluxo, compartilhamento e combinação) fornecem, cada um, um conjunto de padrões que ocorrem de forma recorrente em todas as empresas. Por exemplo, sempre que você tem uma dependência de fluxo, na qual algo é feito por uma atividade e usado por outra, você pode se perguntar: deveríamos usar um sistema *pull* (fabricar para atender pedido) ou um sistema *push* (fabricar para estocar) para gerenciar esse fluxo?

Mesmo perguntas muito simples — mas básicas — como essa às vezes podem ser a base de novas idéias poderosas. A Dell Computer, por exemplo, transformou a indústria de computadores pessoais respondendo a essa pergunta de uma forma não tradicional: em vez de fabricar computadores para estocar e depois tentar vendê-los, a Dell descobriu como esperar para montar um computador depois que um cliente tivesse feito o pedido. Este sistema pull deu à empresa vantagens significativas em custo de estoque, tempo de entrega, capacidade de customizar e outras áreas.[15]

As Bases de Conhecimento On-line Podem Ajudá-lo a Ter Idéias Inovadoras

Há uma segunda razão para você não ter de gerar todas as idéias sobre novas possibilidades de coordenação do zero toda vez: mesmo que não saiba os padrões básicos relevantes para

O Futuro dos Empregos

seu problema, você pode encontrá-los em bases de conhecimento on-line. Meu grupo de pesquisa no MIT tem trabalhado há mais de uma década para criar um protótipo exatamente deste tipo de base de conhecimento. Nós o chamamos de Process Handbook.[16]

O Process Handbook inclui uma biblioteca sistematicamente estruturada de mais de cinco mil atividades, inclusive padrões básicos de atividades empresariais, variações importantes e exemplos de casos interessantes.[17] (Você pode ver a versão atual dessa base de conhecimento gratuitamente na Web em ccs.mit.edu/ph.) Todos os verbetes são organizados em árvores genealógicas com base em suas estruturas profundas. Em cada caso, uma estrutura profunda é o "pai" de uma família que partilha um padrão subjacente, e todas as diferentes estruturas superficiais são os "filhos".

Uma das maneiras mais produtivas de usar nosso manual eletrônico é encontrar exemplos interessantes e analogias distantes e provocativas para o processo que você está tentando aprimorar. Se estivesse tentando chegar a novas idéias sobre como contratar pessoas, você poderia estudar exemplos de caso estimulantes que variam do sistema automatizado do Marriott para selecionar candidatos usando telefones *touch-tone* (que emitem tons) até a linha de montagem simulada da BMW para avaliar operários candidatos a trabalhar na fábrica.[18] Você também poderia expandir seu pensamento ao considerar um processo totalmente diferente, mas análogo: compra. E se, assim como as pessoas usam leilões on-line para comprar coisas, os indivíduos ou empresas usassem leilões on-line para contratar pessoas? Não é uma idéia tão absurda quanto parece. De fato, é muito parecido com o que a Elance e outras empresas iniciantes na Internet já estão fazendo!

A Escolha

Quando você considera que seu trabalho é coordenar em vez de controlar uma organização, pode ver mais claramente toda a gama de escolhas gerenciais, desde a altamente centralizada até a altamente descentralizada. Às vezes, você pode impor objetivos; outras vezes, pode deixar que estes surjam de toda a organização. Às vezes, pode deixar as pessoas votarem em uma decisão difícil; outras vezes, deixará o mercado decidir o melhor curso.

Nenhuma coordenação o ajudará, no entanto, se você não tiver pessoas dispostas a trabalhar juntas. Da mesma forma que a idéia de coordenação o ajuda a ver uma ampla gama de possibilidades para organizar atividades, veremos, no capítulo 10, como a idéia de cultivo expande sua visão do que é possível na organização de pessoas.

CAPÍTULO 10

Cultivando Pessoas

QUANDO DOU PALESTRAS sobre novas organizações, normalmente faço uma pequena pesquisa de opinião para ver o quanto o público acha que as empresas de hoje aproveitam as capacidades das pessoas. Pergunto: que porcentagem da inteligência e da criatividade das pessoas você acha que sua organização realmente usa?

Antes de continuar a leitura, pare um momento e faça a mesma pergunta. Qual seria a resposta que seu empregador (ou outra organização) daria?

A resposta média que ouço é de 30% a 40%, e a maioria das pessoas dá uma resposta entre 10% e 80%. Há quem diga que suas organizações usam mais de 90%, e geralmente várias dizem que suas organizações estão abaixo de 10%.

No entanto, esses números são um pouco imaginários. Não sabemos realmente como medir o uso da inteligência e da criatividade de forma a termos respostas confiáveis. Mas os resultados destacam um forte sentimento compartilhado por quase todos nós: as organizações de hoje nem chegam perto de perceber e aproveitar o verdadeiro potencial das pessoas.

No velho mundo da produção em grande escala, basicamente de rotina, aproveitar ao máximo a inteligência e a criatividade de todos não era fundamental e o estilo gerencial de cima para baixo, de comando e controle, geralmente funcionava bem. Mas à medida que as organizações se tornam mais descentralizadas, que o trabalho intelectual passa a dominar a economia e a inovação se torna cada vez mais importante, tirar vantagem da verdadeira inteligência e criatividade das pessoas passará a ser uma das competências essenciais das empresas de sucesso.

Uma metáfora que ajuda a pensar no novo estilo gerencial que este novo mundo exigirá é *cultivar*. Em vez de simplesmente dizer às pessoas o que devem fazer, os gerentes cultivarão cada vez mais suas organizações e as pessoas dentro delas. Para cultivar algo com sucesso — seja sua fazenda, seu jardim, seu filho ou sua organização — é necessário entender e respeitar suas tendências naturais, ao mesmo tempo em que tenta lhe dar "um formato" que você valorize. Mais especificamente, você tenta descobrir e estimular seu

O Futuro dos Empregos

potencial positivo e limitar o prejuízo causado por suas tendências negativas. Em vez de tentar impor sua vontade ao sistema, você tenta chegar a um equilíbrio entre quanto controle deve exercer e o quanto deve abrir mão dele.

Esta metáfora é atraente porque lhe dá uma estrutura para integrar o novo ao velho. Como produtor rural, meu pai às vezes tomava medidas enérgicas, de cima para baixo: arar o campo ou matar as ervas daninhas. Mas todo produtor rural também sabe que as plantas têm ritmo e forma próprios. Nem mesmo um esforço heróico fará maçãs crescerem se você plantar algodão.

Quando você cultiva uma organização, às vezes também pode tomar medidas drásticas, de cima para baixo, como fechar uma divisão ou demitir um funcionário. Mas você também percebe que uma parte fundamental de seu trabalho é descobrir e incentivar os valores, capacidades e idéias criativas que já existem em sua organização. Não há visão e liderança que levem sua organização a fazer algo que ela não seja capaz de fazer. Além disso, às vezes a coisa mais valiosa que você pode fazer é tirar proveito de — em vez de tentar mudar — qualidades em sua organização que não lhe agradam pessoalmente.

Este conflito entre o controle centralizado e o descentralizado — entre estar ou não no controle — será, cada vez mais, uma das tensões fundamentais da vida organizacional. Embora alguns autores escrevam sobre abordagens descentralizadas em administração há anos, as forças históricas que vimos na Parte I tornarão cada vez mais urgente resolver essa tensão.[1] A idéia de cultivo o ajuda a reconciliar mentalmente os conflitos inerentes.

A indústria cinematográfica oferece um protótipo do tipo de trabalho intensivo de conhecimento e criatividade que provavelmente caracterizará muitos outros setores no futuro. Kathleen Kennedy, produtora de *ET*, *Jurassic Park* e inúmeros outros sucessos, descreve o equilíbrio entre controlar e ceder para um produtor: "Uma vez que começa a filmagem, o produtor se afasta e vê para onde o filme está caminhando. Um filme é uma coisa orgânica, viva, que respira. Não é definido apenas pelo que está no papel; muda continuamente. O processo criativo continua o tempo todo, e dele às vezes vêm as melhores idéias. Mas é preciso manter uma visão coesa, um foco no filme como um todo, e não apenas em aspectos individuais".[2]

Mesmo em termos mais simples, Roland Joffe, diretor de *Killing Fields* e *City of Joy*, fala sobre o papel paradoxal do diretor, de controlar e, ao mesmo tempo, não controlar: "Ser diretor é como jogar em um tabuleiro de xadrez com vários níveis e dimensões, só que as peças decidem se mover sozinhas".[3]

Gerenciar assim não é fácil. Mas se você considerar que seu trabalho consiste em cultivar, e não apenas controlar, isso o ajuda a extrapolar a mentalidade convencional de comandar e controlar. Isso o ajudará a ser mais flexível e aberto a possibilidades. Quando você cultiva, reconhece que às vezes precisa controlar cuidadosamente as pessoas, às ve-

140

Cultivando Pessoas

zes basta impulsioná-las na direção certa, e às vezes precisa aceitar e incentivar a direção que já estão seguindo — mesmo que não seja a direção exata, preferida por você.

Princípios para Cultivar as Organizações

Intuitivamente, a maioria das pessoas entende muito bem a dinâmica de cultivar. Sabem que podem controlar algumas coisas, mas nem tudo. Sabem que as pessoas têm seu modo de pensar. E sabem que às vezes, para ter o que querem, precisam se adaptar ao que os outros querem.

Mas a velha mentalidade de comandar e controlar ainda exerce uma influência poderosa em nosso pensamento. É fácil pensar que, se você não está no controle, então há algo errado com você. E as pessoas muitas vezes acreditam que, quando aparece um problema na organização, a solução é centralizar o controle, de modo que não volte a acontecer. Essas reações, embora naturais, nem sempre são sábias. Vários princípios, descritos nas próximas páginas, o ajudarão a cultivar pessoas, e não apenas controlá-las.

Aproveite as Tendências Naturais das Pessoas

Qualquer bom vendedor, negociador ou motivador sabe que uma das melhores formas de persuadir os outros a fazer o que você quer é mostrar como isso também atenderá aos objetivos deles. Dwight Eisenhower certa vez definiu liderança como "a arte de conseguir que alguém faça uma coisa que você quer porque ele deseja fazê-la".[4] De uma forma similar, vender uma consultoria é saber como vender, não forçando os clientes a uma atitude submissa, mas entendendo as necessidades deles bem o suficiente para mostrar como seus produtos podem supri-las.

Para cultivar organizações com sucesso, entretanto, você precisa ir além. Em vez de apenas atrelar os objetivos das outras pessoas aos seus, você também pode precisar adaptar seus objetivos às capacidades e aos objetivos das pessoas de sua organização. Talvez não seja por acaso que muitas de nossas idéias sobre este aspecto do cultivo venham do campo da política. Os políticos, ao contrário da maioria dos executivos, estão habituados a tentar administrar em sistemas que não podem realmente controlar. O político francês Alexandre Ledru-Rollin captou uma forma extrema deste princípio: "Lá vai meu povo. Devo descobrir para onde está indo para que eu possa conduzi-lo".[5]

No entanto, a necessidade de aproveitar as tendências naturais das pessoas não se limita, de forma alguma, à política. Quando fala sobre o projeto Linux, Linus Torvalds especula que a abordagem dele, que funcionou bem para o desenvolvimento de um sis-

O Futuro dos Empregos

tema operacional, poderia não ter funcionado bem para um projeto não considerado tão desafiador, em termos técnicos, pelos programadores de computador: "Você precisa ter um projeto que muitos programadores achem interessante: este não parece ser o caso de muitos aplicativos. Um programa como um processador de texto não tem 'glamour': pode ser o programa que a maioria dos usuários gostaria de ver, e a maioria dos programadores concordaria que não é simples de escrever, mas também acho que eles o consideram um pouco maçante".[6]

O Java, uma linguagem de programação amplamente usada na Internet, foi desenvolvido originalmente por um dos melhores programadores da Sun Microsystems como uma linguagem de programação para *chips* de computador usados em fornos de micro-ondas e outros aparelhos eletrodomésticos.[7] Depois de ver que havia pouca demanda para esse uso da linguagem, a Sun decidiu disponibilizá-lo na Internet. A linguagem gratuita, entretanto, ganhou popularidade, e a Sun reformulou toda a sua estratégia corporativa em torno desse ativo que ganhou importância inesperadamente. Em outras palavras, em vez de redirecionar seus programadores para outras tarefas, a Sun cultivou as competências deles e definiu uma nova estratégia de negócios em torno delas.

Deixe Mil Flores Desabrocharem

Às vezes, a forma mais adequada de cultivar uma organização não é deixar que a direção decida antecipadamente qual dentre várias alternativas é a melhor. Em vez disso, você pode deixar várias pessoas fazerem muitas experimentações. Então, quando algo dá certo, você incentiva e dá mais recursos; quando não dá, descarta.

Notavelmente, a frase "Deixai mil flores desabrocharem", usada durante anos para resumir esta abordagem, foi dita pela primeira vez por Mao Tsé-tung: "A política de deixar cem flores desabrocharem e cem escolas de pensamento discutirem é a política que promove o progresso das artes e das ciências".[8]

Como sugerem as palavras de Mao, esta abordagem já é comum na arte, na ciência e em muitos outros campos em que a criatividade é fundamental. E conforme a criatividade se torna mais crítica nos negócios, a abordagem das mil flores se tornará uma parte cada vez mais importante do novo estilo gerencial. Algumas empresas já incumbem várias equipes de desenvolvimento de criar um novo produto. As equipes que têm mais sucesso nos primeiros estágios do desenvolvimento são incentivadas; as demais são encaminhadas para outras atividades. Talvez apenas o produto de uma única equipe seja vendido, ou talvez, seguindo a tendência de muitas empresas japonesas, vários produtos similares sejam vendidos, e o mercado decidirá qual deles sobreviverá.

Cultivando Pessoas

Esta abordagem também faz parte do segredo da inovação em economias de mercado: muitas empresas podem experimentar várias idéias diferentes ao mesmo tempo, sem que alguém no comando lhes diga o que deve ser feito. Muitas das idéias serão tolas, inviáveis ou inúteis. Pode haver, também, muito esforço repetido. Mas a ineficiência é um preço pequeno a pagar pela inovação, algo significativamente maior.

Quando funciona bem, o resultado geral dessa experimentação intensa é o que o economista Joseph Schumpeter chamou de *destruição criativa* — um processo dinâmico de inovação contínua, em constante evolução. Assim como a evolução biológica funciona, em parte, através de uma abundância de experiências genéticas aparentemente aleatórias e incontroláveis, a experimentação às vezes pode levar a um acentuado progresso econômico.[9]

Incentive a Fertilização Cruzada

Na natureza, a fertilização cruzada só pode ocorrer uma vez em cada geração de um organismo. Mas, uma vez que os "genes" de organizações são simplesmente idéias sobre como fazer as coisas, eles podem ser combinados e recombinados com a mesma freqüência que as mudanças organizacionais podem ocorrer. Ao cultivar a inovação e a criatividade, portanto, uma das funções mais importantes dos gerentes desse novo estilo será cultivar a fertilização cruzada de idéias, criando os tipos certos de infra-estruturas e incentivos para a troca de informações.

Em muitas organizações tradicionais, a informação era uma mercadoria escassa. Fluía lentamente por densas redes de gerentes intermediários que às vezes a guardavam como fonte de poder. Nas novas organizações, mais descentralizadas, a informação flui muito mais livremente. Você pode usar as antigas "tecnologias" de comunicação, como reuniões, chamadas telefônicas e memorandos, mas também dispõe das novas tecnologias, como o *e-mail* e a Internet. Esses novos métodos de comunicação podem diminuir imensamente os custos da troca de informação e de encontrar as pessoas com as informações de que você precisa.

Inúmeras empresas de consultoria agora têm vastos bancos de dados internos de suas experiências com diferentes tipos de cliente, problemas e projetos. Imagine um consultor de Chicago que deseje fazer a uma mercearia no meio-oeste uma proposta de reestruturação de seu processo de gerenciamento de estoque. Tendo acesso ao banco de dados de sua empresa, o consultor pode encontrar facilmente os projetos anteriores que envolveram a reestruturação do estoque em outras indústrias (inclusive cópias de propostas antigas, relatórios de projetos e apresentações em *slides*). O consultor pode tomar conhecimento das experiências que a empresa teve com outros clientes no setor de mercearia e também pode descobrir quem mais na empresa manteve contato com esse cliente específico recentemente. É claro que, em teoria, uma pessoa podia descobrir tudo isso antes de os bancos de dados existirem, mas, uma vez que a obtenção desses conhecimentos exigia tantos telefonemas, reuniões e encontros casuais, isso não acontecia com freqüência.

Porém, nossos processos de gestão do conhecimento ainda são rudimentares. Poucas empresas descobriram realmente como tirar proveito do potencial para a fertilização cruzada. Uma das questões principais é descobrir como dar os incentivos certos para as pessoas darem contribuições e manterem essas bases de conhecimento — superando seu instinto de guardar informações.

Minha colega do MIT, Wanda Orlikowski, estudou uma das primeiras grandes empresas de consultoria a fazer amplo uso do Lotus Notes, um dos primeiros sistemas de envio de mensagens eletrônicas e colaboração.[10] Descobriu que os consultores usavam pouco os recursos de gestão do conhecimento do sistema porque tinham poucos incentivos para fazer isso. Os funcionários eram avaliados no final do ano com base em suas horas cobráveis, e o tempo gasto em aprendizagem para usar o sistema (ou contribuir para ele) não era cobrável. Em um nível mais sutil, Orlikowski observou que essa organização (como muitas outras) recompensava as pessoas por serem especialistas em algo — por saberem coisas que os outros não sabiam. Deveríamos, portanto, ficar surpresos que muitas pessoas relutassem em se esforçar para introduzir as coisas que sabiam em um banco de dados aberto?

Portanto, uma de nossas tarefas como gerente em uma organização descentralizada é incentivar esse tipo de fertilização cruzada. E para fazer isso você não pode usar uma única técnica simples. Geralmente precisa pensar em uma variedade de métodos de uma só vez: tecnologia, cultura, incentivos financeiros e outros.

Improvise

Se as situações estão mudando freqüentemente e muitas pessoas estão tomando decisões, nem sempre você pode planejar tudo de cima para baixo. Você precisa reagir a problemas inesperados. Precisa tirar vantagem de novas oportunidades. Precisa improvisar.

É claro que, quanto mais você sabe, mais pode tentar prever e planejar todas essas possibilidades com antecedência. Em situações que você já conhece bem, a previsão e o planejamento podem ser o melhor curso de ação. Mas, em ambientes descentralizados que estão mudando rapidamente, você muitas vezes se sairá melhor se começar na direção certa, com um objetivo geral em mente, e se estiver pronto para tomar medidas criativas diante de cada situação. Muitas pessoas já adotam essa abordagem — elas simplesmente não percebem isso (ou não estão dispostas a admitir).

Um benefício de pensar em cultivar é que isto o ajuda a aproveitar explicitamente as oportunidades de improvisar, em vez de se sentir culpado quando não é capaz de planejar tudo de maneira eficaz. Orlikowski, por exemplo, refere-se a três tipos de mudança: mudança antecipada, mudança emergente e mudança oportunista.[11] As mudanças antecipadas são as tradicionais: você decide antes que quer mudar algo. As mudanças emergentes são as coisas inesperadas que acontecem, boas ou más, ao longo do caminho. As mudanças oportunistas são as coisas não planejadas que você faz para tirar vantagem das mudanças inesperadas que ocorrem no decorrer do processo.

Uma organização que Orlikowski estudou foi uma empresa de software com faturamento de 100 milhões de dólares, que chamou de Zeta. A empresa introduziu um novo sistema de software para rastrear os problemas dos clientes que ligavam para o departamento de suporte ao cliente. Cada problema novo tinha de ser inserido no sistema, e todos os passos dados para resolvê-lo eram registrados. Esse registro do problema e da solução era a mudança antecipada e, como esperado, levou a uma documentação melhor dos casos e a mais informações para ajudar os gerentes a ajustarem as cargas de trabalho e assim por diante.

Entretanto, logo começaram a surgir outras mudanças. Os especialistas de suporte ao cliente, por exemplo, começaram a gastar mais tempo examinando os registros de caso uns dos outros e desenvolveram maneiras informais de distinguir informações confiáveis das não confiáveis. Alguns dos especialistas mais experientes se tornaram conhecidos como fontes confiáveis.

Os gerentes do departamento aproveitaram essas mudanças emergentes e decidiram fazer algumas mudanças oportunistas. Por exemplo, reorganizaram o departamento para incluir dois níveis de especialistas. Os mais novos atendiam a todas as ligações novas e resolviam o máximo que podiam. Então, encaminhavam as ligações mais difíceis aos especialistas mais experientes. Estes, por sua vez, também tentavam ajudar ativamente os especialistas novos a resolver seus casos. Todas as pessoas no departamento acabaram sendo mais proativas para contribuir com seu conhecimento para o banco de dados de casos, em vez de aguardarem até lhes pedirem ajuda, como faziam antes.

A Psicologia do Cultivo

Já virou moda em muitos círculos empresariais falar sobre transferência de poder e democracia, mas seria ingênuo pensar que nós, animais humanos, acabaremos totalmente com as diferenças entre poder e controle. Quase todos nós crescemos em famílias que tinham hierarquias muito claras, em que os pais tinham muito mais poder que os filhos. Como todos esses anos vivendo em situações hierárquicas, de vasta desigualdade de poder, não teriam um impacto no tipo de relação que temos em nossas vidas como adultos?

O Futuro dos Empregos

Além disso, todos somos primatas que, como os biólogos dizem, têm impulsos biológicos para criar certos tipos de hierarquia de dominância, ou classes hierárquicas. Como isso não afetaria a maneira como nos relacionamos com nossos colegas primatas no trabalho? A resposta não é que deveríamos tentar fazer desaparecer o controle de cima para baixo, mas que deveríamos aprender a conviver com a tensão — deveríamos aprender a equilibrar quando controlar e quando ceder na medida certa e nos momentos certos. E é isso o que a metáfora do cultivo pode nos ajudar a fazer.

Atingir o equilíbrio certo, no entanto, pode ser difícil do ponto de vista psicológico — mesmo que aceitemos isso como necessário. Muitos psicólogos dizem que a dinâmica interpessoal em organizações pode ser freqüentemente vista como a representação das pessoas, no trabalho, dos dramas emocionais das famílias em que cresceram. Conheço inúmeras pessoas de meia idade, por exemplo, que ainda parecem se rebelar como adolescentes contra seus chefes ou outras autoridades em seus ambientes de trabalho.

Por outro lado, todos nós conhecemos gerentes controladores que aparentemente estão satisfazendo algumas necessidades psicológicas profundas — talvez inconscientes — ao tentarem microgerenciar tudo o que acontece em suas organizações. E um fator que claramente impulsiona muitas pessoas a alcançar altas posições nas organizações é o desejo de ter poder sobre os outros.

Um de meus alunos de M.B.A. escreveu em um trabalho a seguinte auto-reflexão honesta, o que não é nada comum: "Eu acharia difícil abrir mão do poder em uma organização descentralizada. Uma razão para isso é que ainda não tive pessoalmente autoridade para tomar decisão e adoraria tê-la! Agora me pedem para abrir mão dela antes de eu tê-la aproveitado".

Esses conflitos entre o entendimento intelectual e as realidades emocionais do controle podem gerar ironias surpreendentes. Conheci vários executivos altamente carismáticos que diziam apoiar a descentralização e a transferência de poder — usavam o discurso correto, pregavam a transferência de poder e tinham muitos seguidores. Mas, se você se distanciasse um pouco e examinasse o que estava acontecendo, ficava claro que tinham criado organizações com uma quantidade incrível de poder centralizado! Todos focalizavam a atenção neles, todos se curvavam a eles e todos recorriam a eles em busca de respostas. Embora *dissessem* que deviam dar poder aos outros, na realidade eles detinham o controle.

Como esses exemplos mostram, pode ser muito difícil cultivar em si mesmo o equilíbrio entre deter o controle e abrir mão dele. Você pode achar que deseja transferir poder às pessoas, embora aja de maneiras que o coloquem no controle. Pode pensar que deseja mais poder e autonomia em seu trabalho, mas acaba procurando pessoas a quem se reportar. Pode achar que precisa exercer mais controle em uma certa situação, mas descobre que não está disposto a assumir os riscos exigidos. Um conceito que pode ajudá-lo nesses conflitos é entender o paradoxo do poder.

O Paradoxo do Poder

No capítulo 9, vimos como — paradoxalmente — padrões rígidos em um lugar podem promover a liberdade e a flexibilidade em outros locais. Há um paradoxo surpreendente semelhante no ato de cultivar as pessoas:

Às vezes, a melhor forma de ganhar poder é abrir mão dele.

Se você tenta microgerenciar demais as pessoas, elas resistirão ou, no caso de se renderem, não terão a motivação para ajudá-lo a atingir seus objetivos. Por outro lado, se você dá poder às pessoas para tomarem suas próprias decisões, elas tenderão a apoiá-lo e serão mais propensas a doar energia, criatividade e dedicação à sua causa. Elas terão mais sucesso, e você também. Em outras palavras, ao lhes dar mais poder, você também ganha mais poder.

Já vimos muitos exemplos dessa dinâmica. Linus Torvalds ganhou poder ao abrir mão dele em prol de outros programadores. Dennis Bakke ganhou poder na AES ao cedê-lo aos funcionários. Meg Whitman ganhou poder na eBay ao cedê-lo aos clientes.

Jim Collins, em seu livro *Good to Great*, oferece mais uma ilustração do poder de ceder.[12] Quando analisou 1.435 empresas presentes na lista *Fortune* 500, descobriu que apenas 11 tinham mudado o desempenho de suas ações de meramente "bom" para "excelente" e sustentaram esse desempenho durante 15 anos. E todas as 11 empresas tiveram, na época da mudança, um CEO que era notavelmente humilde e modesto. Não é interessante?

Capacidades Essenciais para a Liderança Distribuída

Além de mudar suas atitudes quanto ao poder, algumas habilidades específicas podem ajudá-lo a cultivar as organizações com eficiência. Durante vários anos, eu e meus colegas no MIT, Deborah Ancona, Wanda Orlikowski e Peter Senge, ministramos um curso sobre algumas dessas habilidades. Nós o chamamos de *workshop* de *liderança distribuída*. A liderança distribuída é algo que você pode exercer de qualquer parte de uma organização: de cima, da base, ou de qualquer lugar. O *workshop* concentra-se em ajudar os alunos a desenvolver quatro competências essenciais que acreditamos serem importantes para a liderança distribuída: ter visão, dar sentido, inventar e se relacionar.[13]

Ter Visão

Nas organizações de antigamente, você às vezes podia trabalhar muito tempo simplesmente executando bem o que seus chefes lhe diziam para fazer. Mas, nas organizações descentralizadas do futuro, nem sempre você poderá depender de seus chefes para que lhe digam o que fazer. Em vez disso, terá de descobrir sozinho o que precisa ser feito e como fazê-lo. Caberá cada vez mais a você — e não a um superior — corrigir problemas e aproveitar novas oportunidades.

E para cultivar realmente as organizações com eficiência, você precisará fazer mais do que apenas tomar a iniciativa para atingir os objetivos que seus chefes já estabeleceram. Cada vez mais, você precisará ter sua própria visão do que a organização pode fazer. Infelizmente, a palavra *visão* tem sido mal usada nos últimos anos. Para muitos, passou a significar uma declaração de missão cheia de palavras vazias. Mas uma boa visão não é apenas um monte de palavras que soam bem. É uma *imagem concreta de um resultado com o qual você já está profundamente comprometido em atingir.*

Isso significa que uma boa visão deveria ser importante para você pessoalmente. Se não estiver ligada a coisas que você considera realmente importantes, não passa de meras palavras. Quem mais desejaria seguir sua visão se você mesmo não a considera importante? Mas quando você está realmente comprometido com uma visão que o conecta a seus valores profundos, muitas vezes você tem um poder surpreendente para realizar as coisas.

Além de ser importante para você, ter visão também exige o envolvimento de outras pessoas que tenham uma liberdade significativa. Nesses casos, uma boa visão não é apenas uma forma de impor seus próprios valores e desejos aos outros. Também reflete as necessidades e os valores das outras pessoas que estarão envolvidas na realização dela. Respeita suas capacidades e suas tendências naturais. Também as ajuda a atingir seus desejos. Em outras palavras, uma boa visão não é uma ferramenta para comandar outras pessoas a fazer o que você quer, mas para cultivá-las de modo a fazer o que elas também querem.

Dar Sentido

Para cultivar uma organização com eficiência, você precisa entender o que está acontecendo à sua volta. Precisa dar sentido à realidade atual — mesmo quando esta é confusa e ambígua. Em uma organização centralizada, uma das tarefas mais importantes dos gerentes é obter informações de várias fontes e descobrir o que significam e como a organização deve usá-las. Em uma organização descentralizada, dar sentido não é apenas tarefa de alguns dirigentes; quase todos precisam fazer isso. De fato, ser capaz de dar sentido a

Cultivando Pessoas

muitos dados ambíguos e reconhecer as tendências antes dos outros pode ser um dos fatores mais importantes para o seu sucesso.

Algumas pessoas parecem ter mais capacidade natural para dar sentido a situações ambíguas. Mas, se você é como a maioria das pessoas, pode aprimorar sua capacidade de dar sentido percebendo conscientemente que precisa fazer isso. Se você supõe inconscientemente que as coisas devem estar claras e que o que acontece é por culpa de alguém quando não é, será mais difícil tolerar a ambigüidade durante um período suficiente para descobrir o que está realmente acontecendo. E se você supõe inconscientemente que as coisas não mudam, será mais difícil reconhecer novas tendências quando elas ocorrem.

Em 1995, por exemplo, muito antes de a maioria das pessoas perceber o significado da Internet, Bill Gates afastou-se de suas responsabilidades diárias para se concentrar em dar sentido a muitos dados que tinha recebido sobre a nova tecnologia. O resultado foi um memorando de importância vital sobre a iminente "onda da Internet".[14] Embora outros tivessem percebido as mesmas coisas antes de Gates, as conclusões dele levaram a mudanças profundas em sua empresa. O memorando sinalizava uma virada notável em toda a estratégia de produtos da Microsoft. Isto, por sua vez, provavelmente ajudou a catalisar o entusiasmo pela Internet em toda a economia.

Mais tarde, milhares de pessoas em todos os níveis de outras organizações tentaram entender o que estava acontecendo. A Internet realmente mudou tudo? Tecnólogos de 25 anos de idade eram as melhores pessoas para dirigir empresas e unidades de negócio inovadoras? De alguma forma, as leis da economia foram rejeitadas? Ou a "nova economia" era apenas uma ilusão perigosa e nada tinha realmente mudado?

A verdade, sabemos agora, estava em algum lugar entre esses extremos. Mas, ao longo do caminho, à medida que a bolha da Internet foi aumentando e acabou estourando, muitas pessoas tiveram de tomar várias decisões com base em dados ambíguos. Precisaram decidir quem contratariam, que tipo de produto fariam e onde trabalhariam, conjecturando sobre o que estava acontecendo. Aqueles que fizeram boas conjecturas foram mais capazes de ajudar suas organizações a responder com eficiência à situação em constante mudança.

Inventar

Para cultivar com sucesso, não basta ter uma visão contundente e uma forte capacidade para dar sentido a circunstâncias incertas. Você também precisa encontrar maneiras de alcançar sua visão. Se o mundo muda lentamente, sua visão pode exigir conhecimento e julgamento, mas não exigirá necessariamente muita criatividade. Você não precisará chegar a visões totalmente novas, e as velhas maneiras de chegar a elas geralmente funciona-

O Futuro dos Empregos

rão. As poucas mudanças necessárias serão raras o suficiente para serem iniciadas e dirigidas pela cúpula da organização.

Mas não estamos vivendo em um mundo de mudanças lentas. No mundo de hoje, elas parecem cada vez mais rápidas. Hoje, a adaptação a novas tecnologias, concorrentes e clientes é, muitas vezes, a diferença entre o sucesso e o fracasso. Ninguém no comando de grandes organizações pode saber o suficiente para ver e entender todas as necessidades e potenciais da mudança. Estamos vivendo em um mundo em que muitas pessoas em toda a organização precisam inventar continuamente maneiras de fazer as coisas. Sua capacidade de estar sempre inventando pode ser fundamental para cultivar as pessoas.

Como acontece com todas as outras competências da liderança distribuída, algumas pessoas parecem mais criativas que outras. Mas a maioria das pessoas, não importa o quanto achem que são criativas, pode aprimorar sua capacidade de produzir idéias criativas. De acordo com Don Meichenbaum, o simples fato de você acreditar que é capaz de ser criativo pode aumentar sua produção criativa.[15] O mesmo acontece com a percepção de que você controla seu trabalho e faz suas próprias escolhas.

Muitas técnicas também podem ajudar a estimular o pensamento criativo. Essas técnicas têm nomes como *brainstorming*, Synectics e Solução Criativa de Problemas.[16] A palavra *brainstorming*, por exemplo, vem de uma técnica formal de criatividade desenvolvida por Alex Osborne nos anos 30. O *brainstorming* inclui quatro "regras" que podem ser resumidas da seguinte forma: primeiro, não são permitidas críticas, avaliações ou julgamentos durante a geração de idéias. Segundo, nenhuma idéia é "louca" demais para ser mencionada. Terceiro, a quantidade de idéias é mais importante que a qualidade. E quarto, pegar carona nas idéias dos outros é incentivado.[17]

Embora as diversas técnicas de criatividade apresentem muitas diferenças, várias delas têm dois princípios em comum: você deve separar a geração de idéias da avaliação de idéias (adiar julgamentos), e durante a geração de idéias deve tentar pensar em combinações incomuns de idéias. E alguns dos conceitos de estrutura profunda do capítulo 9 podem ajudar a aplicar essas técnicas de criatividade de maneiras ainda mais produtivas.[18]

Relacionar-se

No mundo dos negócios, poucas coisas importantes são feitas por uma pessoa que trabalha sozinha. Geralmente você precisa, de alguma forma, trabalhar com outras pessoas e outras unidades organizacionais para alcançar sua visão. E sua capacidade de administrar esses relacionamentos é outro determinante fundamental de seu sucesso no cultivo.

Administrar relacionamentos é importante para o sucesso em quase todas as organizações, mas em organizações descentralizadas, geralmente você tem de administrar mais

Cultivando Pessoas

tipos de relacionamento, com mais tipos de pessoa em mais lugares. Em organizações centralizadas, seu chefe — e os chefes de seu chefe — desempenha um papel fundamental na avaliação de seu desempenho. De fato, se você conseguir manter seus superiores satisfeitos, às vezes pode ter sucesso mesmo que muitos outros o considerem um idiota. Em organizações descentralizadas, por outro lado, você pode nem ter um chefe de verdade. E se tiver, seu relacionamento com ele não será tão importante. As opiniões que muitas outras pessoas têm de você geralmente importam. Seu sucesso normalmente depende muito de como você se relaciona com muitas outras pessoas em vários níveis em sua própria organização e em outras.

Em termos gerais, isso significa que você precisa conscientemente investir tempo para construir relacionamentos com dois tipos de pessoa. O primeiro são aquelas com quem você tem vínculos fortes — pessoas de quem depende para obter recursos, de quem precisa receber ajuda contínua, ou que usam os resultados de seu trabalho. O segundo são aquelas com quem tem vínculos fracos. São as pessoas que podem ter ouvido algo que poderia lhe ser útil, de cuja ajuda você poderia precisar em algum momento no futuro, ou cujas opiniões que têm de você afetam sua reputação e suas oportunidades futuras.[19]

Minha colega Deborah Ancona constatou que equipes voltadas para o lado de fora da organização (que ela chama de equipes X) freqüentemente tinham desempenho melhor que as tradicionais, focadas no lado de dentro, mesmo quando as equipes tradicionais tinham todas as qualidades que costumamos considerar boas, como fortes relações de trabalho e espírito de equipe.[20] O que havia por trás do sucesso das equipes X era uma ótima construção de relacionamentos. Eles dedicavam muito tempo a três tipos de atividade externa: atividade diplomática (fazendo o marketing da equipe para a alta administração, captando recursos e gerenciando a reputação da equipe), atividade de busca (reunindo informações de toda a empresa e de todo o setor) e coordenação de tarefas (gerenciando dependências importantes com outras unidades).

Do Que Mais Precisamos?

Mesmo que você tenha todas as quatro competências, ou seja, ter uma visão, dar sentido, inventar e se relacionar, outra habilidade é freqüentemente mais crítica para o seu sucesso em organizações descentralizadas: a capacidade de gerenciar seu próprio tempo. Em uma organização descentralizada, seu chefe muitas vezes o "ajuda" a decidir as coisas mais importantes a fazer com seu tempo e o "ajuda" a conferir se você está realmente fazendo essas coisas. Em uma organização descentralizada, você é mais independente. Muitos novos professores talentosos em universidades de pesquisa descentralizadas, por

O Futuro dos Empregos

exemplo, fracassam porque nunca aprendem a gerenciar seu próprio tempo com eficiência, em meio a todas as incontáveis distrações e a objetivos e visões concorrentes.

A Escolha

A vida nas organizações, pelo menos teoricamente, costumava ser simples: os gerentes estavam no controle. Decidiam o que precisava ser feito, diziam às pessoas o que fazer e observavam para se certificar de que as coisas eram feitas corretamente. Quando surgia um problema entre pessoas ou unidades organizacionais que gerenciavam, eles eram os responsáveis pela solução. E os limites entre as empresas eram muito claros.

Cada vez mais, muitos desses aspectos do mundo do comando e controle não se aplicam mais, mesmo teoricamente. As informações e o controle serão difundidos mais amplamente nas organizações. Os limites entre as organizações ficarão mais indistintos. E continuarão a aparecer novas maneiras que utilizam informações intensamente para gerenciar os relacionamentos entre pessoas, organizações e atividades.

Como é possível administrar neste novo mundo? Cada vez mais, suas escolhas se resumirão a decisões sobre onde você deveria se situar no espectro da centralização. Você precisará se mover freqüentemente nessa dimensão. Algumas decisões serão centralizadas, outras serão descentralizadas e outras ainda mudarão sempre.

Para fazer essas escolhas acertadamente, você precisa de perspectivas objetivas e subjetivas para refletir. A perspectiva objetiva de coordenar o ajuda a imaginar e a avaliar novas formas de gerenciar as interdependências entre as atividades das pessoas. A metáfora subjetiva de cultivar pode ajudá-lo a encontrar novas formas de equilibrar as tensões entre o controle de cima para baixo e o de baixo para cima. Juntas, essas duas perspectivas podem ajudá-lo a se tornar um gerente mais flexível e criativo à medida que o mundo dos negócios passa da era de comandar e controlar do passado para a era de cultivar e coordenar do futuro.

Mas você não pode coordenar nem cultivar nada sem ter uma noção dos valores ou metas que está tentando atingir. E este é o assunto do Capítulo 11.

CAPÍTULO 11

Colocando Valores Humanos
no Centro dos Negócios

EM MINHAS AULAS sobre liderança no MIT, sempre peço a meus alunos que façam um exercício para ajudá-los a definir o que realmente importa para eles. Muitos programas de controle pessoal e gerenciamento do tempo incluem um exercício parecido.[1] É assim:

Procure um lugar onde possa ficar só, sem ser interrompido. Reserve alguns minutos para relaxar e deixe suas preocupações diárias desaparecerem de sua mente. Feche os olhos, se tiver vontade. Deixe sua mente começar a imaginar algo que você tem certeza que acontecerá um dia — o fim de sua própria vida. Você pode se imaginar em um leito de hospital, sabendo que lhe restam apenas algumas horas de vida. Ou pode imaginar seu próprio enterro.

Qualquer que seja a cena que você imagine, tente visualizá-la da forma mais concreta possível. Quem está na sala? O que estão vestindo? Onde as pessoas estão? Que cheiro você sente? De que cor é o chão? Imagine esta cena durante alguns minutos.

Depois, comece a pensar no que gostaria que fosse verdade naquele momento. O que gostaria que as pessoas que você preza dissessem ou pensassem de você no final de sua vida? O que gostaria de ter realizado em sua vida? O que você mesmo gostaria de saber que foi verdade em sua vida, mesmo que ninguém no mundo tenha sabido?

Enquanto pensa nessas coisas, você pode abrir os olhos e fazer algumas anotações sobre as coisas que considera importantes. Muitas pessoas gostam de usar esse exercício como uma preparação para escrever uma declaração da missão pessoal — uma descrição dos objetivos mais importantes pelos quais você quer lutar para atingir em sua vida.

Se você ainda não fez um exercício como este, recomendo que o faça agora, antes de continuar a leitura.

Uma das virtudes deste exercício é que ele o ajuda rapidamente a se conectar com o que é mais importante para você. Não necessariamente o que seus pais queriam para você. Não

O Futuro dos Empregos

o que seus chefes ou professores ou amigos acham que você deveria querer. Não o que a sociedade lhe diz que é importante. Mas o que *você* quer realmente.

O que muitos percebem é que preenchem seus dias com detalhes que não importarão tanto a eles no final da vida. E os aspectos realmente importantes da vida são as coisas que eles sempre deixam de lado ou se esquecem ou adiam. Muitas pessoas, por exemplo, dizem que realizações como riqueza e sucesso profissional importam menos a elas no final de suas vidas, e coisas como família, amigos, realizações espirituais e tornar o mundo melhor serão mais importantes. Seja qual for a sua resposta, e apesar de ela poder mudar no futuro, esta é a visão mais profunda que você tem, neste momento, do que é realmente importante para você.

Por Que os Valores Importam?

Por que você deveria definir o que realmente lhe importa? A primeira razão vem de tudo o que vimos até agora neste livro: se você vai fazer mais escolhas em seu trabalho, precisa pensar mais cuidadosamente sobre os valores que usará ao fazer essas escolhas. Sem uma noção do que quer, você não pode fazer escolhas sensatas. E se não pensar cuidadosamente no que realmente lhe importa, é muito fácil ficar confuso e se distrair com coisas que não são realmente importantes.

Mas esta não é a única razão para pensar em valores agora. Se você quer criar um negócio que realmente inspira fidelidade e compromisso em seus funcionários, clientes e outros, precisa apelar para seus valores humanos além dos econômicos.[2] Se você quer mesmo tirar vantagem da capacidade de uma organização descentralizada para aproveitar a profunda motivação e criatividade das pessoas, precisa apelar para o que realmente importa a essas pessoas.

E há sinais — principalmente nas últimas décadas — de que os valores que enfatizamos nos negócios se tornaram cada vez mais desligados das coisas que são realmente importantes para nós.[3] Para muitas pessoas nos Estados Unidos, a tragédia de 11 de setembro de 2001 foi um lembrete chocante de que o dinheiro e o sucesso material não são o que mais lhes importam. Após aquela experiência emocional devastadora, muitos se viram repensando suas prioridades, passando mais tempo com a família ou dando mais atenção a atividades religiosas. É claro que, à medida que o tempo passa, é fácil esquecer o que tais tragédias tornam óbvio. A vida volta a ser como era. Mas para muitos o sentimento de incômodo ainda permanece em nível subliminar.

Colocando Valores Humanos no Centro dos Negócios

Este, então, é o segundo sentido da frase "colocando as pessoas no centro dos negócios". Não significa apenas colocar mais pessoas no centro da tomada de decisão. Também significa colocar os valores humanos no centro de nosso pensamento empresarial.

O Que as Pessoas Querem dos Negócios?

Uma coisa que muitos querem dos negócios é dinheiro. O dinheiro lhe permite todos os tipos de coisa — aquelas de que precisa e aquelas que quer. Claramente, queremos que nossas empresas sejam produtoras eficientes de valor econômico.

Mas as pessoas também fazem escolhas profissionais por outras razões. Talvez tenham escolhido seu emprego porque os deixa desenvolver novas tecnologias estimulantes, ter um senso de realização, passar tempo ao ar livre, trabalhar com pessoas interessantes, viajar para lugares exóticos ou passar mais tempo com sua família.

Embora os detalhes do que cada um de nós deseja variem, nossas necessidades e desejos em geral são muito semelhantes. Muitos anos atrás, o psicólogo Abraham Maslow observou que todas as pessoas têm algumas necessidades básicas (como comida, água e segurança) que precisam ser satisfeitas, em algum nível, para a sobrevivência. Uma vez que essas necessidades básicas são minimamente satisfeitas, outras coisas se tornam mais importantes — como relacionamentos com pessoas, realizações de vários tipos e encontrar sentido na vida.[4]

Em nosso mundo de hoje, principalmente nas regiões industriais avançadas, as necessidades básicas de muitas pessoas já estão satisfeitas. Portanto, elas procurarão os negócios para satisfazer suas outras necessidades. E, embora o dinheiro seja muito bom para satisfazer as necessidades básicas, nem sempre é eficaz para satisfazer nossas necessidades de amizade, reconhecimento, desafio e propósito.

Finalmente, os negócios bem-sucedidos precisarão dar às pessoas uma noção de sentido em suas vidas, o que geralmente vem de um compromisso com algum propósito maior que eles mesmos. Logo, quando suas necessidades básicas estiverem satisfeitas, os trabalhadores, clientes, fornecedores e investidores procurarão, cada vez mais, negócios que lhes dêem uma noção de um propósito maior, além do econômico. Às vezes, esse sentido virá dos produtos ou serviços essenciais que a empresa fornece (por exemplo, curar doenças, educar crianças ou entreter pessoas). Às vezes, virá da maneira como a empresa fabrica seus produtos ou serviços (por exemplo, reduzindo a poluição ou fornecendo empregos). E às vezes, virá da maneira decente como as pessoas tratam seus clientes e funcionários. Cada vez mais, as empresas provavelmente competirão de acordo com sua capacidade de dar sentido à vida.

O Futuro dos Empregos

De certo modo, evidentemente, ninguém deveria se surpreender ao ouvir que dinheiro não é tudo e que as empresas deveriam pensar no que motiva as pessoas. Mas muitos ignoram sistematicamente essas verdades óbvias quando pensam em negócios. De fato, muitos pensam que o único objetivo legítimo — talvez o único objetivo *legal* — para um negócio seja ganhar dinheiro. Como podemos conciliar este ponto de vista com o fato evidente de que pessoas diferentes querem muitas coisas diferentes — algumas econômicas e outras não?

O Único Propósito dos Negócios É Ganhar Dinheiro?

Nas últimas décadas, principalmente nos Estados Unidos, a visão dominante nos negócios passou a ser ter como único objetivo legítimo produzir dinheiro para seus acionistas. Em 1981, por exemplo, a Business Roundtable (um grupo de altos executivos das duzentas maiores empresas dos Estados Unidos) declarou que uma das tarefas dos gerentes era equilibrar as reivindicações legítimas de todos os constituintes de uma empresa: acionistas, clientes, funcionários, comunidades, fornecedores e a sociedade como um todo. Mas, em 1997, o mesmo grupo afirmou o oposto em sua Declaração sobre Governança Corporativa: "A noção de que o conselho deve, de algum modo, equilibrar os interesses dos acionistas contra os interesses de outros *stakeholders* interpreta de modo totalmente errôneo o papel dos diretores". O principal dever dos gerentes e diretores era somente com acionistas, disseram os executivos, e não com outros *stakeholders*.[5]

Talvez a declaração mais articulada e influente dessa visão apareça em um artigo famoso de Milton Friedman na *New York Times Magazine* em 1970. Ele diz que a *única* responsabilidade social de uma empresa é "engajar-se em atividades destinadas a aumentar seus lucros, contanto que permaneça dentro das regras do jogo".[6] Seu argumento básico era que os acionistas, funcionários e clientes de uma empresa deveriam ser capazes de decidir por si mesmos que causas sociais ou outras gostariam de apoiar com o seu dinheiro; a corporação não deveria tomar essas decisões por eles.

É claro que Friedman disse que você não deve fazer nada ilegal ou antiético nos negócios. E, às vezes, atos generosos ajudam-no a atrair mais dinheiro. Por exemplo, tratar bem seus funcionários pode ajudá-lo a atrair talentos, assim como fazer doações a instituições de caridade locais pode levá-lo a receber um tratamento mais favorável dos governos locais. Fazer propaganda dizendo que seus produtos são ecologicamente corretos também pode ajudá-lo a vender mais. Mas, de acordo com essa visão, você nunca deveria praticar boas ações como essas a não ser que tenham uma perspectiva razoável de ajudar sua empresa financeiramente no longo prazo. Fazê-las só porque são a coisa certa a fazer nunca é razão suficiente.

Colocando Valores Humanos no Centro dos Negócios

Há uma lógica atraente nesse argumento, que esclarecerá nosso pensamento sobre um tópico confuso. Em muitos casos, o lucro é uma medida muito boa de como você está indo, seja o que for que esteja fazendo. Mas infelizmente a lógica não se aplica tão amplamente quanto muitas pessoas pensam.[7]

O argumento de Friedman se baseia na premissa de que os gerentes de uma empresa trabalham para os donos da empresa. Em empresas grandes, de capital aberto, diz ele, o desejo dos proprietários *"geralmente* será ganhar o máximo de dinheiro possível, enquanto se ajusta às regras básicas da sociedade" [itálico meu]. Friedman faz exceções explícitas para as empresas de proprietários individuais e para grupos de pessoas que estabelecem corporações para outros fins (como dirigir hospitais ou escolas).

Mas essas são brechas enormes! Friedman certamente não diz que as empresas deveriam fazer apenas as coisas que são de interesse financeiro. Ele só diz que as empresas deveriam atender aos desejos de seus proprietários, sejam quais forem.

Mas quem são os donos das empresas e o que querem? Eles são pessoas, é claro! E as pessoas têm muitos desejos, alguns financeiros e outros não. Por que as pessoas não levam em conta seus valores não financeiros para decidir como investir seu dinheiro, assim como os levam em conta em outras partes de suas vidas?

Um exemplo simples disso é o crescimento dos chamados fundos de investimento socialmente responsáveis. Esses fundos selecionam seus investimentos de modo a eliminar empresas que se engajam em práticas que os gerentes do fundo (e seus investidores) consideram socialmente indesejáveis. Por outro lado, os fundos incluem as empresas engajadas em atividades socialmente desejáveis.

É claro que nem todos concordam com o que é socialmente desejável, e os diferentes gerentes de fundos são livres para definir seus critérios como quiserem. Critérios comuns eliminam empresas que lucram com o jogo e a venda de produtos como tabaco, armas e álcool, mas fundos diferentes podem usar critérios opostos em questões controversas como controle de natalidade e aborto.[8]

Muitos consideram o investimento responsável uma causa liberal, preocupada basicamente em poupar o meio ambiente, proteger os direitos dos trabalhadores e assim por diante. Mas também há fundos muito conservadores que fazem investimentos "baseados biblicamente em prol da vida e da família".[9] Em princípio, não há razão para qualquer grupo político, religioso ou com outros interesses — de extrema direita ou extrema esquerda — não poder criar seu próprio fundo.

Inicialmente, esses fundos socialmente responsáveis eram um nicho muito pequeno no mundo do investimento, mas desde os anos 90 têm se tornado a maioria. De acordo com um relatório de 2001, quase 12% de todos os fundos sob administração profissional nos Estados Unidos fazem algum tipo de investimento socialmente responsável.[10]

O Futuro dos Empregos

Como demonstram esses fundos socialmente responsáveis, você pode selecionar as empresas em que quer investir, examinando se as atividades que conduzem correspondem a seus valores. Mas grandes corporações de capital aberto podem perseguir com legitimidade uma meta não financeira como seu objetivo básico? A resposta é sim.

A Johnson & Johnson, por exemplo, leva muito a sério seu credo que coloca explicitamente os interesses de seus clientes, funcionários e comunidades à frente dos de seus acionistas. Por exemplo, quando o Tylenol foi envolvido na morte de sete pessoas em 1982, a empresa removeu rapidamente o produto das prateleiras das farmácias de todos os Estados Unidos. Só voltou a vendê-lo depois de desenvolver uma embalagem totalmente hermética. Hoje, achamos que as ações da Johnson & Johnson são um excelente exemplo de boas relações públicas. De fato, o exemplo da Johnson & Johnson estabeleceu o padrão para outras empresas desde então. Mas, na época, a iniciativa da empresa foi extremamente arriscada para sua reputação e suas finanças.

Já vimos outro exemplo de uma grande empresa de capital aberto que coloca explicitamente os objetivos não financeiros à frente dos financeiros. Como diz o co-fundador da AES, Dennis Bakke: "Nunca nos propomos a ser a empresa mais eficiente, mais poderosa ou mais rica do mundo — apenas a mais divertida".[11] Não há nada no argumento de Friedman que diga que as empresas não podem ou não devem perseguir objetivos não financeiros, contanto que seus investidores estejam de acordo.

Como um Grupo de Pessoas Pode Decidir Que Valores Deve Perseguir?

Mas, se não há problema em ter objetivos não financeiros em uma empresa, qual é o limite para isso? Quem escolherá quais serão os objetivos? Os investidores não são as únicas pessoas que precisam estar de acordo para que uma empresa tenha sucesso. Para ser bem-sucedida, os demais *stakeholders*, incluindo funcionários, clientes e fornecedores, também têm de optar voluntariamente por fazer negócio com ela. Mesmo a sociedade como um todo precisa "concordar" em deixar uma empresa existir e funcionar.[12]

Todos esses *stakeholders* normalmente têm diferentes visões sobre quais deveriam ser os objetivos de uma empresa. Então, quem decide? A decisão, no final, é como qualquer outra decisão de negócio. Qualquer uma das estruturas de tomada de decisão descritas na Parte II poderia ser usada para tomá-la. Uma das possibilidades mais intrigantes é usar a estrutura mais descentralizada de todas — os mercados. Podemos chamá-la de mercado de valores.

Colocando Valores Humanos no Centro dos Negócios

Um Mercado de Valores

Em um mercado de valores, as decisões sobre valores seriam tomadas — como em qualquer mercado — por acordos mútuos entre as pessoas diretamente envolvidas. Você pode tentar perseguir os valores que lhe são importantes (e não são ilegais), mas só conseguirá isso se encontrar outras pessoas que concordem com seus valores. Aqueles que partilham seus valores — e que acreditam que você está fazendo um bom trabalho em sua busca — são os que mais provavelmente trabalharão para você, o contratarão, comprarão seus produtos ou investirão em sua empresa.

De fato, já temos um mercado de valores. Vivemos nele, embora geralmente não pensemos nele desta forma. Os consumidores, por exemplo, podem decidir comprar de empresas cujos valores lhes agradam e se recusar a comprar de empresas cujos valores não lhes agradam. Algumas pessoas, por exemplo, preferem comprar os filmes da Disney que consideram sadios e familiares. Outras boicotam produtos da Disney porque acham que a empresa cria uma diversão que apóia estilos de vida alternativos, e não a família tradicional.[13]

As empresas podem escolher conscientemente entre esses diferentes tipos de valores. A British Petroleum, por exemplo, fez mudanças importantes em sua estratégia e propaganda corporativas para se concentrar em novas fontes de energia que respeitam o meio ambiente e que vão "além do petróleo".[14]

Os funcionários também expressam seus valores quando escolhem onde trabalharão. Quando a Nike foi alvo de críticas na imprensa pelas práticas trabalhistas de seus fornecedores, o moral de seus funcionários caiu. De acordo com Maria Eitel, vice-presidente da Nike para responsabilidade social corporativa, "[os funcionários] iam a churrascos e as pessoas perguntavam: 'Como você pode trabalhar para a Nike?'. Não sei se perderemos funcionários, mas certamente (...) isso não ajudou a atraí-los".[15]

Por outro lado, quando um determinado conjunto de valores se torna popular, fica muito mais fácil recrutar funcionários para as organizações que representam esses valores. A Central Intelligence Agency, por exemplo, recebeu um número três vezes maior de solicitações de emprego nos nove meses que se seguiram aos ataques terroristas de 11 de setembro de 2001 comparado ao mesmo período do ano anterior.[16]

Como esses exemplos mostram, os valores não econômicos das pessoas já desempenham um papel importante em suas decisões econômicas. É claro que os mercados também impõem algumas restrições econômicas sobre suas decisões baseadas em valores. Por exemplo, as pessoas não podem trabalhar para sempre em uma empresa cujos valores lhes são atraentes se esta não estiver lucrando ou não dispuser de outra fonte de receita. E os mercados não são ideais para tomar todas as decisões baseadas em valores. Por exemplo, pessoas com mais dinheiro geralmente têm mais influência nas decisões de

O Futuro dos Empregos

mercado que aquelas com menos dinheiro. Mas a desigualdade de poder para tomar decisões não é exclusividade dos mercados. Na tomada de decisão democrática, os líderes de opinião e as pessoas que controlam os meios de comunicação em massa têm muito mais influência que os votantes comuns.

Apesar de suas limitações, os mercados têm algumas propriedades atraentes para a tomada de decisões baseada em valores: como indivíduo, você pode expressar seus valores diretamente, ao escolher o que comprar, onde trabalhar, como fazer seu trabalho e onde investir. As empresas podem competir por clientes, funcionários e investidores não só com base nos produtos que fabricam, mas também nos valores que representam. Todos precisam escolher com que pessoas e empresas interagem, e ninguém se prende a uma decisão com a qual não concorda. O resultado de todos esses acordos mútuos é que o mercado muda continuamente os recursos de maneiras que sejam consistentes com os valores das pessoas que estão participando. Parafraseando um clichê, as pessoas em um mercado de valores — como as pessoas em uma democracia — têm a sociedade que merecem.

Um mercado de valores produzirá sempre resultados que lhe agradam pessoalmente? Não. Resultará em coisas que outras pessoas considerariam socialmente responsáveis? Não. Há momentos em que precisamos impor restrições escolhidas democraticamente a este processo? Sem dúvida. Mas talvez — se o utilizarmos de forma consciente e adequada — o processo flexível e descentralizado da tomada de decisão em mercados seja uma forma muito melhor de atingir muitos objetivos não econômicos do que geralmente imaginamos.

Transparência

À medida que mais empresas tentam perseguir objetivos não econômicos, um dos perigos mais claros é que algumas pessoas tentarão cinicamente explorar as boas intenções dos outros. Por exemplo, se muitas pessoas querem trabalhar para empresas que sejam socialmente responsáveis, algumas tentarão fazer coisas altamente populares, que lhes dêem visibilidade, para parecer socialmente responsável, mesmo quando o dia-a-dia dentro dessas empresas está longe do desejável.

Antes de seu escândalo contábil, entre outros, a Enron Corporation tinha um código de ética amplamente distribuído, com 64 páginas, sobre a "conduta moral e honesta" segundo a qual os negócios da empresa deveriam ser conduzidos.[17] E alguns dos exemplos mais visíveis de empresas "socialmente responsáveis" (como a The Body Shop) têm sido muito criticados pela realidade às vezes conflitante por trás das imagens que promovem.[18]

Colocando Valores Humanos no Centro dos Negócios

É claro que não é fácil julgar qualquer um desses casos quando se está de fora. Mas o mundo dos negócios sempre incluiu pessoas que manipulam os outros para atingir seus próprios fins. E se os desejos das pessoas por valores não econômicos aumenta, esses manipuladores cínicos terão um incentivo econômico mais forte para explorar as pessoas de novas formas.

Para que este processo funcione bem, portanto, é necessário algo mais. Ele precisa ser transparente. As pessoas precisam fazer suas escolhas quanto aos valores baseadas em informações precisas. Atualmente, *transparente* é apenas outra maneira de dizer que muitas informações exatas são transmitidas a muitas pessoas. E, felizmente, as novas tecnologias de comunicação estão tornando esse tipo de transparência mais barata e fácil que nunca.

Hoje, como consumidores, a maioria de nossas escolhas baseadas em valores é feita com informações extremamente limitadas. Seu conhecimento da Nike, por exemplo, vem de uma combinação de consumidores ativistas, jornalistas investigativos e a própria equipe de relações públicas da Nike. Nenhum desses grupos deixa de ser tendencioso. E mesmo que você tenha informações (possivelmente tendenciosas) sobre a Nike, não sabe como as práticas da Nike se comparam com as de seus concorrentes.

Não seria bom se houvesse uma forma sistemática e não tendenciosa de descobrir como diferentes empresas funcionam de acordo com várias medidas de valores que são importantes para você? Em outras palavras, e se houvesse profissionais que executassem medidas não financeiras, atuando de modo equivalente ao que fazem os contadores e auditores com medidas financeiras?

De fato, tais passos já estão sendo dados. Muitas empresas estão começando a medir o chamado resultado triplo: financeiro, social e ambiental (ou "lucros, pessoas e planeta"). Dezenas de empresas no mundo todo, desde a ABB na Suíça à Yasuda Fire e a Marine Insurance no Japão, estão publicando relatórios detalhados sobre medidas quantitativas de coisas como emissões de gases estufa, reciclagem e acidentes de trabalho.[19] À medida que esse tipo de informação se torna padronizado e amplamente disponível, as pessoas poderão usá-lo para tomar suas próprias decisões sobre onde investir, trabalhar e comprar.

IdealsWork

Um dos esforços mais intrigantes no uso de novas tecnologias para aumentar a transparência é um site chamado IdealsWork (www.idealswork.com). Este site ajuda os consumidores a comparar o desempenho social e ambiental de milhares de marcas de produtos de acordo com os valores individuais do usuário. Entre várias categorias, como meio ambiente, questões femininas, questões sobre minorias, práticas trabalhistas, direitos dos animais, armas e energia nuclear, você seleciona os valores que lhe são importantes. A maioria dos valores incluídos até aqui são preocupações politicamente liberais, mas não há razão, em princípio, para *sites* como este não incluírem questões de interesse de conservadores políticos ou de católicos, de budistas, de portadores de armas ou de qualquer outro grupo de interesse.

Uma vez selecionado um conjunto de valores, você pode ver as classificações de diferentes marcas em uma determinada categoria de produto. As classificações se baseiam, de acordo com o *site*, em dados "objetivos e quantificáveis — como o número de toneladas de dejetos tóxicos que uma empresa liberou na atmosfera ou o número de mulheres em seu conselho executivo", para um intervalo exato de tempo, chamado de período de *reporting*.[20]

Por exemplo, quando comparei marcas de calçado para lazer nas dimensões mão-de-obra e direitos humanos, a Nike, surpreendentemente, não ficou nos últimos lugares.[21] Em vez disso, a empresa estava no meio da lista. Marcas como Dr. Scholl's, Stride Rite e Keds tiveram classificações mais altas, e outras como Reebok, Rockport e FootJoy tiveram classificações piores. Ao tornar esse tipo de comparação baseada em valores mais fácil e precisa, sites como este aumentam a probabilidade de as pessoas levarem em consideração os valores não econômicos que são importantes para ela quando tomarem suas decisões de compra.

A Escolha

Até aqui, neste livro, aprendemos sobre as mudanças que a tecnologia de informação está proporcionando no modo como o trabalho é organizado. Aprendemos como serão essas novas possibilidades e o que elas significam para você como gerente. E aprendemos como, a fim de tirar vantagem dessas mudanças nos negócios, você precisa entender toda a gama de valores humanos — não só os estritamente econômicos — que conduzirão essas mudanças.

Mas o que essas mudanças significam para você como pessoa? O que significam para as coisas que mais lhe importam?

Provavelmente você terá mais liberdade para perseguir o que considera mais importante. Talvez, para você, seja simplesmente o desejo de passar mais tempo com coisas importantes na vida, como família e amigos. Talvez seja prover suporte financeiro às pessoas de quem gosta. Ou talvez você esteja tentando tornar o mundo um lugar melhor em um sentido social, político ou tecnológico.

Colocando Valores Humanos no Centro dos Negócios

O que quer que você considere importante, provavelmente tem mais oportunidades do que imagina para perseguir essas coisas nos negócios, mesmo em empresas com fins lucrativos. Você não tem de se limitar à concepção equivocada de que as corporações sempre devem tentar maximizar seus lucros. Nem deve se limitar pelo que as outras pessoas acham que é responsabilidade social nos negócios. As únicas coisas que realmente o limitarão são a sua imaginação e o que outras pessoas apoiarão.

E, em um nível que poucas pessoas perceberam, as novas tecnologias de comunicação como a Internet tornam isso mais viável que nunca. Ao facilitar enormemente a troca de informações, elas facilitam encontrar outras pessoas e empresas que partilham seus valores. Também facilitam descobrir o que outras pessoas e empresas realmente fazem e em que medida seu comportamento corresponde aos seus valores. Assim, as tecnologias de comunicação podem nos ajudar a tornar os mercados muito mais transparentes e eficientes — não só para atingir objetivos econômicos, mas também para atingir os não econômicos.

Cultivando Seus Valores

Por mais que você queira algo e se esforce, pode não conseguir o que deseja. Assim como nem sempre é fácil ganhar dinheiro, nem sempre é fácil atingir metas não econômicas. Vivemos em um mundo descentralizado e incrivelmente complexo que nenhum de nós controla completamente. Às vezes, mesmo as pequenas coisas que você faz podem ter efeitos enormes. Outras vezes, não importa o quanto você tente, todos os seus esforços parecem em vão.

Mas mesmo que você não possa controlar completamente seu mundo, pode cultivá-lo de acordo com seus próprios valores. Idries Shah, professor sufi moderno, descreve esse processo:

[O homem] "encontra-se", se puder aceitar isso, não em qualquer mundo ou sociedade estática, mas em ambientes que apenas parecem assim. Ele não vive muito, controla muito pouco as circunstâncias que o rodeiam, e as coisas que lhe acontecem, mesmo no mais estruturado ambiente, podem ter muito mais efeito sobre sua vida que as coisas que ele faz acontecer: por mais que ele lute, e sem considerar se ele acredita ou não que o inverso seja verdadeiro.

(...) Logo, você poderia dizer que o sufi domina o ambiente dele ao ser capaz, quando necessário, de se colocar de lado, permitindo que o ambiente tenha um efeito mínimo sobre ele, e mesclando-se com ele, quando indicado; enquanto o indivíduo (principalmente no Ocidente) muito freqüentemente tenta dominar o ambiente ao forçar todo o seu peso contra ele, reunindo toda forma de energia em que possa pensar. Uma das atitudes tem produzido

amplamente o mundo ocidental; a outra, muito do oriental. Mas, em termos de utilidade mútua, não estão tão separadas quanto se possa imaginar.[22]

Se você está tentando controlar um sistema, empregará todos os seus esforços para atingir os resultados desejados. Se, por outro lado, você está tentando cultivar um sistema, não estará tão preso aos resultados. Por exemplo, se você identifica muito fortemente os sucessos e fracassos de seus filhos, pode impedi-los de desenvolverem seu verdadeiro potencial. Em contraste, quando você cultiva o desenvolvimento de seus filhos, tenta entender suas possibilidades naturais e incentivar neles aquilo que você valoriza. Mas você sabe que os maus resultados às vezes virão, não importa o que você faça, e que os bons resultados podem acontecer apesar de você.

Da mesma forma, nos negócios, se você tenta demais realizar determinados objetivos que considera bons, pode deixar de ver coisas até melhores que estão aparecendo. E não importa o quanto você tente, muitos outros fatores além de seus próprios esforços determinarão os resultados.

Como É Possível Saber o Que Fazer?

Como você pode saber o que fazer em meio a toda esta complexidade? A resposta que quase todos os grandes mestres religiosos e espirituais têm sugerido de algum modo é ouvir sua voz interior.[23] Em última instância, esta perspectiva — mais que qualquer análise lógica ou argumento político — é seu guia mais confiável para o que é realmente bom em uma determinada situação.

Mas, para que sua voz interior seja um guia confiável, você tem de aprender a ouvi-la. Se sua mente está cheia de ganância, ambição ou orgulho em benefício próprio, não será capaz de perceber o que é realmente bom. Ir além desses obstáculos sempre foi um dos objetivos mais importantes do desenvolvimento pessoal e espiritual.

Não posso pensar em maneira melhor de resumir esta idéia do que com a bela passagem que conclui o clássico livro de E. F. Schumacher, *Small Is Beautiful*:

As pessoas perguntam, em toda parte: "O que eu posso realmente fazer?" A resposta é tão simples quanto desconcertante: podemos, cada um de nós, trabalhar para colocar nossa casa interna em ordem. A orientação de que precisamos para este trabalho não pode ser encontrada na ciência ou na tecnologia, cujo valor depende dos fins a que servem; mas ainda pode ser encontrada na tradicional sabedoria humana.[24]

Epílogo

NÓS, SERES HUMANOS, percorremos um longo caminho desde os primeiros bandos de caçadores-colheiteiros até a organização descentralizada, cada mais vez ligada em rede, de hoje. A cada passo, novas tecnologias como a escrita, a imprensa e agora a Internet foram fatores fundamentais que permitiram nosso progresso. Embora as hierarquias centralizadas não corram perigo de desaparecer, as novas tecnologias atuais estão tornando viável — em uma escala nunca possível — que se tomem cada vez mais decisões de maneiras mais descentralizadas, por meio de hierarquias flexíveis, democracias e mercados. Gerenciar com sucesso neste mundo exigirá que você expanda seu repertório administrativo para além do tradicional modelo de comando e controle, em direção a uma ampla gama de maneiras de coordenar e cultivar — tanto centralizada quanto descentralizada.

Durante todo esse percurso, os propulsores fundamentais de nosso progresso têm sido nossos próprios valores humanos — nossos desejos de bem-estar material, de liberdade e de todas as outras coisas que nos importam. Quer pensemos conscientemente sobre eles ou não, nossos valores influenciam as escolhas que fazemos. E, se quisermos fazer escolhas de maneira sábia, devemos pensar profundamente nas coisas que realmente nos importam. De qualquer modo, as escolhas que fazemos agora sobre como usar o potencial surpreendente da tecnologia de informação para organizar o trabalho determinarão nosso futuro nas próximas décadas.

Enquanto escrevo este epílogo, na primavera de 2003, há muitos sinais de problemas no mundo. Nos últimos anos, os índices de preço de muitas ações perderam mais valor que em qualquer período desde a Grande Depressão, e as perspectivas de recuperação econômica ainda são muito incertas. Os conflitos no Oriente Médio continuam, e enfrentamos a possibilidade real de uma expansão do terrorismo pelo mundo todo, talvez até de um confronto global entre diferentes grupos culturais e religiosos.

Em tempos conturbados como estes, os seres humanos são freqüentemente tentados a recuar. Procuramos poderosos líderes centralizadores para nos salvar e proteger. Queremos voltar à maneira como as coisas eram antes. Queremos parar de nos preocuparmos com "luxos" como valores sociais. E queremos parar de experimentar novas formas de fazer as coisas.

Por mais tentador que possa parecer, entretanto, um recuo pode ser exatamente a maneira errada de nos livrarmos de nossos problemas atuais. Talvez a solução para nossos problemas não resida em voltar ao velho modo, mas em ir em frente e adotar novas formas de agir; não em procurar figuras autoritárias para nos proteger, mas em descobrir

O Futuro dos Empregos

sozinhos coisas novas para experimentar; não em focalizar ainda mais os resultados financeiros, mas em procurar no fundo de nosso ser as coisas que realmente nos são importantes.

É claro que não há respostas fáceis aqui. Imaginar como fazer seu trabalho e viver sua vida de maneira consistente com seus valores mais profundos não é mais fácil que era antes. Mas uma das mensagens mais importantes deste livro é que você provavelmente tem mais opções do que imagina em seu trabalho e em sua vida. E, nesta época de grandes mudanças no mundo, suas escolhas provavelmente têm mais impacto do que você imagina na definição de nosso mundo para o resto deste século.

Quando você ler estas palavras, os problemas que vejo ao meu redor hoje podem ter piorado muito, ou podem ter desaparecido. Em curto prazo, você pode ver sinais do aumento da centralização ou pode ver o oposto.

Mas, independentemente dos altos e baixos em curto prazo, sempre presentes nas questões humanas, as forças profundas que vimos neste livro continuarão a influenciar nossos negócios e nossas sociedades, ano após ano e década após década.

Onde isso acabará?

É claro que não sei. Mas quando as futuras gerações olharem para trás para a história da administração, provavelmente perceberão que as imensas corporações centralizadas e hierárquicas do século XX não foram o auge da organização empresarial. Em vez disso, podem ver essas corporações "tradicionais" meramente como uma aberração temporária — um interlúdio de centralização — entre períodos de organizações amplamente descentralizadas.

Mas as organizações descentralizadas do século XXI, ao contrário de suas predecessoras, serão capazes de tirar vantagem dos benefícios de ser pequeno e de ser grande. Darão aos indivíduos muita flexibilidade e liberdade, mas também integrarão pessoas e atividades no mundo todo, em uma escala nunca remotamente possível na história da humanidade. As poderosas forças econômicas e tecnológicas que impulsionam nessa direção tornam esse resultado muito provável.

Mas um aspecto do futuro é menos certo: este mundo não só será mais eficiente em termos econômicos, mas também será melhor para as pessoas que o habitam?

Depende de você.

APÊNDICE

Como os Custos de Comunicação Afetam a Centralização?

Um Modelo Simples

COMO ESTE LIVRO MOSTROU, os custos de comunicação podem desempenhar um papel fundamental na determinação de como o poder para tomar decisões é distribuído nas organizações. Um modelo simples pode ajudar a revelar por que isso acontece — e fornecer orientação na escolha entre centralizar e descentralizar.[1]

O modelo destaca o papel de dois fatores críticos: (1) o custo da comunicação e (2) o valor da informação remota. O custo da comunicação em si tem duas partes: o *custo unitário* de transmitir uma "unidade" de informação por uma distância determinada e o *custo total* de todas as comunicações necessárias para uma determinada decisão. Se, por exemplo, você está tentando escolher um novo fornecedor, poderia enviar por fax uma lista de especificações a uma das empresas candidatas. O custo unitário de enviar o fax pelo sistema de telefonia poderia ser de menos de 50 centavos. O custo total da comunicação para escolher um fornecedor, entretanto, abrange todos os custos de todas as cartas enviadas, propostas trocadas, reuniões realizadas e chamadas telefônicas feitas entre você e todos os fornecedores potenciais. Em geral, à medida que as tecnologias de informação se aprimoram, os custos unitários de comunicação diminuem. Os custos totais, entretanto, podem subir, descer ou permanecer inalterados dependendo de como as mudanças nos custos unitários afetam a demanda pela comunicação.

O segundo fator, o valor da informação remota, também pode ser dividido em duas partes: o *valor potencial* e o *benefício real*. O valor potencial é quanta informação de outros lugares seriam válidas, se você realmente as utilizasse. Em alguns casos, como decidir como responder a um cliente irritado em sua loja, a maior parte das informações de que precisa para tomar sua decisão está bem à sua frente: o que o cliente está dizendo, a expressão de seu rosto e os dados sobre o que o irritou. Para esta decisão, portanto, o valor potencial da informação vinda de outros lugares é baixo. Mas em outros casos — decidir

O *Futuro dos Empregos*

que tipo de produto pedir para o outono, por exemplo — o valor potencial da informação remota sobre preços, tendências de mercado, prazos de entrega e assim por diante pode ser muito alto.

O benefício real da informação remota depende de você ter usado as informações ao tomar sua decisão. Se não as usou, seu benefício real foi zero; se as usou, o modelo supõe que você atingiu seu pleno valor potencial. (Às vezes, evidentemente, as informações fornecem menos benefícios reais do que você estima de seu potencial. Neste modelo simples, entretanto, não nos preocupamos com essa sutileza. Só definimos o valor potencial como o benefício que você receberia realmente, se usasse as informações.) Em geral, o valor potencial da informação remota para uma determinada decisão não muda com alterações nos custos de comunicação. À medida que os custos de comunicação diminuem, entretanto, seus benefícios reais geralmente aumentam, porque você pode usar mais das informações que sempre estiveram potencialmente disponíveis.

Muitos outros fatores também influenciam a escolha entre centralização e descentralização.[2] Para a finalidade deste modelo, estão agrupadas em uma categoria abrangente chamada "todos os demais custos". Esta categoria pode incluir coisas como se você confia que os tomadores de decisão a distância tomarão boas decisões, se essas pessoas ficarão mais motivadas se acharem que estão tomando as decisões por si mesmas, os salários dos tomadores de decisão, as economias de escala (ou a falta delas) e muitos outros fatores. Em geral, esses fatores não mudam à medida que os custos de comunicação se alteram, mas podem ter um efeito muito importante na desejabilidade da centralização (ou descentralização) e nos efeitos das mudanças nos custos de comunicação.

Como Esses Fatores Funcionam Juntos para Diferentes Tipos de Decisão e Diferentes Estruturas de Tomada de Decisão?

Lembre-se das três estruturas de tomada de decisões que vimos através da história das sociedades e empresas: independente, centralizada e descentralizada. As estruturas são mostradas novamente na Figura A-1.

A Tabela A-1 resume os custos e os benefícios relativos dessas três estruturas de tomada de decisão. Como mostra a tabela, os tomadores de decisão independentes têm os custos totais de comunicação mais baixos (porque, por definição, se comunicam menos). Em seguida, vêm os tomadores de decisão centralizados, seguidos dos tomadores de decisão descentralizados. Além disso, tanto os tomadores de decisão centralizados quanto os descentralizados percebem o benefício real da informação remota que os tomadores de decisão independentes não usam.

Apêndice

FIGURA A-1

Três Estruturas Básicas de Tomada de Decisão Usadas nas Sociedades e nas Empresas Independentes

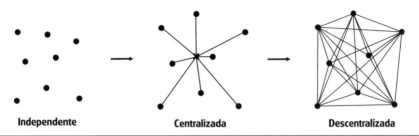

Independente   Centralizada   Descentralizada

Os custos de todos os outros fatores para as diferentes estruturas de tomada de decisão dependem mais da situação. Portanto, apenas os represento com pontos de interrogação na tabela.

TABELA A-1

Resumo de Custos e Benefícios para Várias Estruturas de Tomada de Decisão

Estrutura de Tomada de Decisão	Custos Totais de Comunicação	Benefícios Reais da Informação Remota	Todos os Outros Custos (Confiança, Motivação etc.)
Independente	Baixos	Baixos	?
Centralizada	Médios	Altos	?
Descentralizada	Altos	Altos	?

Como esses diferentes tipos de custo se compensam mutuamente em diferentes situações? Para responder a essa pergunta, precisamos considerar o valor potencial da informação remota para uma determinada decisão, e os custos unitários de comunicação das informações. A Figura A-2 mostra a relação entre esses dois fatores. Para cada ponto no gráfico, a figura também mostra qual estrutura de tomada de decisão seria mais desejável.

É claro que as localizações exatas das regiões em que as diferentes tomadas de decisão são desejáveis dependem dos custos e dos benefícios exatos nas estruturas. Entretanto, é notável que as formas e posições relativas das regiões na Figura A-2 decorrem matematicamente das suposições simples listadas na Tabela A-1, com uma suposição adicional. O gráfico supõe que "os outros custos" dos tomadores de decisão descentralizados são menores que os dos tomadores de decisão centralizados.[3] Essa suposição poderia ser verdadeira, por exemplo, quando os tomadores de decisão descentralizados estão muito mais motivados que os trabalhadores que estavam apenas seguindo ordens. Se essa suposição não for verdadeira (se os custos dos tomadores de decisão descentralizados forem mais altos que os custos dos tomadores de decisão centralizados), os tomadores de decisões descentralizados nunca são desejáveis, e a região centralizada se estende ao longo do eixo vertical.

FIGURA A-2

Estruturas Desejáveis de Tomada de Decisão para Diferentes Tipos de Decisão

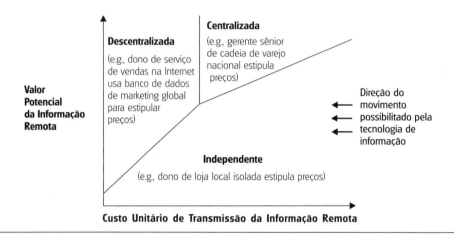

Para entender a Figura A-2, considere dois tipos de decisão. Aquelas em que a comunicação da informação remota é cara em relação ao seu valor na tomada de decisão tenderiam ao extremo direito inferior da figura. Como a figura mostra, os tomadores de decisão independentes que já têm as informações geralmente deveriam tomar essas decisões. Mesmo em cadeias nacionais centralizadas de varejo, por exemplo, os gerentes de loja locais geralmente tomam suas próprias decisões sobre quem devem contratar.

Por outro lado, se as informações remotas são suficientemente valiosas, a decisão estaria próxima do topo da figura. Neste caso, pode valer a pena pagar custos de comunicação significativos para transmitir as informações de outro lugar para a tomada de decisão. Por exemplo, informações básicas de contabilidade sobre quanto dinheiro é recebido e gasto em cada loja têm um valor significativo para se tomar diversos tipos de decisão empresariais. Essas informações são quase sempre transmitidas de outra parte, seja para a tomada de decisão centralizada em um único local (tomadores de decisão centralizados) ou tomada de decisão descentralizada em vários locais (tomadores de decisão descentralizados).

Apêndice

Tecnologia de Informação e a Evolução da Centralização

A Figura A-2 mostra que um efeito importante da tecnologia de informação é reduzir os custos de transmitir muitos tipos de informação. Isso significa, em geral, que podemos esperar que um determinado tipo de decisão (digamos, decisões de determinação de preços de produtos) se mova gradualmente para a esquerda na figura à medida que diminuem os custos unitários para transmitir o tipo de informação que esse tipo de decisão usa. Assim, muitas decisões passarão por uma etapa de centralização antes de se transformarem em uma estrutura com tomadores de decisão conectados e descentralizados.

Esta figura, portanto, resume a base lógica para o padrão recorrente das mudanças organizacionais que vimos. Quando os custos de comunicação são extremamente altos, a estrutura de tomada de decisão independente é a mais desejável. Mas à medida que a tecnologia de informação reduz os custos de comunicação, muitas decisões passarão por um estágio de ter tomadores de decisão centralizados antes de passarem para uma estrutura de tomada de decisão descentralizada.

Evidentemente, nem sempre toda essa progressão ocorrerá. Por exemplo, quando a informação remota tem valor apenas moderado (e os outros custos do controle centralizado são altos), podemos ver uma transição de tomadores de decisão independentes diretamente para tomadores de decisão descentralizados. Em vez de criar uma cadeia de oficinas locais para o conserto de caminhões, a Caterpillar, fabricante de motores para caminhão, desenvolveu um serviço baseado em computadores que permite a oficinas independentes de consertos de caminhões usarem um banco de dados nacional de histórias de consertos de motores de caminhões.[4] Da mesma forma, em situações em que a informação remota é ainda menos valiosa (e os custos da tomada de decisão descentralizada e conectada também são relativamente altos), os tomadores de decisão independentes podem ser a estrutura mais desejável mesmo quando os custos de comunicação chegam a zero.

Em geral, entretanto, devemos esperar que os custos decrescentes de comunicação levem a um movimento ao longo da trajetória que acaba de ser descrita quando (1) as decisões locais podem ser significativamente aprimoradas ao serem consideradas as informações remotas e (2) outros benefícios da descentralização também são importantes. Esses outros benefícios, por exemplo, poderiam incluir aqueles citados no Capítulo 3:

1. Os tomadores de decisão locais são significativamente mais entusiastas, comprometidos e criativos quando têm mais autonomia em seu trabalho.

2. As decisões locais também são significativamente aprimoradas quando se levam em conta informações locais que são difíceis de transmitir.

3. Os tomadores de decisão locais valorizam a liberdade e a individualização.

Notas

Prefácio

1. Ver Thomas W. Malone, Robert J. Laubacher e Michael S. Scott Morton, eds., *Inventing the Organizations of the 21st Century* (Cambridge, MA: MIT Press, 2003).

2. Para um resumo recente de um trabalho sobre a teoria da coordenação, ver Gary M. Olson, Thomas W. Malone e John B. Smith, eds;. *Coordination Theory and Collaboration Technology* (Mahwah, NJ: Erlbaum, 2001).

3. Thomas W. Malone, JoAnne Yates e Robert I. Benjamin, "Electronic Markets and Electronic Hierarchies", *Communications of the ACM [Association for Computing Machinery]* 30, nº 6 (1987): 484-497.

4. Thomas W. Malone, "Is 'Empowerment' Just a Fad? Control, Decision-Making and Information Technology", *Sloan Management Review* 38, nº 2 (1997): 23-35.

Capítulo 1

1. Ver, por exemplo, Charles Handy, *The Age of Unreason* (Boston: Harvard Business School Press, 1990); Tom Peters, *Liberation Management* (Nova York: Knopf, 1992); James Brian Quinn, *Intelligent Enterprise: A Knowledge and Service Based Paradigm for Industry* (Nova York: Free Press, 1992); Peter F. Drucker, *Post-Capitalist Society* (Nova York: HarperBusiness, 1993); Kevin Kelly, *Out of Control* (Reading, MA: Addison-Wesley, 1994); Russell Ackoff, *The Democratic Corporation* (Nova York: Oxford University Press, 1994); Charles Handy, *The Age of Paradox* (Boston: Harvard Business School Press, 1994); John H. Holland, *Hidden Order* (Reading, MA: Addison-Wesley, 1995);. Stuart Kauffman, *At Home in the Universe* (Nova York: Oxford University Press, 1995); Sumantra Ghoshal e Christopher A. Bartlett, *The Individualized Corporation* (Nova York: HarperBusiness, 1997); Dee Hock, *Birth of the Chaordic Age* (San Francisco: Berrett-Koehler, 1999); Eric Bonabeau, Marco Dorigo e Guy Theraulaz, *Swarm Intelligence* (Nova York: Oxford University Press, 1999); Charles A. O'Reilly III e Jeffrey Pfeffer, *Hidden Value* (Boston: Harvard Business School Press, 2000); Don Tapscott, David Ticoll e Alex Lowy, *Digital Capital: Harnessing the Power of Business Webs* (Boston: Harvard Business School Press, 2000); Steven Johnson, *Emergence* (Nova York: Scribner, 2001); Shoshana Zuboff e James Maxmin, *The Support Economy* (Nova York: Viking, 2002); Peter F. Drucker, *Managing in the Next Society* (Nova York: Truman Talley Books/St. Martin's Press, 2002); Brook Manville e Josiah Ober, *A Company of Citizens* (Boston: Harvard Business School Press, 2003).

2. Ver, por exemplo, JoAnne Yates, *Control through Communication: The Rise of System in American Management* (Baltimore: Johns Hopkins University Press, 1989).

3. Para ler mais sobre a mentalidade centralizada, ver Mitchel Resnik, *Turtles, Termites, and Traffic Jams: Explorations in Massively Parallel Microworlds* (Cambridge, MA: MIT Press, 1997).

O Futuro dos Empregos

Capítulo 2

1. Ver, por exemplo, Jared Diamond, *The Third Chimpanzee* (Nova York: Harper Collins, 1992), 36.

2. Idem, 45.

3. Richard B. Lee e Richard Daly, eds., *The Cambrige Encyclopedia of Hunters and Gatherers* (Nova York: Cambrige University Press, 1999), 1-19.

4. Esta tomada de decisão igualitária aparentemente era muito comum, mas não universal, em sociedades de caçadores-colheiteiros. Para uma discussão sobre as exceções, ver Robert L. Keely, "Hunter-Gatherer Economic Complexity and 'Population pressure': A Cross-Cultural Analysis", *Journal of Anthropological Archaeology* 7 (1988): 373-411.

5. Richard B. Lee, *The !Kung San* (Nova York: Cambridge University Press, 1979), 343-344, citado em *The Evolution of Human Societies: From Foraging Group to Agrarian State*, de Allen W. Johnson e Timothy Earle (Stanford, CA: Stanford University Press, 1987), 52. Ver também as inúmeras fontes relacionadas em Johnson e Earl, *The Evolution of Human Societies*, 39-54.

6. Idem.

7. G. Henriksen, *Hunters in the Barrens: The Naskapi on the Edge of the White Man's World*, Newfoundland Social and Economic Studies Nº 12 (Newfoundland, Canada: Institute of Social and Economic Research, 1973), 42, resumido por Tim Ingold, "On the Social Relations of the Hunter-Gatherer Band", in *The Cambridge Encyclopedia of Hunters and Gatherers*, ed. Richard B. Lee e Richard Daly (Nova York: Cambridge University Press, 1999), 407.

8. Evidentemente, em lugares diferentes de todo o mundo, havia muitas diferenças nas técnicas específicas de caça e colheita, no tamanho dos grupos e no grau de igualitarismo, e em muitos outros aspectos da vida diária. Ver Robert L. Kelly, *The Foraging Spectrum: Diversity in Hunter-Gatherer Lifeways* (Washington, DC: Smithsonian Institution Press, 1995), para uma análise extensa das diferenças entre os diversos grupos de caçadores-colheiteiros.

9. Ver, por exemplo, Jared Diamond, *Guns, Germs, and Steel* (Nova York: W. W. Norton, 1997), 86, 110-112, 135; J. R. Harlan, *Crops and Man*, 2ª ed. (Madison, WI: American Society for Agronomy, 1992), resumida em *People of the Earth: An Introduction to World Prehistory*, 10ª ed., de Brian Fagan (Upper Saddle River, NJ: Prentice Hall, 2001), 236.

10. S. E. Finer, *The History of Government from the Earliest Times*, vols. 1-3 (Oxford: Oxford University Press, 1999), 39, 112-114, 116, 139-147; Brian Fagan, *People of the Earth*, 390-402.

11. Ver, por exemplo, Elman Service, *Primitive Social Organization* (Nova York: Random House, 1962); Elman Service, *Origins of the State and Civilization* (Nova York: W. W. Norton, 1975); Morton Fried, *The Evolution of Political Society* (Nova York: Random House, 1967); Johnson e Earle, *The Evolution of Human Societies*; Keely, "Hunter-Gatherer Economic Complexity", 404; Kelly, *The Foraging Spectrum, 304*; Diamond, *The Third Chimpanzee*, 281; Robert Wright, *Non Zero: The Logic of Human Destiny* (Nova York: Pantheon, 2000).

12. Diamond, *Guns, Germs, and Steel*, 215; Wright, *Non Zero, 93*.

13. Wright, *Non Zero*, 94; Diamond, *Gun, Germs, and Steel*, 215. Mesmo os incas, que são considerados por alguns (por exemplo, Diamond, *Gun, Germs, and Steel*, 215) como uma organi-

Notas

zação de nível estatal sem escrever, aparentemente tinham uma tecnologia equivalente para manter registros e comunicação, com base em um sistema muito complexo e sofisticado de cordões com nós. Ver Marcia Ascher e Robert Ascher, *The Code of the Quipu* (Ann Arbor, MI: University of Michigan Press, 1981), citado e resumido em *People of the Earth,* 599.

14. Peter Farb, *Man's Rise to Civilization*, 2ª ed. (Nova York: E. P. Dutton, 1978), 169, citado em *Non Zero*, 32.

15. Farb, *Man's Rise to Civilization*, 180-181; Carleton S. Coon, *The Hunting Peoples* (Nova York: Little, Brown, & Co., 1971), 35-37, 66-67, 126-129, 134, 143-146, 271 (ambas as referências são citadas em *Non Zero*, 32).

16. Wright, *Non Zero*, 33.

17. Diamond, *The Third Chimpanzee*, 190.

18. Diamond, *Gun, Germs, and Steel*, 291-292.

19. Idem, 289-292.

20. Idem, 289-291.

21. Idem, 274.

22. Idem, 265-292.

23. É claro que os seres humanos nem sempre querem mais liberdade. A natureza humana inclui elementos tanto de igualitarismo quanto de hierarquia. Por um lado, nossos genes humanos evoluíram em um mundo de bandos igualitários — mesmo hoje muitas pessoas resistem a receber ordens. Por outro lado, os seres humanos são primatas, e muitos primatas têm desenvolvido claramente hierarquias de dominância. Por exemplo, quando babuínos machos na savana africana competem entre si em pares, há uma consistente hierarquia linear de dominância em todos os pares. Ver Irven DeVore e Sherwood L. Washburn, "Baboon Ecology and Human Evolution", em *African Ecology and Human Evolution*, ed. F. Clark Howell e François Bourliere (Nova York: Wenner-Gren Foundation for Anthropological Research, 1963), citado em *The Tangled Wing: Biological Constraints on the Human Spirit*, de Melvin Konner (Nova York: Holt, Rinehart e Winston, 1982), 39.

Em geral, portanto, todas as pessoas têm tendências naturais tanto para o igualitarismo quanto para a hierarquia. Mas a transição para sociedades hierárquicas exigiu que a maioria das pessoas abrisse mão de mais liberdade do que ocorrera em toda a história da humanidade até aquele ponto.

24. Ver, por exemplo, Brook Manville e Josiah Ober, *A Company of Citizens* (Boston: Harvard Business School Press, 2003).

25. Finer, *History of Government*, 322-324.

26. Idem, 90-93, 238-241, 1024-1051, 1501-1516, 1538-1542.

27. Idem, 1541.

28. Philip Slater e Warren G. Bennis, "Democracy Is Inevitable", *Harvard Business Review*, março-abril de 1964 (reimpresso com comentários atualizados em setembro-outubro de 1990, 167-175).

O Futuro dos Empregos

Capítulo 3

1. Sobre a Nike, ver Debora Spar e Jennifer Burns, "Hitting the Wall: Nike and International Labor Practices", Case nº 9-700-047 (Boston: Harvard Business School, 2000); sobre a HP, ver Molly Williams, "Hewlett-Packard Faces Sharpest Criticism of Compaq Deal from Its Own Employees", *Wall Street Journal*, 16 de novembro de 2001; sobre a BP, ver Steven E. Prokesch, "Unleashing the Power of Learning: An Interview with British Petroleum's John Browne", *Harvard Business Review*, setembro-outubro de 1997.

2. Alfred D. Chandler, *The Visible Hand: The Managerial Revolution in American Business* (Cambridge, MA: Harvard University Press, 1977), 51.

3. Idem, 51-52.

4. Idem, 37.

5. Sobre os comerciantes fenícios, ver, por exemplo, M. E. Aubet, *The Phoenicians and the West: Politics, Colonies and Trade*, trans. M. Turton (Cambridge: Cambridge University Press, 1996); Karl Moore e David Lewis, *Foundations of Corporate Empire: Is History Repeating Itself?* (Londres: Financial Times/Prentice Hall, 2000), cap. 5, principalmente 50-53. Sobre a Igreja Católica, ver S. Harris, "Confession-Building: Long-Distance Networks and the Organization of Jesuit Science", *Early Science and Medicine* 1, nº 3 (1996): 287-318. Sobre a Hudson Bay Company, ver Michael O'Leary, Wanda Orlikowski e JoAnne Yates, "Distributed Work over the Centuries: Trust and Control in the Hudson Bay Company", in *Distributed Work*, ed. Pamela J. Hinds and Sara Kiesler (Cambrige, MA: MIT Press, 2002), 1670-1826.

6. Chandler, *The Visible Hand,* 107-108.

7. Idem, 236.

8. Idem, 280.

9. Erik Brynjolfsson, Thomas W. Malone, Vijay Gurbaxani e Ajit Kambil, "Does Information Technology Lead to Smaller Firms?" *Management Science* 40, nº 12 (1994): 1628-1644. Há uma certa ambigüidade sobre o que aconteceu com o tamanho das empresas desde nosso estudo em meados de 1990. Ver, por exemplo, Frederic L. Pryor, "Will Most of Us Be Working for Giant Enterprises by 2028?" *Journal of Economic Behavior and Organization* 44 (2001): 363-382.

10. "Top 500 Companies by Employees", em *Hoover's Master List of U.S. Companies 2003* (Austin, TX: Hoover's, 2002), 7. Os 2.042.400 funcionários registrados na Manpower incluem trabalhadores temporários; por isso, algumas listas dos maiores empregadores (por exemplo, a *D&B Business Rankings, 2002 Edition* [Bethlehem, PA: Dun & Bradstreet, 2002]) não indicam a Manpower como a número um.

11. Ver, por exemplo, Don Tapscott, David Ticoll e Alex Lowy, *Digital Capital: Harnessing the Power of Business Webs* (Boston: Harvard Business School Press, 2000).

12. Ver, por exemplo, Elizabeth D. Scott, K. C. O'Shaughnessy e Peter Capelli, "Management Jobs in the Insurance Industry: Organizational Deskilling and Rising Pay Inequity", em *Broken Ladders*, ed. Paul Osterman (Nova York: Oxford University Press, 1996), 126-154.

13. Raghuram G. Rajan e Julie Wulf, "The Flattening Firm: Evidence from Panel Data on the Changing Nature of Corporate Hierarchies" (dissertação apresentada na National Bureau of

Notas

Economic Research Conference on Organizational Economics, Cambridge, MA, 22-23 de novembro de 2002). Também disponível em http://www-management.wharton.upenn.edu/wulf-research/Papers/Flattening_Firm_11_02.pdf (acessado em 23 de maio de 2003).

14. Erik Brynjolfsson e Lorin Hitt, "Beyond Computation: Information Technology, Organizational Transformation and Business Performance", *Journal of Economic Perspectives* (outono de 2000): 23-48.

15. JoAnne Yates, *Control through Communication: The Rise of System in American Management* (Baltimore: Johns Hopkins University Press, 1989).

16. O material sobre tempo e custos para um destinatário vem diretamente de JoAnne Yates e Robert Benjamin, "The Past and Present As a Window on the Future", in *The Corporation of the 1990's*, ed. Michael S. Scott Morton (Nova York: Oxford University Press, 1991), 72. Eles fizeram as seguintes suposições: uma página de texto transmitida de Nova York para Chicago, a aproximadamente 850 milhas (1.360 quilômetros) de distância; para as entregas antes da existência das estradas de ferro e por transporte ferroviário, o custo é a taxa de correio dos Estados Unidos para uma carta; para a transmissão por telégrafo, a página de texto deve ser reduzida para as cinqüenta palavras cobradas, por meio da compressão e dos códigos tipicamente usados então. O tempo de cinco minutos para a transmissão por telégrafo inclui a conversão nos dois lados.

Fiz as seguintes suposições adicionais para calcular o tempo e os custos para cem destinatários: estes estão espalhados pelos Estados Unidos, não há dois no mesmo lugar, mas a distância e o tempo médios para todos os destinatários são os mesmos que aqueles entre Nova York e Chicago. A página de texto a ser transmitida já foi escrita e, no caso do e-mail, já foi digitada em meio eletrônico (por exemplo, o programa de e-mail). Para enviar cartas (correio antes da ferrovia e transporte ferroviário), a carta precisa ser copiada à mão 99 vezes. Copiar uma página de texto à mão leva aproximadamente cinco minutos (0,083 hora). O custo de copiar uma página de texto à mão é de $0,83 (com base em uma taxa de mão-de-obra de $10,00 por hora). Para telegramas, dois operadores de telégrafo estão disponíveis ao mesmo tempo na sala de telégrafo onde a mensagem se origina; logo, dois telegramas podem ser transmitidos simultaneamente.

Além das taxas de mão-de-obra para copiar textos, todos os custos estão expressos em dólares atuais (e não constantes). Os efeitos da inflação tornariam o contraste ainda mais acentuado.

17. Thomas W. Malone, JoAnne Yates e Robert I. Benjamin. "Electronic Markets and Electronic Hierarchies", *Communications of the ACM* 30, nº 5 (1987): 484-497.

18. Brynjolfsson et al., "Does Information Technology Lead to Smaller Firms?"

19. Ver, por exemplo, Teresa Amabile, B. A. Hennessey e B. S. Grossman, "Social Influences on Creativity: The Effects of Contracted-For Reward", *Journal of Personality and Social Psychology* 50 (1986): 14-23; Teresa Amabile, *Creativity in Context* (Boulder, CO: Westview Press, 1996), 176-177; Teresa Amabile, "Motivating Creativity in Organizations: On Doing What You Love and Loving What You do", *California Management Review* 40, nº 1 (outono de 1997): 48; Teresa Amabile, R. Conti, H. Coon, J. Lazenby e M. Herron, "Assessing the Work Environment for Creativity", *Academy of Management Journal* 39, nº 5 (1996): 1154-1184.

20. Amabile, "Motivating Creativity in Organizations".

O Futuro dos Empregos

21. Albert Einstein, "Autobiography", in *Albert Einstein: Philosopher-Scientist*, ed. P. Schilpp (Evanston, IL: Library of Living Philosophers, 1949), 18.

22. Ver, por exemplo, J. R. Hackman e G. Oldham, *Work Redesign* (Reading, MA: Addison-Wesley, 1980).

23. Ver, por exemplo, Vijay Gurbaxani e Seungjin Whang, "The Impact of Information Systems on Organizations and Markets", *Communications of the ACM* 43, nº 1 (1991): 59-73; Paul Attewell e James Rule, "Computing and Organizations: What We Know and What We Don't Know", *Communications of the ACM* 17, nº 12 (1984): 1184-1192; Joey F. George e John L. King, "Examining the Computing and Centralization Debate", *Communications of the ACM* 34, nº 7 (1991): 63-72.

Ao citar exemplos de organizações grandes ou centralizadas que continuam a prosperar, vários autores recentes têm tentado refutar o argumento de que a tecnologia de informação leva a organizações menores ou mais descentralizadas. Ver, por exemplo, Francis Fukuyama, *Trust: The Social Virtues and the Creation of Prosperity* (Nova York: Free Press, 1995), 24; John Seely Brown e Paul Duguid, *The Social Life of Information* (Boston: Harvard Business School Press, 2000), 26-31. Nosso modelo, como descrito neste capítulo e no capítulo 8, ajuda a explicar com mais detalhes as condições sob as quais deveríamos esperar esse tipo de centralização crescente e aquelas sob as quais não deveríamos.

Em um artigo particularmente intrigante, os autores observam que as organizações pós-industriais de hoje têm uma semelhança marcante com as organizações proto-industriais que precederam a revolução industrial (Susan J. Winter e S. Lynne Taylor, "The Role of Information Technology in the Transformation of Work: A Comparison of Postindustrial, Industrial and Protoindustrial Organization", *Information Systems Research* 7 [março de 1996]: 5-21). Esses autores vêem esta observação como um paradoxo surpreendente que questiona as explicações baseadas em tecnologia sobre as mudanças atuais. Mas nosso modelo fornece uma explicação possível para essa observação aparentemente paradoxal.

24. Para uma observação similar, ver Fukuyama, *Trust*, 341.

25. Mais precisamente, nosso trabalho mostra que, quando outros fatores são iguais, deveríamos esperar esta seqüência (tomadores de decisão independentes seguidos por tomadores de decisão centralizados seguidos por tomadores de decisão descentralizados) quando as três condições seguintes estiverem presentes: (1) os custos de comunicação estão caindo constantemente, (2) cada estágio nesta seqüência requer mais comunicação que o anterior e (3) cada estágio tem vantagens importantes em relação ao anterior.

26. Em muitos livros de administração, a estrutura lógica básica é descrever um número de casos de empresas e depois procurar padrões em comum. Neste livro, em contraste, os exemplos propulsores vêm de muitos milênios de história humana, e o "padrão surpreendente" mostra o que esses exemplos têm em comum. Os casos de empresas apresentados posteriormente no livro, portanto, não pretendem provar a existência de um padrão; só pretendem ilustrá-lo.

Notas

Capítulo 4

1. Exemplo baseado em Craig Silverstein, "Google, Innovation, and the Web" (apresentação na O'Reilly Emerging Technology Conference, Santa Clara, CA, 25 de abril de 2003). Sou grato a Jonathan Grudin por sugerir este exemplo.

2. Ver "The Word Spy", http://www.wordspy.com/words/egoboo.asp (acessado em 27 de maio de 2003). Ver também o seguinte comentário sobre egoboo (satisfação do ego): Robert D. Hof, "Tech Outfits Should Take Notes", *BusinessWeek*, 3 de março de 2003, 86.

3. Para a própria enciclopédia e uma história e descrição extensas das políticas editoriais do site, ver http://www.wikipedia.org (acessado em 29 de abril de 2003). Ver também Kendra Mayfield, "Not Your Father's Encyclopedia", *Wired News,* 28 de janeiro de 2003 http://www.wired.com/news/culture/0, 1284,57364,00.html (acessado em 29 de abril de 2003); Ben Hammersley, "Common Knowledge", *Guardian Unlimited*, 30 de janeiro de 2003 http://www.guardian.co.uk/online/story/0,3605.884666,00.html (acessado em 29 de abril de 2003).

4. O "Wiki software" facilita a criação ou edição de documentos de hipertexto (como aqueles encontrados na World Wide Web) sem a necessidade de conhecer os detalhes do HTML (hypertext markup language), usado pela maioria das páginas Web. Ver http://www.wikipedia.org/wiki/Wiki (acessado em 27 de abril de 2003).

5. Dave Brooks, "Site Makes Use of Useful, Useless Facts", *Nashua (NH) Telegraph*, 12 de fevereiro de 2003. Disponível na Web em http://www.nashuatelegraph.com/Main.asp?SectionID=30&SubSectionID=90&ArticleID=73632 (acessado em 26 de abril de 2003).

6. Enciclopédia Wikipedia on-line, visite o site "Wikipedia", www.wikipedia.org/wiki/Wikipedia (acessado em 27 de abril de 2003). A Nupedia (http://www.nupedia.com) é uma enciclopédia de conteúdo aberto que possui uma revisão técnica. Muitas pessoas que trabalhavam nela se mudaram para a Wikipedia, e a Nupedia está inativa desde outubro de 2001.

7. Ver www.wikipedia.org/wiki/Wikipedia:Policies and guidelines (acessado em 27 de abril de 2003).

8. Do site da AES Corporate, http://www.aes.com (acessado em 23 de maio de 2003).

9. Suzy Wetlaufer, "Organizing for Empowerment: An Interview with AES's Roger Sant and Dennis Bakke", *Harvard Business Review*, janeiro-fevereiro de 1999, 112.

10. Carol Bowers, "The Amazing Rise of AES", *Utility Business*, abril de 2000.

11. Wetlaufer, "Organizing for Empowerment", 114.

12. Dennis Bakke, comunicação pessoal em reunião da qual participou o autor, AES Headquarters, Arlington, VA, 7 de agosto de 2001.

13. Idem.

14. Idem.

15. Wetlaufer, "Organizing for Empowerment", 117.

16. Bakke, comunicação pessoal, 7 de agosto de 2001.

17. Wetlaufer, "Organizing for Empowerment", 120.

18. Bakke, comunicação pessoal, 7 de agosto de 2001.

O Futuro dos Empregos

Capítulo 5

1. Exemplo baseado em Charles Fishman, "Whole Foods Is All Teams", *Fast Company* 2 (abril de 1996): 103; Amy Hopfensperger (Public Relations Manager, Whole Foods Market), conversa por telefone com o autor, 21 de maio de 2003.

2. Para uma excelente introdução à idéia de democracia nos negócios, ver Brook Manville e Josiah Ober, *A Company of Citizens* (Boston: Harvard Business School Press, 2003). Para outras visões gerais, ver Charles Manz e Henry Simms, Jr., *Business Without Bosses* (Nova York: John Wiley & Sons, 1995); Russell Ackoff, *The Democratic Corporation* (Nova York: Oxford University Press, 1994); Patricia McLagan e Christo Nel, *The Age of Participation* (San Francisco: Berrett-Koehler Publishers, 1995); Ronald E. Purser e Steve Cabana, *The Self-Managing Organization* (Nova York: Free Press, 1998).

Para conhecer alguns dos primeiros exemplos de organizações administradas de maneira democrática, ver Polly LaBarre, "This Organization Is Dis-Organization", *Fast Company* 3 (junho/julho de 1996): 77 (Oticon); Charles Fishman, "Engines of Democracy", *Fast Company* 28 (outubro de 1999): 174 (fábrica de motores a jato da General Electric em Durham, NC); Charles Leadbeater, *The Weightless Society* (Nova York e Londres: Texere, 2000), 68-71 (agência de propaganda de St. Luke).

3. Exemplo baseado em uma conversa do autor com um diretor da empresa em 29 de setembro de 2002. Os nomes da empresa e do diretor foram omitidos para proteger a confidencialidade.

4. Molly Williams, "Hewlett-Packard Faces Sharpest Criticism of Compaq Deal from Its Own Employees", *Wall Street Journal*, 16 de novembro de 2001.

5. Os exemplos nesta seção se baseiam nas seguintes fontes: Michael Kaplan, "You Have No Boss", *Fast Company* 11 (outubro-novembro de 1997): 226; John Huey, "The New Post-Heroic Leadership", *Fortune,* 21 de fevereiro de 1994, 42-50; site corporativo da W. L. Gore, "Fast Facts", http://www.gore.com/about/fastfacts.html (acesado em 24 de maio de 2003); Charles C. Manz e Henry P. Sims, Jr., *Business without Bosses* (Nova York: John Wiley & Sons, 1995), 131-150; Rick Carter, "Quality's Different Drummer", *Industrial Maintenance and Plant Operation*, janeiro de 2002, reportagem de capa.

6. Kaplan, "You Have No Boss".

7. Idem.

8. Alastair McCall, ed., "The Firm That Lets Staff Breathe", *Sunday Times* (Londres), 24 de março de 2002 (em "One Hundred Best Companies to Work For", seção especial).

9. Dee Hock, *Birth of the Chaordic Age* (San Francisco: Berret-Koehler, 1999), 103, 106-111, 161, 181-185, 189-190.

10. Site corporativo da Visa International, "About Visa", http://corporate.visa.com/av/main.shtml (acessado em 24 de maio de 2003).

11. Robert D. Hof, "The People's Company: eBay Is Run Like a Democracy, with Customers Playing a Major Role. But Will that Relationship Become a Casualty of the Auction Site's Success?" *BusinessWeek*, 3 de dezembro de 2001, 15-21.

Notas

12. Mary Lou Song, citada em Jason Black, "Lean on Me: Companies on the Web Are Learning That Paying Attention to Users Who Call the Shots Makes Good Sense for Business", *Internet World*, 15 de maio de 2001.

13. Idem.

14. Idem.

15. Dados estatísticos da eBay Company Update, maio de 2003 http://www.shareholder.com/ebay/downloads/StandardPresentation051203a.pdf (acessado em 25 de maio de 2003).

16. Ver site corporativo da Mondragon, http://www.mondragon.mcc.es (acessado em 16 de setembro de 2002), e Mondragon Cooperative Corporation Corporate Profile (brochura) 2001. Alguns detalhes sobre a Mondragon nos parágrafos seguintes também se baseiam em conversas com gerentes da Mondragon (27-28 de junho de 2002) e subseqüentes comunicações pessoais. Iñaki Dorronsoro, coordenador do Centro de R&D e da Mondragon University, foi de grande ajuda para esclarecer alguns pontos.

17. Russell Ackoff, *The Democratic Corporation* (Nova York: Oxford University Press, 1994), 110-141, descreve uma idéia um tanto parecida, que chama de "organização circular". Em uma organização circular, todos os gerentes em todos os níveis têm seus próprios conselhos, que incluem o supervisor do gerente e todos os subordinados diretos do gerente. Assim, todos os gerentes, em certo sentido, respondem aos seus subordinados.

18. Sobre pagamento desproporcional para executivos, ver Jennifer Gill, "We're Back to Serfs and Royalty", *BusinessWeek Online*, 9 de abril de 2001, disponível em <http://www.businessweek.com/careers/content/apr2001/ca2001049_100.htm>. Gill quantificou o abismo salarial entre CEOs e seus funcionários: "Os CEOs de 365 das maiores empresas públicas (...) ganhavam, em média, $13,1 milhão em 2000, cerca de 531 vezes mais que seus funcionários médios".

19. Ver o seguinte site do National Center for Employee Ownership (NCEO), http://www.nceo.org/library/eo100.html (acessado em 15 de agosto de 2002). As empresas citadas aqui são as três maiores de uma lista compilada em julho de 2002 pela NCEO. As empresas listadas devem ter pelo menos 50% de propriedade dos funcionários através de um plano de participação de funcionários do qual a maioria ou todos os funcionários de tempo integral podem participar, a não ser que grupos de funcionários sejam excluídos em acordos de negociação coletiva.

20. David Wooley, "Introduction to a New Corporate Structure (1983)", divulgado no site do Global Ideas Bank, http://www.globalideasbank.org/inspir/INS-57.HTML (acessado em 30 de maio de 2003) e em html://thinkofit.com/drwool/newcorps.htm (acessado em 30 de maio de 2003); Robert Laubacher, Thomas W. Malone, e The 21st Century Scenario Working Group, "Two Scenarios for 21st Century Organizations: Shifting Networks of Small Firms or All-Encompassing 'Virtual Countries'?", em *Inventing the Organizations of the 21st Century*, ed. Thomas W. Malone, Robert J. Laubacher e Michael S. Scott Morton (Cambridge, MA: MIT Press, 2003).

21. Uma generalização particularmente intrigante deste cenário é o que poderia ser chamado de democracia por procuração. Em uma democracia por procuração, você pode exercer seu direito de votar dando a alguém uma procuração — o direito de votar em seu nome sobre um certo

O Futuro dos Empregos

conjunto de questões. E qualquer um que tenha sua procuração pode, por sua vez, delegá-la ainda mais. No cenário descrito no texto, seu gerente é automaticamente seu procurador para todas as questões em que você não vota.

Mas não há razão, em princípio, para você não dar procuração a uma variedade de outras pessoas além de seu gerente, para diferentes questões. Por exemplo, você poderia dar procuração para decisões de contratação a uma pessoa e para decisões orçamentárias a outra. Então, a pessoa que tem sua procuração para decisões orçamentárias poderia transferir sua procuração para uma pessoa de orçamentos na Divisão A e para alguém mais de orçamentos na Divisão B. E, se você não gostar da maneira como essas pessoas estão votando em seu nome, sempre pode transferir suas procurações para outra pessoa ou votar você mesmo.

Em geral, uma democracia por procuração resolve o mesmo problema básico que uma democracia representativa: permite que as pessoas expressem suas preferências gerais sem ter de perder tempo para votar em todas as questões. Mas uma democracia por procuração resolve esse problema de forma muito mais flexível e poderosa: você não tem de gastar mais tempo do que gostaria resolvendo questões, mas quando a questão é importante para você, pode ter uma influência muito mais direta que apenas escrevendo para seu representante eleito.

Embora nenhum lugar que eu conheça tenha tentado uma democracia por procuração, parece ser eminentemente válido tentar — tanto no setor público quanto no privado. Como muitas outras possibilidades descritas neste livro, esta idéia é muito mais viável com uma tecnologia de comunicação barata e conveniente.

22. Dennis Bakke, comunicação pessoal, 7 de agosto de 2001.

23. Em 2001-2002, praticamente todo o setor de energia, inclusive a AES, sofreu quedas significativas no preço das ações, mas parece que isso se reflete mais no setor de energia do que na maneira como a AES é organizada.

Capítulo 6

1. Thomas W. Malone e Robert J. Laubacher, "The Dawn of the E-lance Economy", *Harvard Business Review*, setembro-outubro de 1998, 144-152.

2. O seguinte resumo estatístico deste assunto se baseia no trabalho de meu colega Rob Laubacher: U.S. Bureau of Labor Statistics (BLS) Household Survey for April 2003 indica que, dos 137,7 milhões de americanos trabalhando, 24,4 milhões estavam empregados em regime de meio período (17,7%) e 10,1 milhões (7,3%) eram autônomos. Isso dá um total de 34,5 milhões de trabalhadores (25,0%) que são autônomos ou trabalham meio período. A BLS Establishment Survey também indica que, no mesmo mês, 2,7 milhões de americanos estavam empregados como temporários no setor de serviços de suporte. Presume-se que alguns desses trabalhadores já tenham sido contados como trabalhadores de meio período na Household Survey. Supondo que a proporção de trabalhadores de meio período seja a mesma nesta indústria que na economia como um todo, entretanto, podemos estimar que aproximadamente 5 milhões dos trabalhadores temporários trabalhem em meio período, deixando aproximadamente 2,3 milhões de trabalhadores tem-

Notas

porários de tempo integral (1,6% da força de trabalho). Somando todos esses tipos de trabalhador em regimes não tradicionais, aproximadamente 26,7% da força de trabalho norte-americana trabalha meio período, em serviço temporário ou é autônoma. Ver U.S Department of Labor, Bureau of Labor Statistics Data, http://www.bls.gov/data/home.htm (acessado em 29 de maio de 2003).

3. Thomas W. Malone, JoAnne Yates e Robert I. Benjamin. "Electronic Markets and Electronic Hierarchies", *Communications of the ACM* 30, nº 6 (1987): 484-497.

4. Para uma discussão sobre algumas dificuldades de equilibrar *freelance* ou trabalho autônomo com responsabilidades familiares, ver, por exemplo, Meg Lundstrom, "The New Mommy Track: Chief Executive, Cook, and Bottle Washer", *BusinessWeek Online*, 2 de dezembro de 1999, http:www.businessweek.com/smallbiz/9912/f991202.htm (acessado em 27 de maio de 2003).

5. Os fundadores usaram como nome de sua empresa a palavra que cunhamos em nosso artigo na *Harvard Business Review*. Mais tarde, passei a ser membro do conselho da empresa.

6. Dados estatísticos da "eBay Company Update, maio de 2003", http://www.shareholder.com/ebay/downloads/StandardPresentation051203a.pdf (acessado em 25 de maio de 2003) e Melanie Warner, "eBay's Worst Nightmare", *Fortune*, 26 de maio de 2003, 89-94.

7. "Ebay Offers Health Insurance for Some", *Boston Globe*, 8 de janeiro de 2003.

8. "Top 500 Companies by Employees", *Hoover's MasterList of U.S. Companies 2003* (Austin, TX: Hoover's, 2002), 7. Com 150 mil funcionários, a eBay ficaria empatada com a Blue Cross Blue Shield (número 36), entre a United Technologies (35) e a PepsiCo (37).

9. Para uma análise detalhada de como e por que o mecanismo de reputação da eBay funciona, ver Chrysanthos Dellarocas, "Efficiency and Robustness of eBay-like Online Reputation Mechanisms in Environments with Moral Hazard", documento para discussão 170, MIT Center for eBusiness, Cambridge, MA, 2003.

10. Robert D. Hof, "The People's Company: eBay Is Run Like a Democracy, with Customers Playing a Major Role. But Will that Relationship Become a Casualty of the Auction Site's Success?", *BusinessWeek* 3 (dezembro de 2001): 15-21. Por comparação, a fraude em cartões de crédito é nove vezes maior que na eBay. Para outra interpretação sugerindo que a fraude real pode ser mais alta que a relatada na eBay, ver Warner, "eBay's Worst Nightmare", 90.

11. A discussão a seguir sobre guildas baseia-se em Robert J. Laubacher e Thomas W. Malone, "Flexible Work Arrangements and 21st Century Worker's Guilds", documento para discussão 004, Iniciativa do MIT Inventing the Organizations of the 21st Century, Boston, outubro de 1997; Thomas W. Malone e Robert J. Laubacher, "The Rebirth of the Guild", *Boston Globe*, 24 de agosto de 2000; Thomas W. Malone e Robert J. Laubacher, "Retreat of the Firm and the Rise of Guilds: The Employment Relationship in an Age of Virtual Business", in *Inventing the Organizations of the 21st Century*, ed. Thomas W. Malone, Robert J. Laubacher e Michael S. Scott Morton (Cambridge, MA: MIT Press, 2003).

12. Paul Osterman et al., *Working in America: A Blueprint for the New Labor Market* (Cambridge, MA: MIT Press, 2001).

O Futuro dos Empregos

13. Steven Greenhouse, "The Most Innovative Figure in Silicon Valley? Maybe This Labor Organizer", *New York Times*, 14 de novembro de 1999.

14. "Ebay Offers Health Insurance for Some", *Boston Globe*, 8 de janeiro de 2003.

Capítulo 7

1. Ajit Kambil e Eric van Heck, *Making Markets: How Firms Can Design and Profit from Online Auctions and Exchanges* (Boston: Harvard Business School Press, 2002), 127-128, 160; Jeff Morgheim, declaração ao U.S. Senate Committee on Commerce, Science and Transportation, 21 de setembro de 2000, disponível em http:///www.gcrio.org/OnLnDoc/pdf/pdf/morgheim000921.pdf (acessado em 6 de junho de 2003); site corporativo da British Petroleum, "Our Performance", http://www.bp.com/environ_social/environment/climate_change/our_performance/index.asp#10 (acessado em 12 de março de 2003).

2. Para uma visão clássica de determinação de preço de transferência, ver Robert J. Eccles, *The Transfer Pricing Problem: A Theory for Practice* (Lexington, MA: Lexington Books, 1985). Para uma descrição mais recente de várias versões inovadoras dessa abordagem, ver Russell Ackoff, *The Democratic Corporation* (Nova York: Oxford University Press, 1994), 142-167.

3. AnnaLee Saxenian, *Regional Advantage: Culture and Competition in Silicon Valley and Route 128* (Cambridge, MA: Harvard University Press, 1994).

4. John Byrne, "The Miracle Company: Excellence in the Lab and Executive Suite Makes Merck a Powerhouse", *BusinessWeek,* 19 de outubro de 1987, 86.

5. Robert J. Laubacher e Thomas W. Malone, "Temporary Assignments and a Permanent Home: A Case Study in the Transition to Project-Based Organizational Practices", documento para discussão, MIT Center for Coordination Science, Cambrige, MA, 2003. Sou especialmente grato a Rob Oyung, da Hewlett-Packard, por nos trazer este exemplo e por sua ajuda esclarecedora durante o projeto.

6. C. R. Plott, "Markets as Information Gathering Tools", *Southern Economic Journal* 67, nº 1 (2000): 1-15; Kay-Yut Chen e Charles R. Plott, "Prediction Markets and Information Aggregation Mechanism: Experiments and Application", relatório técnico, California Institute of Technology, Pasadena, CA, 1998. O nome da empresa não é identificado nesses relatórios, mas é identificado em várias outras referências a eles, por exemplo, Hal R. Varian, "Effect of the Internet on Financial Markets", relatório técnico, School of Information Management and Systems, University of California, Berkeley, setembro de 1998; Robin Hanson, "Shall We Vote on Values, but Bet on Beliefs?", relatório técnico, Departamento de Economia, George Mason University, Fairfax, VA, setembro de 2000, disponível em http://hanson.gmu.edu/futarchy.pdf (acessado em 6 de junho de 2003).

7. Os preços e outras informações geradas por um mercado como este poderiam ser usados para se efetuar uma previsão ainda mais exata do futuro que aquela feita pelo próprio mercado. Ver Kay-Yut Chen, Leslie R. Fine e Bernardo A. Huberman, "Forecasting Uncertain Events with Small Groups", in Proceedings of the ACM Conference on E-commerce, Tampa, FL, outubro de 2001.

Notas

8. Ver a lista de publicações sobre mercados futuros de idéias no site de Robin Hanson, http://hanson.gmu.edu/ideasfutures.html (acessado em 6 de junho de 2003).

9. "Iowa Electronic Markets", http://www.biz.uiowa.edu/iem/ (acessado em 6 de junho de 2003).

10. Robert Forsythe et al., "Anatomy of an Experimenal Political Stock Market", *American Economic Review* 85, nº 5 (1992): 1142-1161.

11. Idem; R. Forsythe, T. Rietz e T. Ross, "Wishes, Expectations and Actions: A Survey on Price Formation in Election Stock Markets", *Journal of Economic Behavior and Organization* 39, nº 1 (1999): 83-110.

12. Nicholas Chan, Ely Dahan, Adlar Kim, Andrew Lo e Tomaso Poggio, "Securities Trading of Concepts (STOC)", documento para discussão 172, MIT Center for eBusiness, Cambridge, MA, dezembro de 2002.

13. Shailagh Murray, "Online Exchange Chooses Turmoil As a Commodity", *Wall Street Journal*, 29 de julho de 2003; Peter Coy, "Betting on Terror: PR Disaster, Intriguing Idea", *BusinessWeek*, 25 de agosto de 2003, 41; Jeremy Kahn, "The Man Who Would Have Us Bet on Terrorism — Not to Mention Discard Democracy and Cryogenically Freeze Our Heads — May have a Point (About the Betting, We Mean)", *Fortune*, 15 de setembro de 2003, 179-186.

A proposta original foi amplamente condenada porque poderia ter permitido que os terroristas lucrassem com suas transgressões e porque alguns acharam que era imoral apostar em coisas como assassinato e destruição. As empresas de seguro, entretanto, apostam na vida das pessoas todo dia, e negociar certos tipos de evento particularmente sujeitos à objeção (como o assassinato de determinados indivíduos) poderia facilmente ter sido proibido no mercado. Além disso, uma vez que os ganhos eram limitados a 100 dólares, ninguém poderia ter lucrado muito. Uma variação bastante promissora da idéia teria sido abrir o mercado somente para especialistas convidados do governo, do meio acadêmico e da indústria. Isso poderia ter criado um tipo de consenso de especialistas para prever o perigo de maneira muito mais eficiente que os meios convencionais.

14. Ver exemplos e referências detalhados em Hanson, "Shall We Vote on Values?", 12-13.

15. Os outros pesquisadores do MIT envolvidos neste projeto eram Jim Rice, David McAdams, Adlar Kim, Jim Hines, John Quimby, George Herman, Ben Koo e Paulo Gonçalves.

16. O número cem foi escolhido arbitrariamente aqui para ilustração; não reflete o valor real usado na empresa. Um *wafer* é uma folha fina de silício que pode conter centenas ou milhares de circuitos individuais integrados.

17. Adlar Kim customizou este sistema para nosso uso. Para mais detalhes sobre o sistema básico, ver Chan et al., "Securities Trading of Concepts (STOC)".

18. Ver, por exemplo, Ronald Coase, "The Nature of the Firm", *Econometrica* 4 (1937); 386-405; Oliver Williamson, *Markets and Hierarchies: Analysis and Antitrust Implications* (Nova York: Free Press, 1975); Oliver Williamson, *Economic Institutions of Capitalism* (Nova York: Free Press, 1985); Oliver Williamson, *The Mechanisms of Governance* (Nova York: Oxford University Press, 1996); Sanford Grossman e Oliver Hart, "The Costs and Benefits of Ownership: A Theory of Vertical and Lateral Integration", *Journal of Political Economy* 94 (1986): 691-719; Oliver Hart e John

O Futuro dos Empregos

Moore, "Property Rights and the Nature of the Firm", *Journal of Political Economy* 27 (1990): 1119-1158; Bengt Holmstrom e Paul Milgrom, "Multitask Principal-Agent Analyses: Incentive Contracts, Asset Ownership, and Job Design", *Journal of Law, Economics, and Organization* 7 (1991): 24-52; Robert Gibbons, "Taking Coase Seriously", *Administrative Science Quarterly* 44 (1999): 145-157; Bengt Holmstrom e John Roberts, "The Boundaries of the Firm Revisited", *Journal of Economic Perspectives* 12, nº 4 (1998): 73-94.

19. Charles H. Fine, *Clockspeed* (Nova York: Perseus, 1999).

Capítulo 8

1. Louis V. Gerstner, Jr., *Who Says Elephants Can't Dance? Inside IBM's Historic Turnaround* (Nova York: HarperBusiness, 2002), 12-13, 57-62, 68-70.

2. Idem, 22.

3. Idem, 248-252.

4. Ver trabalhos relacionados que contribuíram para o desenvolvimento dessa abordagem: Jay R. Galbraith, *Designing Organizations: An Executive Guide to Strategy, Structure, and Process*, 2ª ed. (San Francisco: Jossey-Bass, 2002); K. A. Merchant, "The Control Function of Management", *Sloan Management Review* 23, nº 4 (primavera de 1982): 43-55.

5. Sobre a crescente importância do trabalho intelectual, ver, por exemplo, Peter F. Drucker, *Post-Capitalist Society* (Nova York: HarperBusiness, 1993).

6. Thomas W. Malone, "Is 'Empowerment' Just a Fad? Control, Decision-Making, and Information Technology", *Sloan Management Review* 38, nº 2 (1997): 23-35; M. Stevenson, "The Store to End All Stores", *Canadian Business Review,* maio de 1994; B. Fox, "Staying on Top at Wal-Mart", *Chain Store Age Executive* 70, nº 4 (1994): 47; Thomas Richman, "Mrs. Fields' Secret Ingredient", *INC. Magazine*, outubro de 1987, 65-72.

7. Merchant, "The Control Function of Management".

8. Ver, por exemplo, Chrysanthos Dellarocas, "The Digitization of Word-of-Mouth: Promise and Challenges of Online Reputation Mechanisms", documento para discussão, MIT Sloan School of Management, Cambrige, MA, 2002; Paul Resnick et al., "Reputation Systems", *Communications of the ACM* 43, nº 12 (2000): 45-48.

9. CapitalOne Financial Corporation, "Securities and Exchange Commission Form 8-K", 16 de julho de 2002, disponível em http://www.sec.gov/Archives/edgar/data/927628/00009283850-2002514/d8k.htm (acessado em 2 de junho de 2003).

10. Brent Schlender, "Intel's $10 Billion Gamble", *Fortune*, 11 de novembro de 2002, 90.

11. Goran Lindahl, conversa com o autor, Carmel, CA, 24 de junho de 2001.

12. Rebecca Smith, "AES, Calpine Post Losses for the Quarter: Results Reflect Electric-Power Industry's Tight Credit, Instability, Declining Margins", *Wall Street Journal*, 14 de fevereiro de 2003.

13. Stephanie Woerner, "Networked at Cisco", Case SeeIT #1 (Cambridge, MA: MIT Sloan School of Management SeeIT Project Working Paper), 2001.

Notas

14. Paul Milgrom e John Roberts, "The Economics of Modern Manufacturing: Technology, Strategy, and Organization", *American Economic Review* 80, nº 3 (1990): 511-528; Erik Brynjolfsson, Amy Renshaw e Marshall VanAlstyne, "The Matrix of Change: A Tool for Business Process Reengineering", *Sloan Management Review* 38, nº 2 (inverno de 1997): 37-54.

15. Charles A. O'Reilley III e Jeffrey Pfeffer, *Hidden Value: How Great Companies Achieve Extraordinary Results with Ordinary People* (Boston: Harvard Business School Press, 2000), 222-226.

16. Ver, por exemplo, Edgar Schein, *Process Consultation: Lessons for Managers and Consultants*, vol. 1 (2ª ed.) e vol. 2 (Reading, MA: Addison Wesley, 1987 e 1988); Tracy Goss, Richard Tanner Pascale e Anthony G. Athos, "The Reinvention Roller Coaster: Risking the Present for a Powerful Future", *Harvard Business Review*, novembro-dezembro de 1993, 97-108; John P. Kotter, *Leading Change* (Boston: Harvard Business School Press, 1996); John P. Kotter e Dan S. Cohen, *The Heart of Change: Real Life Stories of How People Change Their Organizations* (Boston: Harvard Business School Press, 1996); Jim Collins, *Good to Great: Why Some Companies Make the Leap... and Others Don't* (Nova York: HarperCollins, 2001).

17. Sou grato a Rob Laubacher por sugerir e explicar este exemplo para mim. Para os fundamentos, ver Michael Storper e Susan Christopherson, "Flexible Specialization and Regional Industrial Agglomerations: The Case of the U.S. Motion Picture Industry", *Annals of the Association of American Geographers* 77, nº 1 (1987), 104-117.

Capítulo 9

1. Para usos anteriores do termo *orquestrador* neste mesmo sentido, ver John Hagel III, Scott Durchslag e John Seely Brown, "Loosening UP: How Process Networks Unlock the Power of Specialization", *McKinsey Quarterly*, 31 de maio de 2002, 59-69; John Hagel III, *Out of the Box: Strategies for Achieving Profits Today and Growth Tomorrow through Web Services* (Boston: Harvard Business School Press, 2002), 114-116.

2. Douglas Ready, "Mobilizing Collective Ambition: How Effective Top Teams Lead Enterprise-Wide Change", documento para discussão, International Consortium for Executive Development Research, Lexington, MA, julho de 2002.

3. Sou grato a Don Lessard por uma discussão que ajudou a esclarecer os pontos nesta seção.

4. Ver, por exemplo, os seguintes sites: "The Apache Software Foundation", http://www.apache.org; "The Apache XML Project: Project Guidelines", http://xml.apache.org/guidelines.html; "The Apache Jakarta Project", http://jakarta.apache.org/site/guidelines.html (todos acessados em 8 de junho de 2003).

5. Robert J. Herbold, "Inside Microsoft: Balancing Creativity and Discipline", *Harvard Business Review*, janeiro de 2002, 73-79.

O Futuro dos Empregos

6. Rebecca M. Henderson e Kim B. Clark, "Architectural Innovation: The Reconfiguration of Existing Product Technologies and the Failure of Established Firms", *Administrative Science Quarterly* 35 (1990): 9-30.

7. Klaus-Dieter Heerklotz (Manager, IT and Multimedia Services, VIAG Interkom), conversa com o autor, Monte Carlo, Mônaco, 8 de junho de 1999.

8. Hagel, *Out of the Box*; John Hagel III e John Seely Brown, "Your Next IT Strategy", *Harvard Business Review*, outubro de 2001, 105-113.

9. F. Warren McFarlan e Fred Young, "Li & Fung: Internet Issues (A)", Case 9-301-009 (Boston: Harvard Business School, 2000).

10. Para um exemplo de uma estrutura em que tais mapas de atividades eletrônicas partilhados poderiam aparecer, ver Thomas W. Malone, Kevin G. Crowston e George Herman, eds., *Organizing Business Knowledge: The MIT Process Handbook* (Cambrige, MA: MIT Press, 2003).

11. Hagel, Durchslag e Brown, "Loosening Up: How Process Networks Unlock the Power of Specialization".

12. Thomas W. Malone e Kevin Crowston, "The Interdisciplinary Study of Coordination", *ACM Computing Surveys* 26, nº 1 (1994): 87-119.

13. Ver, por exemplo, Gary M. Olson, Thomas W. Malone e John B. Smith, eds., *Coordination Theory and Collaboration Technology* (Mahwah, NJ: Erlbaum, 2001).

14. Kevin Crowston, "Toward a Coordination Cookbook: Recipes for Multi-Agent Action" (dissertação de Ph.D., MIT Sloan School of Management, 1991); Gilad Zlotkin, "Coordinating Resource Based Dependencies", documento para discussão (não publicado), Center for Coordination Science, MIT, Cambrige, MA, 1995; Thomas W. Malone et al., "Tools for Inventing Organizations: Toward a Handbook of Organizational Processes", *Management Science* 45, nº 3 (1999): 425-443.

15. Thomas W. Malone, "How Can You Systematically Invent New Business Ideas? Leveraging an Online Process Handbook", documento para discussão, MIT Center for Coordination Science, Cambridge, MA, 2003.

16. Para discussões mais detalhadas, ver Malone et al., "Tools for Inventing Organizations"; Malone, Crowston e Herman, eds., *Organizing Business Knowledge*. Os resultados de nossa pesquisa no MIT também têm sido comercializados pela Phios Corporation (www.phios.com), uma empresa desmembrada da qual sou co-fundador e presidente.

17. Para mais detalhes, ver George Herman e Thomas W. Malone, "What Is in the Process Handbook? An Overview of Its Contents", in *Organizing Business Knowledge: The MIT Process Handbook*, ed. Thomas W. Malone, Kevin G. Crowston e George Herman (Cambridge, MA: MIT Press, 2003).

18. Malone et al., "Tools for Inventing Organizations".

Capítulo 10

1. Ver, por exemplo, Charles Handy, *The Age of Unreason* (Boston: Harvard Business School Press, 1990); Tom Peters, *Liberation Management* (Nova York: Knopf, 1992); Charles Handy, *The*

Notas

Age of Paradox (Boston: Harvard Business School Press, 1994); Russell Ackoff, *The Democratic Corporation* (Nova York: Oxford University Press, 1994); Charles Manz e Henry Simms, Jr., *Business without Bosses* (Nova York: John Wiley & Sons, 1995); Patricia McLagan e Christo Nel, *The Age of Participation* (San Francisco: Berrett-Koehler, 1995); Sumantra Ghoshal e Christopher A. Bartlett, *The Individualized Corporation* (Nova York: HarperBusiness, 1997); Ronald E. Purser e Steve Cabana, *The Self-Managing Organization* (Nova York: Free Press, 1998); Dee Hock, *Birth of the Chaordic Age* (San Francisco: Berrett-Koehler, 1999); Charles A. O'Reilly III e Jeffrey Pfeffer, *Hidden Value* (Boston: Harvard Business School Press, 2000).

2. Linda Seger e Edward Jay Whetmore, *From Script to Screen: The Collaborative Art of Filmmaking* (Nova York: Henry Holt & Co., 1994), 72.

3. Idem, 97.

4. Dwight Eisenhower, citado em *American Speaker*, ed. Aram Bakshian, Jr. (Washington, D.C.: Georgetown Publishing House, 1994), QUO/23.

5. Alexandre Ledru-Rollin, citado em *American Speaker*, QUO/22.

6. Mike Linksvayer, "The Choice of a Gnu Generation: An Interview with Linus Torvalds", *Meta* (revista on-line), 12 de novembro de 1993, http://gondwanaland.com/meta/history/interview.html (acessado em 1º de junho de 2003).

7. Philip Elmer-Dewitt, "Why Java Is Hot", *Time*, 22 de janeiro de 1996, 58-60.

8. Mao Tsé-tung, discurso feito em Pequim, 27 de fevereiro de 1957, em *Selected Works of Mao Tse-tung* (Pequim: Foreign Languages Press, 1977), 408.

9. Richard Foster e Sarah Kaplan, *Creative Destruction: Why Companies That Are Built to Last Underperform the Market — and How to Successfully Transform Them* (Nova York: Doubleday/Currency, 2001).

10. Wanda J. Orlikowski, "Learning from Notes: Organizational Issues in Groupware Implementation", em *Proceedings of the Third ACM Conference on Computer-Supported Cooperative Work* (Toronto, novembro de 1992), 362-369.

11. Wanda J. Orlikowski e J. Debra Hofman, "An Improvisational Model of Change Management: The Case of Groupware Technologies", *Sloan Management Review* 38, nº 2 (inverno de 1997): 11-21. Substituí o termo *opportunistic* pelo termo original desses autores: *baseado em oportunidades*.

12. Jim Collins, *Good to Great* (Nova York: HarperBusiness, 2001), 17-40.

13. Deborah Ancona, Thomas W. Malone, Wanda Orlikowski e Peter Senge, "Core Capabilities of Distributed Leadership", documento para discussão, MIT Sloan School of Management, Cambridge, MA, no prelo. As quatro seções seguintes (sobre as quatro capacidades) se baseiam neste trabalho e em outros materiais desenvolvidos em conjunto pelos autores deste documento.

14. O memorando completo (inicialmente confidencial) agora está disponível como prova 20 no julgamento antitruste da Microsoft: http://www.usdoj.gov/atr/cases/exhibits/20.pdf (acessado em 1º de junho de 2003).

15. Don Meichenbaum, "Enhancing Creativity By Modifying What Subjects Say to Themselves", *American Educational Research Journal* 12 (1975): 132, citado em *Creativity in Context*, de Teresa Amabile (Boulder, CO: Westview Press, 1996), 247.

O *Futuro dos Empregos*

16. Ver, por exemplo, análises e resumos de inúmeras técnicas em M. I. Stein, *Stimulating Creativity*, vols. 1 e 2 (Nova York: Academic Press, 1974 e 1975); L. Rose e H. Lin, "A Meta-Analysis of Long-Term Creativity Training Programs", *Journal of Creative Behavior* 18 (1984): 11-22; Amabile, *Creativity in Context*.

17. Ver, por exemplo, Alex F. Osborne, *Applied Imagination: Principles and Procedures of Creative Thinking* (Nova York: Scribner's, 1963).

18. Thomas W. Malone, "How Can You Systematically Invent New Business Ideas? Leveraging an On-line Process Handbook", documento para discussão, MIT Center for Coordination Science, Cambridge, MA, 2003.

19. Mark Granovetter, "The Strength of Weak Ties", *American Journal of Sociology* 78 (1973): 1360-1380.

20. Deborah Ancona, Henrik Bresman e Katrin Kaeufer, "The Comparative Advantage of X-Teams", *Sloan Management Review* 43, n° 3 (primavera de 2002): 33-39.

Capítulo 11

1. Esta versão é adaptada de Stephen R. Covey, *The 7 Habits of Highly Effective People* (Nova York: Simon & Schuster, 1990), 95-144.

2. Ver, por exemplo, Frederick F. Reichheld, *The Loyalty Effect: The Hidden Force behind Growth, Profits, and Lasting Value* (Boston: Harvard Business School Press, 1996); Frederick F. Reichheld, *Loyalty Rules! How Leaders Build Lasting Relationships* (Boston: Harvard Business School Press, 2001).

3. MIT 21st Century Manifesto Working Group (Deborah Ancona, Lotte Bailyn, Erik Brynjolfsson, John Carroll, Tom Kochan, Don Lessard, Thomas W. Malone [presidente], Wanda Orlikowski, Jack Rockart, Michael S. Scott Morton, Peter Senge, John Sterman e JoAnne Yates), "What Do We Really Want? A Manifesto for the Organizations of the 21st Century", em *Inventing the Organizations of the 21st Century*, ed. Thomas W. Malone, Robert J. Laubacher e Michael S. Scott Morton (Cambridge, MA: MIT Press, 2003). Também disponível em http://ccs.mit.edu/papers/pdf/wp032manifesto21C.pdf (acessado em 11 de junho de 2003).

4. Ver, por exemplo, A. H. Maslow, *Motivation and Personality*, 3ª ed. (Nova York: Harper & Row, 1987); E. E. Lawler, *Motivation in Work Organizations* (San Francisco: Jossey-Bass, 1994). A teoria original de Maslow era que suas necessidades em um nível só são ativadas quando suas necessidades de todos os níveis abaixo foram satisfeitas. Pesquisas posteriores encontraram poucas evidências de que a seqüência e os agrupamentos exatos de Maslow estivessem corretos, mas parece que algumas necessidades só se tornam importantes depois que outras são satisfeitas. Por exemplo, Lawler (*Motivation in Work Organizations*, cap. 2) encontrou evidências de um agrupamento de dois níveis (como o descrito aqui), sendo que as necessidades do nível superior (como amor, estima e auto-realização) são satisfeitas em qualquer ordem, mas somente depois que as necessidades fisiológicas e de segurança foram atendidas.

Notas

5. Business Roundtable, *Statement on Corporate Responsibility* (Nova York, 1981), 9; Business Roundtable, *Statement of Corporate Governance* (Nova York, 1997), 3. (Ambas citadas e resumidas em "Beyond Selfishness", de Henry Mintzberg, Robert Simons e Kunal Basu, *Sloan Management Review* 44, nº 1 (2002): 67-74.)

6. Milton Friedman, "The Social Responsibility of Business Is to Increase Its Profits", *New York Times Magazine*, 13 de setembro de 1970, 32-33, 122-126.

7. A afirmação de que as corporações podem ter objetivos não financeiros é verdadeira, não só em termos filosóficos, mas também legais. Nos Estados Unidos, por exemplo, as autoridades corporativas geralmente têm permissão legal para fazer o que é de interesse da corporação, em termos amplos. Por exemplo, As Leis Gerais de Massachusetts, Parte I, Título XII, Capítulo 156B, Seção 65, rezam: "Para determinar o que acredita atender aos interesses da corporação, um diretor pode considerar os interesses dos funcionários, fornecedores, credores e clientes da corporação, a economia do estado, da região e da nação, questões relativas à comunidade e à sociedade e os interesses de curto e longo prazos da corporação e seus acionistas, inclusive a possibilidade de que esses interesses possam ser mais bem atendidos pela independência contínua da corporação".

8. Para maiores informações, ver, por exemplo, os seguintes sites: http://www.socialinvest.org e http://www.betterworld.com (ambos acessados em 15 de maio de 2002).

9. Ver, por exemplo, Jason Zweig, "What Would Jesus Buy?", *Time*, 19 de maio de 2003, 86.

10. Social Investment Forum, *2001 Report on Socially Responsible Investing Trends in the United States* (Washington, DC: Social Investment Forum, 2001), http://www.socialinvest.org/Areas/research/trends/SRI_Trends_Report_2001.pdf (acessado em 13 de junho de 2003).

11. Suzy Wetlaufer, "Organizing for Empowerment: An Interview with AES's Roger Sant and Dennis Bakke", *Harvard Business Review*, janeiro-fevereiro de 1999, 112.

12. Para um comentário esclarecedor sobre questões desta seção, ver Charles Handy, "What's a Business For?", *Harvard Business Review*, dezembro de 2002, 49-55.

13. Zweig, "What Would Jesus Buy?".

14. Ver, por exemplo, o site corporativo da British Petroleum em http://www.bp.com/index.asp (acessado em 1º de julho de 2003).

15. Michael Skapinker, "Why Nike Has Broken Into a Sweat", *Financial Times* (FT.com), 6 de março de 2002, disponível em http://news.ft.com/ft/gx.cgi/ftc?pagename=View&c=Article&cid=FT363BTGHYC&live=true (acessado em 7 de maio de 2002).

16. Peter Dizikes, "Analyze this: In Terror Fight, CIA Leans on Analysts to See Big Picture", ABCNews.com, 10 de junho de 2002, http://abcnews.go.com/sections/business/DailyNews/ciaagents020610.html (acessado em 1º de julho de 2003).

17. Enron Corporation, "Code of Ethics" (Houston: Enron Corporation, 2000), http://www.thesmokinggun.com/enron/enronethics1.shtml (acessado em 13 de junho de 2003).

18. London Greenpeace, "What's Wrong with the Body Shop? A Criticism of 'Green' Consumerism", (Londres: London Greenpeace, 1998), http://www.mcspotlight.org/beyond/companies/bs_ref.html (acessado em 13 de junho de 2003).

O Futuro dos Empregos

19. Ver, por exemplo, o site da Global Reporting Iniciative, http://www.globalreporting.org/index.htm, (acessado em 7 de outubro de 2002).

20. "About ratings", site corporativo da IdealsWork, http://www.idealswork.com/ratings/index.asp#1 (acessado em 7 de setembro de 2003).

21. Comparação feita em outubro de 2002.

22. Idries Shah, *A Perfumed Scorpion* (Londres: Octagon Press, 1978), 140-141.

23. Aldous Huxley, em *The Perennial Philosophy* (1944; reimpresso, Nova York: HarperCollins, 1990, Perennial Library edition), usa o nome *filosofia perene* para essa essência comum de ensinamentos religiosos e espirituais ao longo de todas as eras. Para coleções similares que ilustrem pontos em comum entre diferentes religiões, ver Robert Cecil, ed., *The King's Son* (Londres: Octagon Press, 1981); Dorothy B. Philips, Elizabeth B. Howes e Lucille M. Nixon, eds., *The Choice Is Always Ours* (San Francisco: Harper, 1975).

24. E. F. Schumacher, *Small Is Beautiful* (Londres: Blond & Briggs Ltd, 1973; Nova York: Harper Perennial, 1989), 318.

Apêndice

1. Para uma descrição mais detalhada deste modelo, ver Thomas W. Malone, "Is 'Empowerment' Just a Fad? Control, Decision-Making, and Information Technology", *Sloan Management Review* 38, nº 2 (1997): 23-35; George M. Wyner e Thomas W. Malone, "Cowboys or Commanders: Does Information Technology Lead to Decentralization?", *Proceedings of the International Conference on Information Systems (ICIS 96)* (Cleveland, OH, 15-18 de dezembro de 1996).

2. Ver, por exemplo, Paul J. DiMaggio e Walter W. Powell, "The Iron Cage Revisited: Institutional Isomorphism and Collective Rationality in Organizational Field", *American Sociological Review* 48 (1983): 147-160; Jay R. Galbraith, *Organization Design* (Reading, MA: Addison-Wesley, 1977); Vijay Gurbaxani e Seungjin Whang, "The Impact of Information Systems on Organizations and Markets", *Communications of the ACM* 34, nº 1 (1991): 59-73; George P. Huber e Reuben R. McDaniel, "The Decision-Making Paradigm of Organizational Design", *Management Science* 32, nº 5 (1986): 572-589; M. Lynne Markus, "Power, Politics, and MIS Implementation", *Communications of the ACM* 26, nº 6 (1983): 430-444; Edgar H. Schein, *Organizational Culture and Leadership* (San Francisco: Jossey-Bass, 1985); W. Richard Scott, *Organizations: Rational, Natural, and Open Systems*, 3ª ed. (Englewood Cliffs, NJ: Prentice-Hall, 1992); J. D. Thompson, *Organizations in Action* (Nova York: McGraw-Hill, 1967).

3. A prova matemática deste resultado é dada em Wyner e Malone, "Cowboys or Commanders". Um modelo similar, com resultados essencialmente idênticos, foi desenvolvido de forma independente na Stanford University por: Namhoon Kwon, "Three Essays on the Theory of the Firm" (dissertação de Ph.D., Departamento de Economia, Stanford University, 1997): 1-46.

4. D. Sullivan, "On the Road Again", *CIO Magazine*, 15 de janeiro de 1995, 50-52.

Índice Remissivo

abordagem "deixai mil flores desabrocharem", 142-143

abusos do mercado, 92-93

acionistas, 60-62
- administração em, democráticas, 57
- de descentralização (*ver* democracias; hierarquias flexíveis; mercados)
- estruturas
- fatores na tomada de decisão, 168-171
- financeira, 54-57
- freelance, 67
- infra-estruturas padronizadas, 124
- para partilhar conhecimentos, 133
- problemas de, 108-109
- profunda, de processos empresariais, 125-130
- tomada de decisão, 58, 168-171

acionistas, funcionários como, 51

administração de comando e controle, 27,141

AES Corporation, 6, 40-44, 59-60, 122

agências de empregos temporários, 79

agricultura, história da centralização relacionada à, 14-16

agrupando pessoas, 131

alianças, mudanças nas, 27

análises de colegas, estabelecendo salários através de, 59-60

Ancona, Deborah, 147, 151

Apache Software Foundation, 121

Aquent Associates, 79

arquiteturas de processos, 122-125

associações de ex-alunos universitários, 79

associações de ex-alunos, 88

Asynchrony Software, 70-71, 83

atividades. *Ver* coordenação de atividades

autoconsciência, 164

auto-identidade, 77-78

autonomia. *Ver* liberdade

Bakke, Dennis, 40-41, 42, 47, 158

Bank of America, 52

bases de conhecimento on-line, 137-138

benefício real da informação, 167-171

benefícios, 77, 79
- da descentralização, 30-31, 102-103, 109-111, 171
- da especialização, 18
- de ser grande, 25-26
- reais da informação, 167-171

Bennis, Warren, 22

Body Shop, The, 160

brainstorming, 150

British Petroleum (BP), 81-82, 159

Browne, John, 81

Brynjolfsson, Erik, 28

Business Roundtable, 156

capacidade de produção, 81-93

capacidade de produção, mercados internos para, 88-93

capital de investimento, 61

CapitalOne, 106

centralização
- combinando com a descentralização para a tomada de decisão, 110-112
- estrutura centralizada para a tomada de decisão, 168-171
- evolução da, 171
- hierarquias centralizadas, 100-101
- necessidade de comunicação na, 28-30
- para resolução de conflitos, 109-110
- passando para a descentralização da, 111-113
- quando escolher, 110
- razões para, em grandes organizações, 19-20
- resultados das tendências à, 9
- surgimento histórico da, 15-18

chefes, papéis para, 43

Cisco Systems, 111

O Futuro dos Empregos

classificações dos compradores, 106

Collins, Jim, 147

combinação, 136

comitês executivos, 59, 60

Commodity Futures Trading Commission, 87

Compaq Computer, 51

competências, coordenando, 118-119

comunicação
    aspectos históricos da, 16, 17
    custos de comunicação/impressão, 21
    custos de, 19, 25-26, 28-30, 167-170
    efeitos das mudanças na tecnologia na, 8
    estilo de fluxo livre de, 42-43
    partilhar conhecimento, 108-109
    requisitos de mercado para, 95
    sistemas de entrega de cartas, 28-30
    sistemas hierárquicos de, 16
    via Internet, 36

concorrentes, 94, 126

conexões, tipos de, 119, 120-121

confiança, 93-97

conflitos, 45, 109, 140

conhecimento
    bases de conhecimentos on-line, 137-138
    fertilização cruzada de idéias, 143-145
    partilhando, 108, 132-134

conselho para a tomada de decisão, 42

Continuum da Descentralização, 5

contratação, métodos para, 18

controlar *versus* coordenar, 118-120

controle
    centralizado, 108
    de produtos/serviços finais, 135
    delegando, 39-40
    estilo gerencial de comando e controle, 27-28
    gerenciamento de qualidade, 105-106
    versus cultivo, 141

coordenação de atividades
    arquiteturas de processos, 122-125
    estabelecendo objetivos, 120
    exemplo de descentralização radical, 129-137
    inventando novas idéias para, 137-138
    paradoxo de padrões na, 120-122
    processos empresariais, 137-138
    versus controle, 118-120

coordenação descentralizada, 121

corporações de propriedade dos membros, 54-57

corporações tradicionais, 80

crescimento rápido, 122

criação de enciclopédia, 37-39

criatividade, 30, 102, 109, 141-143, 149-151

cultivando valores, 163-164

cultivar organizações. *Ver também* funcionários
    modelo de coordenar e cultivar, 117-118
    princípios para, 141-142
    psicologia de, 145-147
    visão geral, 139-141

cultura, mantendo a, organizacional, 122

custos
    da centralização, 19-20
    de comunicação, 25-26, 28-30, 96-97, 167-171 (*ver também* comunicação)
    potenciais da descentralização, 102-109
    versus benefícios da descentralização, 109-111

Cypress Semiconductor, 111

dar sentido a circunstância, 149-150

dar sentido, 148-149

declarações de missão, 154

delegação, 39, 41-45

Dell Computer, 97, 137

demissões, 60

democracias
    controle de qualidade e gerenciamento de risco, 105-106
    democracia inter-organizacional, 52
    democracia on-line, 53
    hierarquias radicalmente democráticas, 57-62
    lições sobre, 61-62
    Mondragon Cooperative Corporation (MCC), 6, 54-57
    organizações comerciais como, 6
    pesquisa de opinião, 50-51
    pontos fortes e fracos de, 100-101
    reinos *versus*, 20-22
    tomada de decisão em, 104
    tomada de decisão participativa, 57-58
    visão geral, 49-50

Índice Remissivo

democracia inter-organizacional, 52-53

democracia representativa, 56-57

dependências de combinação, 128

dependências de fluxo, 126, 128-129, 137
    revista *Fortune*, 51-52

dependências entre atividades, 126-129, 130-136, 137

dependências fundamentais, 127-129, 130-136, 137

descentralização radical, 129-137

descentralização
    benefícios da, 102-103, 192
    combinando com a centralização para a tomada de decisão, 110-112
    custos de comunicação e, 31-32
    custos decrescentes e, 28-30
    custos potenciais da, 102-109
    custos *versus* benefícios da, 110
    definição de, 5
    desejável, 10
    economias de escala e, 107-108
    fatores contribuintes nas tendências à, 28
    fatores desejáveis da, 30
    gerenciamento de capacidades na, 118-119
    nova perspectiva sobre, 10-11
    passando da centralização para a, 111-113
    psicologia das hierarquias, 146
    visão geral da tomada de decisão, 99-102
    voltando para, 20-22

desenvolvimento de software, hierarquias flexíveis para, 35-37

destruição criativa, 143

difusão da descentralização, 111-113

direitos autorais, 96

Disney Corporation, 159

disputas presidenciais, 86-87

eBay, 53, 71-72, 79, 112

economia de e-lance, 66-68, 69-71

economias de escala, 106-107

"egoboo", 36-37

Einstein, Albert, 30

Eisenhower, Dwight, 141

Eitel, Maria, 159

Elance, Inc., 68-70

empresa, finalidade da, 156-158

empresas cooperativas, 54-57

empresas de consultoria, 39-41, 129-137

empresas iniciantes, 83

Enron Corporation, 160

entrega do serviço, 91, 135

equipes autogerenciadas, 28

equipes de projeto, quase-mercados para formar, 83-85

equipes, 28, 68, 83-85

escolhas
    ao fazer negócios, 155
    baseadas em valores, 161
    coordenação de atividades, 138
    de valores, 162-163
    estruturas de tomada de decisão centralizada, 113
    na formação de hierarquias flexíveis, 46
    organizacional, 20
    para cultivar organizações, 152
    para mercados internos, 96-98
    para revoluções nas empresas, 11-12
    prosperidade à liberdade, 26
    quando descentralizar, 109-111
    razões para escolher a descentralização, 22

especialização, benefícios da, 18-19

estrutura descentralizada para a tomada de decisão, 168-171

estrutura independente para tomada de decisão, 168-170

estrutura profunda de processos empresariais, 125-130, 130-136, 137-138. *Ver também* estruturas

estrutura superficial de processos empresariais, 125-127

evolução da centralização, 171

exercício de valores pessoais, 153-154

feedback, 54, 118

fertilização cruzada de idéias, 143-144

flexibilidade, 30, 90

fluxo monetário, 59

O Futuro dos Empregos

fornecedores independentes, 77. *Ver também* freelancers/freelancing

freelancers/freelancing
Asynchrony Software, 70-71
eBay, 71-72
economia de e-lance, 66-68
Elance, Inc., 68-69
indústria têxtil de Prato, 72-73
internos, 82-83

Friedman, Milton, 156

funcionários. *Ver também* cultivar organizações; freelancers/freelancing
agências de empregos temporários, 79
cooperativa de propriedade dos trabalhadores, 54-57
freelancers, 66-71
gerenciando capacidades de, 118-119
partilhando pessoas entre projetos, 131-132
reorganizando e demitindo, 60
verificadores de produtos ou serviços finais, 135

futuro das organizações descentralizadas, 166

Gates, Bill, 149

gerenciamento de risco, 105-107

gerenciamento
de competências, 118-119
de conhecimento, 143-144
de dependências fundamentais, 127-129
de dependências, 128-129
de projetos/de pessoas, 84
de relacionamentos, 150-151
em estruturas democráticas, 57
estilo comando e controle de, 27-28
gerentes de grupo, 131
mudanças nos estilos de, 151-152
papéis do, 92
princípios norteadores (AES Corporation), 40-41

gerentes de pessoas, 84

gerentes de projetos, 84

Gerstner, Lou, 99-100, 112

Good to Great (Collins), 147

Gore-Tex, 51-52

guildas, 75-80

habilidades necessárias, 151-152

Hanson, Robin, 95

Herbold, Bob, 122

Hewlett-Packard, 7, 51, 83, 84-86, 87-88

hierarquia dual, 94

hierarquias. *Ver também* hierarquias flexíveis
corporativas, 23-25, 26-31
duais, 84
psicologia da, 146
radicalmente democrática, 57-62

hierarquias corporativas, 23-27

hierarquias flexíveis, 5, 35-37, 113. *Ver também* hierarquias
controle de qualidade/gestão de risco em, 106
coordenação de atividades em, 125
criando uma enciclopédia usando, 37-39
empresas de consultoria/universidades de pesquisa, 39-41
gerenciamento de competências em, 118-119
lições sobre, 44-47
pontos fortes e fracos de, 100-101
tomada de decisão em, 103

hierarquias radicalmente democráticas, 57-62

Hitt, Lorin, 28

IBM, 99-100, 123

IdealsWork, 161-162

idéias, inventando novas, 137-138

improvisando, 144-145

incentivos, 59-60, 89, 93-96
para economias de escala, 107-108
para membros de guildas, 77
para partilhar conhecimentos, 133
para partilhar pessoas, 132
tipos de, 119

individualização como benefício da descentralização, 30-31

indústria cinematográfica, 140-141

indústria têxtil de Prato, 72-73

indústria têxtil, 72-73

Índice Remissivo

informação
    fertilização cruzada de idéias, 143-145
    flexibilidade no uso de tecnologia, 31-32
    uso na indústria de tecnologia, 29-30
    valor da, remota, 167-171

infra-estruturas padronizadas, 124

inovação, 102

Internet Corporation for Assigned Names and
    Numbers (ICANN), 73-74

Internet Engineering Task Force (IETF), 74

Internet Protocol (IP), 73

Internet, 112
    bases de conhecimento on-line, 137-138
    como mercado de freelancers, 74
    comunicação via, 36
    democracia on-line (eBay), 53
    padrões técnicos da, 121
    sistemas de reputação on-line, 105-106

inventando idéias, 137-138, 149-151. *Ver também*
    criatividade

Iowa Electronic Markets, 86, 87

Java, linguagem de programação, 142

Joffe, Roland, 140-141

Johnson & Johnson, 158

Kelly, Terri, 51-52

Kennedy, Kathleen, 140-141

Kocham, Tom, 78-79

!Kung San, 15

Laubacher, Rob, 66

Ledru-Rollin, Alexandre, 141-142

Lee, Richard, 15-16

Li & Fung, 124

liberdade
    como benefício da descentralização, 30-31
    em excesso, 74-75
    em universidades de pesquisa, 40
    visão e, 148
    nos negócios, em mercados, 6-7

liderança distribuída, 147-152

liderança, 141, 147-152

líderes, Grande Homem, 18

Lindahl, Goran, 109

linguagens
    de programação Java, 142
    estrutura profunda das, 126
    !Kung San, 15

lucros internos, 93

Mao Tsé-tung, 142-143

mapas de atividades, 125-126

mapas eletrônicos, 125-126

marketing do eBay, 53-54

Maslow, Abraham, 155

McAdams, David, 88-89

Meichenbaum, Don, 150

mercado de valores, 158-160

mercados. *Ver também* mercados internos
    Asynchrony Software, 70-71
    compra/venda, 89
    controle de qualidade/gestão de risco em,
        105-106
    eBay, 71-72
    economia de e-lance, 66-68
    Elance, Inc., 68-70
    evitando abusos de, 92-93
    guildas, 76-80
    indústria têxtil de Prato, 73
    Internet, 73-74
    internos explícitos, 84-85
    liberdade de, 74-75
    lições sobre, 93-96
    padrões em, reais, 121
    participação de voto, 86
    pontos fortes/fracos de, 100-101
    puros, 6, 93-94
    quase, 83-85
    tomada de decisão em, 103-105
    troca de conhecimentos em, 108-109
    versus democracias, 62
    visão geral, 65-66

mercados de participação de voto, 86

mercados de trabalho internos, 82-83

mercados externos, 91-92

mercados futuros de idéias, 85-88

mercados futuros, 87-91

mercados internos explícitos, 84-85

O Futuro dos Empregos

mercados internos. *Ver também* mercados
  explícitos, 84-85
  freelancers interno, 82
  futuros de idéias, 85-88
  lições sobre, 93-97
  para a capacidade de produção, 88-93
  visão geral, 81-82
mercados puros, 6-7
Merck, 83
microgerenciamento, 111
Microsoft, 122
MIT, 39-40
modelo de coordenar e cultivar, 128-126
modelo de incentivos, 143-145
Mondragon Cooperative Corporation (MCC), 6, 54-57, 112
motivação, 30, 37, 109-110, 141-142
movimento da qualidade total (TQM), 102
Mrs. Fields Cookies, 102
mudança organizacional. *Ver* mudança
mudança
  adaptando-se rapidamente à, 89-91
  padrões de, organizacional, 171
  possibilidade/desejabilidade de, 16-17
  rápida, 109-110
  tomadores de decisão para, 112

necessidades das pessoas, 152, 154-158
negociação rápida, 90-91
negociação, 90-91, 91-92
negociadores internos, 91-92
Nike, 159, 161

objetivos, 46, 120, 158-162
Omidyar, Pierre, 53
organizações
  centralização em grandes, razões para, 19-20
  estruturas para freelance, 67
  intercambiáveis, 123-125
  novas, 79-80
  princípios para cultivar, 141-142
  semelhanças nas estruturas de, 23-24
  surgimento de, maiores, 17-19
  tradicionais, 80, 118-119
  vantagens militares para grandes, 18-19

organizações comerciais, evolução das, 13-14
organizações intercambiáveis, 123-125
organizar, novas maneiras de, 5-8
origem dos objetivos, 119-120
Orlikowski, Wanda, 144-145, 147
Osborne, Alex, 150

padrões
  de hierarquias corporativas a redes, 26-31
  em pequenas empresas a hierarquias corporativas, 24-26
  em sociedades humanas, 14-18
  estágios em, 31-32
padrões, 73-74, 121-122, 123
papéis
  dos chefes, 43
  dos gerentes, 118
  mantendo a cultura organizacional, 122
  orquestradores/facilitadores, 119-120
paradoxos, 122, 147
partilhamento de reputação, 134-136
partilhando
  conhecimentos, 108-109, 132-134, 133
  dependências partilhadas, 128, 131-133, 137
  objetivos partilhados, 119-120
  pessoas entre projetos, 131-132
  reputação, 134-136
  valores partilhados, 43-44 (*ver também* valores)
patentes, 72, 96
pequenas empresas, 24-26, 31-32
perdas, protegendo-se contra, 105-107
perspectivas históricas
  força de trabalho norte-americana/pequenas empresas, 23-24
  grandes organizações, surgimento das, 18
  princípios democráticos, 20-21
  razões para a centralização, 19-20
  sistemas de entrega de cartas, 28-30
  sociedades humanas, 14-18
pesquisa de opinião, 50-51, 86-87
Plott, Charles, 85-88
poder, paradoxo do, 147
pontos fracos das hierarquias, 45, 100-101
preços internos, 91

Índice Remissivo

PricewaterhouseCoopers (PwC), 120

princípios de administração
cultivando organizações, 141-142
democráticos, 20-21
norteadores (AES Corporation), 40-41
partilhados, 43-44

problemas
da descentralização, 102-109
da terceirização, 97-98
das estruturas e do conhecimento de mercado, 108-109
das estruturas, 108-109
das hierarquias flexíveis, 44-47

processos empresariais, estrutura profunda dos, 125-130

processos plug-and-pay, 123-125

progresso, propulsores de, 165

promoções, 51

propósito da empresa, 155-158

propriedade intelectual, 72, 96

propulsores de progresso, 164-165

psicologia do cultivo, 145-147

qualidade, garantindo a, 105-107

quase-mercados, 83-85

questões de reorganização, 60

questões econômicas
benefícios de ser grande, 26
desejável descentralização, 30
economia de e-lance, 66-68
superioridade dos grandes grupos, 18
vantagens das grandes organizações, 18

questões financeiras
estrutura financeira, 54-57
fluxo monetário, 59-60
instrumentos financeiros para gestão de qualidade/risco, 105
lucros internos, 93
preços internos, 91

questões legais, 87, 105

Rajan, Raghuram, 27-28

redes (networks), 26-31

reguladores internos, 92-93

Reichheld, Fred, 53

relacionamentos, 119, 121, 150-151

remuneração (dividendos), 60-61

remuneração (funcionário), 59-60

resolução de disputa, 104

responsabilidade social das empresas, 156-158, 161-162

restrições, 126

revoluções, 3-4

salários, estabelecimento através da avaliação de colegas, 60

Sanger, Larry, 37-39

Sant, Roger, 40, 43

Schiro, Jim, 120

Schumacher, E. F., 164

Schumpeter, Joseph, 143

Screen Actors Guild, 77-78

Securities and Exchange Commission (SEC), 42

Senge, Peter, 143

setor de moda, 124

Shah, Idries, 163-164

simulações de mercado, 89-90

sindicatos trabalhistas, 78-79

sindicatos, 78-79

sistema automatizado de autorização de despesas, 111

sistema de formação de mercados baseado na Web, 88-89

sistema de formação de mercados, 88-89

sistema operacional Linux para computadores, 35-36, 141-142

sistema *pull*, 137

sistemas baseados em mercados, 82, 85-86

sistemas de reputação on-line, 105-106

sistemas de reputação, 106

sites
Asynchrony Software, 70-71
Elance, 68-69
IdealsWork, 161-162
Iowa Electronic Markets, 86
mercados futuros, 87
Wikipedia, 37

situações confusas, 97-98

situações padrão, 97

O Futuro dos Empregos

Slater, Philip, 22
Small Is Beautiful (Schumacher), 164
sociedades de nível estatal, 17
sociedades humanas, 14-18
sociedades monárquicas, 16-17
sociedades profissionais, 78
software de código aberto, 35-36, 121
Song, Mary Lou, 53
subcontratados/terceirização. *Ver* terceirização
Sun Microsystems, 142

Taiwan Semiconductor Manufacturing Company
 (TSMC), 107
tecnologia de informação (TI), 9, 171
tendências à redução dos tamanhos das empresas,
 26-27, 29-30
teoria da coordenação, 127-128
terceirização, 7, 27, 29-30
 concorrência e, 94
 freelancers, 66-71
 para empresas descentralizadas, 113
 problemas da, 98
 Topsy Tail, 72
tomada de decisão
 baseada localmente, 30-31
 centralizando para, 110
 combinando, centralizada e descentralizada,
  110-112
 democracia on-line (eBay), 53
 democrática, 6, 121
 descentralizando, 100
 em democracias, 62-63
 estruturas para, 54-57, 58, 118-119, 168-171
 fatores que afetam, 8
 modelo para, 167-171
 objetivos/valores a perseguir, 159-162
 operacional, 39
 participativa, 51-52
 pesquisa de opinião para, 50-51
 rápida/eficiente, 102-105
 recebendo conselhos para, 43
 sobre dependências de fluxo, 129
 vantagens e desvantagens das estruturas de,
  100-101
 vetando em, 45-46

tomada de decisão customizada, 101-102
tomada de decisão participativa, 51-52
Topsy Tail, 72
Torvalds, Linus, 35-36, 45, 141-142, 147
trabalho intelectual, 40
transparência, 160-161

U. S. Commodity Futures Trading Commission, 87
United Parcel Service (UPS), 56
universidades de pesquisa, 39-40
Urban, Glen, 117

valor potencial das informações, 167-171
valores humanos. *Ver* valores
valores pessoais. *Ver* valores
valores
 claros de, 68
 cultivando seus, 163-164
 decisões de grupo na busca de, 158-162
 empresas iniciantes com recursos de capital de
  risco, 83
 importância dos, 154-155
 necessidades das pessoas, 154-158
 partilhados, 43-44
 pesquisas de funcionários sobre, 51
 visão geral, 153-154
vantagens militares das grandes organizações,
 18-19
VIAG Interkom, 123
Visa International, 52-53, 112
visão, 148-149
votação, 58-59
voto de aprovação, 58-59
voz interior, cultivando sua, 164

W. L. Gore and Associates, 51-52, 112-113
Wales, Jimmy, 37-39
Wal-Mart, 102
Whole Foods, 49
Wikipedia, 37-39
Wooley, David, 57
Working Today, 79-80
Wulf, Julie, 27

Sobre o Autor

Thomas W. Malone é titular da cadeira Patrick J. McGovern de Administração na MIT Sloan School of Management. É também fundador e diretor do MIT Center for Coordination Science e foi um dos dois co-diretores fundadores da Iniciativa do MIT "Inventing the Organizations of the 21st Century".

O professor Malone dá aulas sobre liderança e tecnologia de informação, e sua pesquisa enfoca como novas organizações podem ser concebidas de modo a tirar vantagem das possibilidades fornecidas pela tecnologia de informação. Em um artigo publicado em 1987, por exemplo, o professor Malone previu muitos dos principais desenvolvimentos no comércio eletrônico na década de 90: compra e venda eletrônica, mercados eletrônicos para muitos tipos de produto, a terceirização de funções não essenciais em uma empresa e o uso de agentes inteligentes para o comércio.

O professor Malone publicou dois artigos na *Harvard Business Review* e mais de cinqüenta pesquisas e capítulos de livros; é inventor de onze patentes; e é co-editor de três livros: *Coordination Theory and Collaboration Technology* (Erlbaum, 2001), *Inventing the Organizations of the 21st Century* (MIT Press, 2003) e *Organizing Business Knowledge: The MIT Process Handbook* (MIT Press, 2003).

Malone foi co-fundador de três empresas de software e é consultor e membro da diretoria de inúmeras outras organizações. Antes de integrar o corpo docente do MIT, em 1983, foi pesquisador assistente no Xerox Palo Alto Research Center (PARC), onde sua pesquisa envolvia a concepção de um software educacional e sistemas de informação para escritórios. É Ph.D. e possui dois títulos de mestre da Stanford University; é bacharel (*magna cum laude*) pela Rice University e formado em matemática aplicada, sistemas econômicos de engenharia e psicologia.

GRÁFICA PAYM
Tel. (011) 4392-3344
paym@terra.com.br

CADASTRO DO LEITOR

" Vamos informar-lhe sobre nossos lançamentos e atividades

" Favor preencher todos os campos

Nome Completo (não abreviar):

Endereço para Correspondência:

Bairro:

Cidade:

UF: Cep:

Telefone: Celular:

E-mail:

Sexo:
F   M

Escolaridade:
☐ 1° Grau   ☐ 2° Grau   ☐ 3° Grau   ☐ Pós-Graduação
☐ MBA   ☐ Mestrado   ☐ Doutorado   ☐ Outros (especificar):

Obra: **O Futuro dos Empregos**

Classificação: **1. Administração 2. Recursos Humanos 3. Economia**

Outras áreas de interesse:

Quantos livros compra por mês?: _____ por ano? _____

Profissão:

Cargo:

Enviar para os faxes: **(11) 3079-8067/(11) 3079-3147**

ou e-mail: **vendas@mbooks.com.br**

Como teve conhecimento do livro?

☐ Jornal / Revista. Qual?
☐ Indicação. Quem?
☐ Internet (especificar *site*):
☐ Mala-Direta:
☐ Visitando livraria. Qual?
☐ Outros (especificar):

M.BOOKS

M. Books do Brasil Editora Ltda.

Av. Brigadeiro Faria Lima, 1993 - 5° andar - Cj 51
01452-001 - São Paulo - SP Telefones: (11) 3168-8242/(11) 3168-9420
Fax: (11) 3079-3147 - E-mail: vendas@mbooks.com.br

cole aqui

— — — — — — — — — — dobre aqui — — — — — — — — — — —

CARTA RESPOSTA
NÃO É NECESSÁRIO SELAR

O selo será pago por

M. BOOKS DO BRASIL EDITORA LTDA.

04533-970   São Paulo-SP

— — — — — — — — — — dobre aqui — — — — — — — — — — —